NPOの法律相談

［改訂新版］
知っておきたい基礎知識 62

BLP-Network ［著］

英治出版

改訂新版 はしがき

　2016年8月に『NPOの法律相談』の初版を発行してから早くも5年が経過しました。

　初版の出版後、特定非営利活動促進法（NPO法）のみならず、民法、個人情報保護法、パートタイム労働法、さらに、パワハラ防止法の改正等があり、また、取引実務においては電子契約も大きく普及しました。また岩手県におけるNPOの理事による高額の横領事件や、公益不認定処分取消訴訟などに関して、重要な判例もたくさん出されました。さらに、休眠預金等活用法もいよいよ運用が始まるとともに、企業からもESGやSDGsの推進のため金額の大きな助成金などが出されるようになり、ソーシャルセクターにおいてもコンプライアンスの強化がこれまで以上に求められています。

　このように、初版を出版した当時から、法律も、また、ソーシャルセクターをとりまく状況も、大きく変わっています。以上のような現状を踏まえて、全編にわたり情報をアップデートしたほか、Q＆Aを改めて取捨選択するとともに、今日NPOで実務に携わる方々にとって疑問が多いと思われるトピックを追加するなど、大幅な改訂を行いました。
　2020年に生じたコロナ禍においても、多くのソーシャルセクターの団体の活躍が注目されました。今後、社会の中でソーシャルセクターの皆様

の活動の重要性はますます高まっていくと思います。ぜひ多くの方々に本書を参考にしていただき、それぞれの活動に生かしていただければ幸いです。

2022 年 1 月

執筆者一同

はじめに

　NPO法（特定非営利活動促進法）が1998年に施行されてから18年が経過し、設立されたNPO法人も5万を超えています（2016年6月現在）。そして、NPO法人に関する書籍も多く発行され、設立手続、運営手続及び会計等の分野についての知識や情報はすでに十分周知されているものと思われます。

　しかし、NPO法人が実際に活動を行うなかでは、それらの組織内部を規律する分野だけではなく対外的に取引を行うための法律が関係してきます。さまざまな法律を知っていないと、思うような活動ができないのみならず、思わぬトラブルに巻き込まれたりするおそれもあります。特に、NPO法人が初期の小規模な運営を超えて、組織的な運営をするようになると、その必要性はいっそう高まっていきます。たとえば、人を雇い入れるのであれば労働法、ウェブサイトを作るとすれば著作権法、資金を調達するのであれば出資法や金融商品取引法、NPOの業務の一部を委託するために相手方と契約を結ぶ場合には民法（契約法）などです。

　そこで本書では、NPO法人の活動のなかでよく問題となる法律問題を挙げて解説しています。各執筆者は、ビジネス法務で培ったノウハウやスキルを、事業を通じて社会問題を解決しようとするソーシャル・ビジネスの支援に生かそうという趣旨のもとに設立されたBLP-Network（ビジネス・ローヤーズ・プロボノ・ネットワーク）という組織に参加している弁護士であり、それぞれの専門分野でよく問題になる事項を分担して執筆しています。

NPO 法人の経営や法務に携わっておられる方にはぜひ、本書を 1 冊お手元に備え置いていただき、何か法律問題で分からないことが生じた場合に、適宜、ご参照いただければ幸いです。本書が、みなさまの活動の発展の支えになりましたら、執筆者一同これに越した喜びはございません。

2016 年 8 月

執筆者一同

ＮＰＯの法律相談［改訂新版］

目次

Chapter 9 　ＮＰＯ法人を解散する

凡例

1. 法律について

本書では、以下の各法令を、以下の略称で記載しています。

特定非営利活動促進法（平成 10 年法律第 7 号）　→　**NPO 法**

特定非営利活動促進法施行令（平成 23 年政令 319 号）　→　**NPO 法施行令**

特定非営利活動促進法施行規則（平成 23 年内閣府令第 55 号）　→　**NPO 法規則**

特定非営利活動促進法の一部を改正する法律（令和 2 年法律第 72 号）　→　**改正 NPO 法**

一般社団法人及び一般財団法人に関する法律（平成 18 年法律第 48 号）　→　**一般法人法**

公益社団法人及び公益財団法人の認定等に関する法律（平成 18 年法律第 49 号）

→　**公益認定法**

公益社団法人及び公益財団法人の認定等に関する法律施行規則（平成 19 年内閣府令第 68 号）

→　**公益認定法規則**

個人情報の保護に関する法律（平成 15 年法律第 57 号）　→　**個人情報保護法**

個人情報の保護に関する法律施行令（平成 15 年政令第 507 号）　→　**個人情報保護法施行令**

2. 用語について

本書では、以下の各用語を、以下の意味で使用しています。

NPO 法人……特定非営利活動法人

認定 NPO 法人……認定特定非営利活動法人

公益法人……公益社団法人・公益財団法人

3. 判決の引用について

本書では、判決を以下のように引用しています。

例：最判平成 17 年 3 月 10 日民集 59 巻 2 号 379 頁
　　①　　　　②　　　　　　③

①〜③は、それぞれ、以下のことを意味します。

①：判決を出した裁判所。「最判」の場合には、最高裁判所が出した判決であることを意味し、「東京地判」「東京高判」の場合には、それぞれ東京地方裁判所、東京高等裁判所で出された判決であることを意味します。

②：判決が出された日

③：判決が掲載されている文献及び掲載ページ。文献の略称は以下のとおりです。

　　民集　最高裁判所民事判例集

　　判タ　判例タイムズ

　　判時　判例時報

　　労判　労働判例

Chapter 1

NPO法人を
つくる

解決したい社会課題を見つけて、法人を設立します。
社会的企業には NPO 法人が多いようですが、他には
どのような法形態があるのでしょうか。

Q 「社会起業」に適した法人形態として、どのような
ものがありますか。

A 「社会起業」では、特定非営利活動法人、一般社団法人、一
般財団法人、株式会社、合同会社といった法人形態（法人格）
が利用される場合が多いようです。法人形態（法人格）の選
択にあたっては、事業の性質や将来の展開を見据えて判断す
る必要があります。特に、資金調達と管理運営の方法が分か
れ道になります。

1. 一般的に利用される法人形態

　法人は、営利法人と非営利法人の2種類に分けることができます。営利法人
とは、営利を目的とした法人であり、非営利法人とは、営利を目的としない法人
です。ここでいう、営利・非営利の意味は、一般的な用語法とは異なっています。

　まず、「営利を目的とする」とは、事業活動によって利益をあげるという意味
ではなく、剰余金や残余財産を構成員に分配することを認めるという意味です。

　これに対して、「営利を目的としない」とは、事業活動によって利益をあげな
いという意味ではなく、剰余金や残余財産を構成員に分配することを認めないと
いう意味です。非営利法人であっても、事業活動によって利益をあげることは可
能ですし、構成員が役員報酬や従業員給与等の支払を受け取る形をとれば、法人
の事業収益から実質的に構成員が経済的利益を受けることは可能です。したがっ
て、営利を目的とするか否かは、法人に構造的な違いを直ちに生じさせるもので

はありません。

　「社会起業」をする場合には、営利法人の形態が利用される場合も非営利法人の形態を利用する場合もあります。非営利法人では、特定非営利活動法人（NPO法人）や一般社団法人・一般財団法人が、営利法人では、株式会社や合同会社が利用されることが多いようです。

　以下、それぞれの特徴について簡単に説明します。

（1）特定非営利活動法人（NPO法人）

　NPO法人とは、不特定多数の人の利益に寄与すること（公益）を目的として設立される法人です。

　NPO法人は、保健、医療又は福祉の増進を図る活動、社会教育の推進を図る活動、まちづくりの推進を図る活動など、法律で定められた20種類の活動のうちの少なくとも1つの活動を行う必要があります。

　設立にあたっては都道府県又は政令指定都市による認証が必要であるため、他の法人とは異なり、設立までに3〜4ヶ月を要します。設立後も、1年に1回、都道府県又は政令指定都市に事業報告書等を提出する必要があります。

（2）一般社団法人

　一般社団法人とは、2人以上の人が集まって設立される法人です。NPO法人とは異なり、公益目的がなくても設立することが可能で、事業内容に制限はありません。

　ただし、公益認定を受けて公益社団法人になるためには、学術及び科学技術の振興を目的とする事業、文化及び芸術の振興を目的とする事業、障害者若しくは生活困窮者又は事故、災害若しくは犯罪による被害者の支援を目的とする事業など法律で定められた23種類の活動に該当し、不特定多数の人の利益に寄与する事業（公益目的事業）を実施しなければなりません。

（3）一般財団法人

　一般財団法人とは、財団の設立者が300万円以上の基本財産を拠出し、法人の目的や規則を定めた定款を作成して設立する法人です。一般社団法人と同様に、公益目的がなくても設立することが可能ですが、公益認定を受けて公益財団法人になるためには、上記（2）と同じ公益目的事業を実施する必要があります。

（4）株式会社

　株式会社とは、1人又は複数の出資者が株主として資本を拠出して設立する法人です。営利法人を代表する法人形態であり、利益をあげて出資者である株主に分配することを目的としています。経営が破綻しても株主は出資金以上の責任を負うことはなく（有限責任）、経営は株主が選任した取締役に委任されるという点に特徴があります（所有と経営の分離）。株主は、出資額（取得株式数）に応じて議決権を有します。

（5）合同会社

　合同会社とは、1人又は複数の出資者が設立し、出資者の責任が有限責任であることは株式会社と共通していますが、原則として出資者が直接経営を担う点に特徴があります（所有と経営の一致）。株式会社と比較すると、組織の構成や配当の割合などを自由に設計できるというメリットや、出資額にかかわらず1人1議決権を有するという特徴があります。

（6）労働者協同組合

　本書執筆の時点ではまだ法律が施行されていませんが、今後活用が考えられる法人形態として、労働者協同組合というものがあります。労働者協同組合とは、①組合員による出資（出資原則）、②組合員の意見を反映した事業の運営（意見反

映原則）、③組合員自らその事業に従事（従事原則）という協同労働の理念に従って事業が行われることを主眼とする協同組合です。

　労働者協同組合は、NPO 法人と異なり事業分野が限定されておらず、設立に際しても準則主義が採用されていることから、幅広い事業分野を軽い手続きで行うことができるというメリットがあります。労働者協同組合法は令和 2 年 12 月 11 日から 2 年以内に施行されますが、施行から 3 年以内であれば、NPO 法人から労働者協同組合への組織変更が認められており、NPO 法人から労働者協同組合に円滑に移行することが可能です[1]。

2．法人形態を選択する視点

　では、新たに事業を開始するにあたって、あるいは、任意団体の活動を事業化するにあたって、どのような視点で法人形態（法人格）を選択すればいいのでしょうか。設立・維持に必要な費用や手続に要する時間など、検討すべき事項はいくつもあります。しかし、何よりも、実施しようとしている事業計画に適合した法人形態（法人格）を選択することが重要です。例えば、以下のような視点が重要になります。

（1）事業資金をどのように調達するか

　事業計画を策定するにあたっては、事業開始当初の元手となる資金をどのように集めるかを検討しなければなりません。「社会起業」における資金調達としては、主として寄付、入会金・会費、補助金・助成金、融資、出資といった手段が考えられます。

寄付

　広く一般から寄付を募る場合には、営利法人よりも非営利法人の方が賛同が得られやすいと思われます[2]。また、認定 NPO 法人や公益社団法人・公益財

---

1. 労働者協同組合法附則第 4 条から第 29 条。
2. 営利法人の場合も、寄付を受けることは可能です。しかし、営利法人の場合、受け取った寄付はすべて課税の対象となる点に留意が必要です（Q.04.1.(1) ①参照）。

団法人に対する寄付は、寄付する側で寄附金控除を活用することができます（寄付金控除についてはQ13を参照）。

入会金・会費

　NPO法人、一般社団法人又は一般財団法人で、定款に入会金や会費の定めを置いた場合には、会員から入会金・会費を徴収することができます。

補助金・助成金

　行政や民間の補助金・助成金の給付を受けたいと考えている場合には、NPO法人など一定の法人格でなければ補助金・助成金を受給できない場合があります。一方、中小企業庁が主体となる助成金等についても、ものづくり補助金はNPO法人が対象となっており、申請しようとしている補助金がNPO法人を対象とするものかを調査する必要があります。

融資

　創業時に金融機関からの融資を受けたいと考えている場合には、設立しようとしている法人の形態がそもそも融資の対象となるかを金融機関に確認した方がよいでしょう。一般的には、金融機関はNPO法人などの非営利法人への融資に積極的ではないとされていますが、信用保証協会はNPO法人に対する保証を行っています。

出資

　株式会社は株式の発行、合同会社は出資の履行によって、株主又は社員から資金を集めることができます。また、株式会社・合同会社ともに、社債を発行することができます。これに対して、非営利法人は株式や社債を発行するという仕組みは用意されていません。なお、一般社団法人の場合には、基金という

名称で資金の拠出を受ける方法があります。

（2）収入は事業収入か寄付収入か

　法人の運営費をまかなう手段として、事業収入を中心とするモデルと寄付収入を中心とするモデルが考えられます。

　寄付収入を中心として法人の運営費を確保したい場合には、前記（1）のとおり、認定 NPO 法人や公益社団法人・公益財団法人になることで、寄附金控除を活用することができます。したがって、寄付収入を中心とした事業運営を想定している場合には、まず NPO 法人、一般社団法人又は一般財団法人を設立し、後に認定 NPO 法人、公益社団法人又は公益財団法人を目指すことが望ましいといえるでしょう（もちろん、設立の段階で将来を見据えた準備をしておく必要があります）。

（3）事業収益を分配するか

　株式会社や合同会社といった営利法人では、事業収益を出資者の間で分配することができます。これに対して、NPO 法人等の非営利法人では、役員報酬を支払うことはできますが、配当という形式で収益を分配することはできません。

（4）どのようなメンバーで事業を運営していきたいか

　NPO 法人を利用する場合の問題点として、原則として会員の入会を制限することができないという点があります。つまり、NPO 法人の会員になることを希望する人がいた場合には、正当な理由がない限り、入会を認めなければなりません。この会員（法律上は社員といいます）には総会で理事を選任する議決権がありますので、法人の意思決定に影響を及ぼすことが可能です。したがって、入会者に制限を加えたい場合には、NPO 法人は一定のリスクがあることを考慮しなければなりません。なお、公益社団法人についても NPO 法人と同様に原則として会員の入会を制限できません[3]。他方で、公益財団法人の場合には評議員につい

て前述のような制限はありません。

法人形態の比較

	非営利		営利	
	NPO法人	一般社団法人 一般財団法人	株式会社	合同会社
資金調達	寄付や助成金を集めやすい 会費・入会金を徴収できる	公益社団法人・公益財団法人になることで寄付や助成金を集めやすい 会費・入会金を徴収できる 一般社団法人は基金を設置できる	株式や新株予約権を発行できる 社債を発行できる	出資履行を受けられる 社債を発行できる
収益の分配	不可		可	
運営メンバー	入会を制限できない	入会を制限できる	株式の譲渡を制限できる	持分の譲渡は原則として他の社員の承諾が必要
議決権の数	1人1議決権		出資額（取得株式数）に応じる	1人1議決権

Q NPO 法人の設立にはどのような手続が必要ですか。どのくらいの時間と費用がかかりますか。

A NPO 法人の設立には、定款等の書類作成、設立総会の開催、所轄庁への認証申請、公衆への縦覧、所轄庁による設立の認証、設立登記といった手続が必要です。費用はかかりませんが、設立まで最低約2ヶ月と2週間、通常約5〜6ヶ月程度の時間がかかるとされています。

1．NPO 法人設立の手続

　NPO 法人の設立手続は、①定款等の書類作成、②設立総会の開催、③所轄庁への認証申請、④公衆への縦覧、⑤所轄庁による設立の認証、⑥設立登記という順番で進んでいきます。

　設立に費用はかかりませんが、公衆への縦覧期間（④）及び所轄庁の認証手続（⑤）のため申請後2ヶ月と2週間の期間が必要になります。さらに、定款等の書類作成（①）、設立総会の開催（②）及び設立登記（⑥）に要する期間を含めると、設立に5〜6ヶ月程度を要することも珍しくないようです。

（1）定款等の書類作成

　NPO 法人の設立を目指すメンバー（法律上は発起人といいます）の間で、設立の趣旨、事務所所在地、法人の目的や事業内容、設立当初の役員、事業計画や活動予算、設立申請時に必要な 10 人以上の社員など、設立にあたり決めるべき重要

事項を協議し、設立総会で決議する定款や設立趣意書の内容を決定します[1]。

　事務所とは、「事業活動の中心である一定の場所」を意味し、「法人の代表権あるいは少なくともある範囲内の独立の決定権を有する責任者の所在する場所であり、かつ、その場所で継続的に業務が行われる場所」をいいます[2]。そのため、理事などの個人の自宅でも問題ありません。ただし、トラブルを防ぐため、賃貸マンションなどの場合は、事務所として登録しても良いか貸主と相談するようにしましょう。また、役員は専従でなくても問題ありませんが、勤務先の副業禁止規定などに触れないか、注意する必要があります。

（2）設立総会の開催

　設立総会を開催し、設立趣意書、定款、役員、事業計画や活動予算の決議、NPO法人の要件を満たすことの確認、設立についての意思の決定等を行います。

（3）所轄庁への認証申請

　続いて、所轄庁に申請書類を提出し、設立の認証を申請します[3]。

　所轄庁とは、主たる事務所の所在する都道府県の知事です。また、事務所が1つの政令指定都市だけに所在する場合には政令指定都市の長が所轄庁となります[4]。

　したがって、東京都内に主たる事務所がある場合には、東京都知事に対して申請を行うことになります。また、横浜市内にのみ事務所がある場合には、横浜市長が申請先となります。

　なお、所轄庁へ認証申請したとしても、活動する地域がその所轄庁の範囲に制限されるわけではありません。たとえば、東京都知事に申請を行ったとしても、東京都以外の都道府県はもちろん、海外等にも活動範囲を広げること自体は問題ありません。

1.　NPO法第10条第1項第1号、第11条第1項
2.　特定非営利活動法人制度研究会編『解説　特定非営利活動法人制度』60頁（商事法務、2013）
3.　NPO法第10条第1項
4.　同法第9条

NPO 法人の設立手続

定款の作成

↓

設立総会の開催

↓

所轄庁への認証申請

↓

公衆への縦覧

↓

所轄庁による設立の認証

↓

設立登記

所轄庁に提出する申請書類

① 設立認証申請書

②定款

③役員名簿（役員の氏名、住所又は居所、各役員についての報酬の有無を記載した名簿）

④各役員の誓約書・就任承諾書の謄本（写し）

⑤各役員の住所又は居所を証する書面（住民票の写し）

⑥社員のうち 10 人以上の者の氏名（法人の場合は名称・代表者名）・住所又は居所を記載した書面

⑦確認書（宗教・政治・選挙活動を目的とする団体、暴力団等の統制下にある団体でないことを確認した書面）

⑧設立趣旨書

⑨設立についての意思の決定を証する議事録の謄本
⑩設立当初の事業年度及び翌事業年度の事業計画書
⑪設立当初の事業年度及び翌事業年度の活動予算書

　設立申請書類の記載例については、内閣府のウェブサイト[5] で「特定非営利活動促進法に係る諸手続の手引き」という手引きをダウンロードできるほか、各所轄庁の NPO 担当部署のウェブサイトで様式等が配布されている場合があります。

　また、所轄庁の窓口では、申請書類の記載方法等について相談を実施している場合がありますので、正式な申請の前に事前相談をしてみてもよいかもしれません。

　申請後は、縦覧期間開始後 1 ヶ月のみしか申請書類の補正が認められず、それも軽微な補正に限られます。そのため、縦覧期間開始後に重大な誤りが発見されたり、縦覧期間開始後 1 ヶ月を過ぎて書類の誤記載が発見されたりした場合には、いったん申請を取り下げてから再申請をすることになり時間がかかってしまいます。申請書類を作成する際には入念なチェックが必要です。

（4）公衆への縦覧

　設立の申請をしている NPO 法人がどのような団体で、どのような申請をしているのかを広く市民がチェックできるようにするため、2 週間の縦覧期間[6] が設けられています。縦覧期間中、上記（3）のうち、②定款、③役員名簿（役員の住所又は居所に係る記載の部分を除いたもの）、⑧設立趣意書、⑩事業計画書、⑪活動予算書の各書類が所轄庁の担当部署等に設置され、誰でも閲覧することができます[7]。なお、役員名簿における役員の住所等の記載は縦覧対象から除外されていますので、役員名簿が縦覧されたとしても役員の住所等が公表されるわけではありません。

---

5. 内閣府 NPO ホームページ　https://www.npo-homepage.go.jp/uploads/201704_manual_all-1.pdf（2022 年 1 月 7 日アクセス）
6. 令和 3 年 6 月に施行される改正 NPO 法では、縦覧期間が 1 ヶ月から 2 週間に短縮されました。
7. NPO 法第 10 条第 2 項

（5）所轄庁による設立の認証

　縦覧期間終了後、2ヶ月以内に所轄庁が認証又は不認証を決定します。認証が決定された場合、設立認証決定通知書がNPO法人の主たる事務所に送付されます。

　なお、実際に不認証になったのは、平成24年4月1日以降令和2年11月30日に至るまで、52,256件中、811件（約1.5%）しかありません[8]。あまり不認証となる割合は大きくはありませんが、これは、所轄庁にあまり裁量がなく、申請をした者が、要件を満たしていれば認証をしなければならないためです。

（6）設立登記

　設立認証後、2週間以内に、事務所の所在地を管轄する法務局で設立登記を行います[9]。また、従たる事務所を設置している場合には、従たる事務所の所在地の法務局でも登記が必要です。

　NPO法人の設立登記に必要な書類は以下のとおりです。

　　①設立登記申請書
　　②印鑑届書
　　③代表者の印鑑証明書
　　④定款の写し
　　⑤認証書の写し
　　⑥役員の就任承諾書及び宣誓書の写し
　　⑦設立当初の財産目録の写し

　設立登記申請書や財産目録の様式や記載例については、法務省のウェブサイト[10]が参考になります。

　また、代表印の印鑑届書を提出するため、登記申請をする日までに代表印を作製しておきましょう。

---

8. 内閣府NPOホームページ「認証申請受理数・認証数」 https://www.npo-homepage.go.jp/about/toukei-info/ninshou-zyuri（2022年1月7日アクセス）
9. 組合等登記令第2条第1項
10. 法務省「商業・法人登記申請」 http://houmukyoku.moj.go.jp/homu/content/001252905.pdf（2022年1月7日アクセス）

NPO 法人の登記をすると、法人の名称、目的及び事業、理事の住所・氏名、資産の総額、解散の事由などが登記され、登記事項証明書を取得することで誰でもこれらの情報を知ることができるようになります。理事の住所・氏名については、定款で代表権を有する理事を定めた場合は、代表理事の住所・氏名が登記事項となり、他の理事の住所・氏名は登記されません [11]。

　NPO 法人の登記には登録免許税が課税されませんので、登記は無料で行うことができます。

　登記完了後、所轄庁に設立の届出を行う必要があります [12]。設立認証後 6 ヶ月以上未登記の団体に対しては、設立認証の取消しが行われる場合があるため注意が必要です [13]。

2. 設立期間中の活動

　前記の通り、NPO 法人は設立登記を完了するまでの間に通常 5 〜 6 ヶ月近くの時間がかかります。

　一方、設立総会を開催してから半年近くもの間、何らの活動もしないでいると会員の士気が低下してしまうという問題があります。NPO 法人の設立期間中はどのように活動をしていけばよいのでしょうか。

　設立総会を開催した後でも、設立の認証を受けて登記を完了するまでの間は、任意団体として活動することはできますが、NPO 法人としては未成立のため「特定非営利活動法人」や「NPO 法人」といった名称を使用することはできません。なお、「NPO」という名称は、一般的な言葉であり、特定の商品・役務を示すものとは認識できないことから、商標登録が取り消された例があります。

　そのため、設立登記が完了するまでの間は任意団体として活動し、設立登記後に任意団体として形成した資産を NPO 法人に対して寄付する方法や、NPO 法人が任意団体から資産を買い取る方法で、任意団体から NPO 法人に対して事業資産を移転するケースが多いようです。

---

11. 組合等登記令第 2 条第 2 号第 4 号、NPO 法第 16 条但書
12. NPO 法第 13 条第 2 項
13. 同法第 13 条第 3 項

Q 一般社団法人・一般財団法人の設立にはどのような手続が必要ですか。どのくらいの時間と費用がかかりますか。

A 一般社団法人の設立には、定款の作成、定款の認証、設立登記という手続が必要です。期間は約2週間、費用は約11万円が必要です。一般財団法人の設立には、定款の作成、定款の認証、財産の拠出、設立登記という手続が必要で、約2週間の期間と約11万円の費用及び300万円以上の財産の拠出が必要です。

1. 一般社団法人の設立手続

　一般社団法人を設立するためには、①定款の作成、②定款の認証、③設立登記の各手続が必要です。定款の認証と設立登記の手続は早ければ2週間程度で完了します。

（1）定款の作成

　一般社団法人の名称、主たる事務所の所在地、目的や事業内容、理事会を設置するかどうか、監事を設置するかどうか等の重要事項を記載した定款を、設立時社員が作成します。

　非営利型一般社団法人として税務上のメリットを得たい場合には、定款に記載すべき事項があるため、慎重に定款を作成する必要があります（詳細はQ04をご

参照ください）。また、一般社団法人では、理事会・監事の設置は任意ですが、将来公益認定を受けて公益社団法人になることを計画している場合には、公益認定の条件として理事会・監事の設置が必要であることに注意しましょう。

定款には設立時社員全員の署名又は記名押印が必要です（なお、NPO法人の場合は定款への署名又は記名押印は不要です）。設立時社員が多数いる場合には、全員の押印を集めるために時間を要してしまいますので、設立当初は最小限の社員（2人以上）で設立し、後から社員を加えた方が負担の軽減になるかもしれません。

定款の記載例は、一般社団法人・一般財団法人とも日本公証人連合会のウェブサイトが参考になります[1]。

（2）定款の認証

定款の認証は、主たる事務所の所在地の公証役場で行います。公証人の手数料5万円が必要です（このほか、登記申請用の謄本の交付手数料が定款の枚数に応じて1枚250円かかります）。

公証役場は全国に約300ヶ所設置されていますが、定款認証の手続ができる公証役場は、設立する一般社団法人の主たる事務所の所在地を管轄する法務局の公証役場のみです。そのため、まずは管轄の公証役場を調べて公証人の予約をとります。当日は、設立時社員の記名押印済みの定款3通及び本人確認書類等を公証役場に持参します。

認証段階で定款の内容に誤りがあることが発見された場合にはその場で訂正をしなければならないため、設立時社員の署名押印を集める前に事前に公証人に定款案を確認してもらうとよいでしょう。

公証役場で認証を受けた3通の定款のうち、1通を公証役場が保管、1通を一般社団法人が保管、1通を設立登記の際に法務局に提出します。

1. 日本公証人連合会　https://www.koshonin.gr.jp/（2021年12月16日アクセス）

（3）設立登記

　主たる事務所の所在地を管轄する法務局で設立登記の申請を行います。設立登記の際に支払う登録免許税は6万円です。設立登記を申請した日が一般社団法人の設立日となります。

　一般社団法人の設立登記に必要な書類は以下の通りです。

　　①設立登記申請書
　　②印鑑届書
　　③設立時代表理事の印鑑証明書
　　④定款（公証役場で作成した謄本）
　　⑤設立時理事及び設立時代表理事の就任承諾書

　設立登記申請書の様式や記載例については、法務省のウェブサイトが参考になります。

2. 一般財団法人の設立手続

　一般財団法人を設立するためには、①定款の作成、②定款の認証、③財産の拠出、④設立登記の各手続が必要です。定款の認証と設立登記の手続は早ければ2週間程度で完了します。

（1）定款の作成

　一般財団法人を設立し財産を拠出する人のことを設立者といいます。設立者は、一般財団法人の名称、主たる事務所の所在地、目的や事業内容、設立者が拠出する財産、設立時評議員、設立時理事、設立時監事の氏名又は選任方法等の重要事項を記載した定款を作成します。

　一般社団法人では、理事会・監事の設置は任意ですが、一般財団法人では、評

一般社団法人・一般財団法人の設立手続

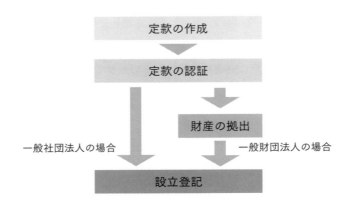

議員、評議員会、理事会及び監事を必ず設置する必要があります。これは、一般社団法人が「人」の集まりであるのに対して一般財団法人が「財産」の集まりとされており、その財産を管理するにあたり、より厳しいガバナンスが求められているためであると考えられます。

　一般財団法人は、設立者が遺言で必要事項を定めて設立することもできます。この場合は、遺言執行者が、設立者が遺言で定めた内容に従って定款を作成します。

（2）定款の認証

　定款の認証に要する手続・費用は一般社団法人の場合と同様です。

（3）財産の拠出

　一般財団法人の設立にあたっては、定款で定めた300万円以上の価額の財産の拠出が必要です。具体的には、まず設立者が、設立者又は設立時代表理事名義の銀行口座に自ら（設立者が複数の場合は共同で）300万円以上の金銭を、振込み

か預入れにより入金します。そして、設立時代表理事が、その通帳のコピーを添付した払込証明書を作成して、設立登記の際に法務局に提出します。入金の日付は、定款認証日の後の日付になるようにしてください。なお、財産の拠出は、金銭以外の財産で行うこともできます。

　一般財団法人は、純資産額が2期連続で300万円を下回った場合には解散をしなければならないため、事業計画を慎重に検討して、当初拠出する財産の価額を決定すべきです。

（4）設立登記

　設立登記の手続・費用等は一般社団法人の場合と同様です。

　一般財団法人の設立登記に必要な書類は以下の通りです。

　　①設立登記申請書
　　②印鑑届書
　　③設立時代表理事の印鑑証明書
　　④定款（公証役場で作成した謄本）
　　⑤設立時評議員、設立時理事、設立時監事及び設立時代表理事の就任承
　　　諾書
　　⑥財産の拠出の履行があったことを証する書面（払込証明書）

　一般社団法人と同様、様式や記載例については、法務省のウェブサイトが参考になります。

Q 各法人の税務上の取扱いの違いについて教えてください。

A NPO 法人は、税法上の収益事業に対して法人税が課されます。認定 NPO 法人や非営利型一般社団法人・非営利型一般財団法人、公益社団法人・公益財団法人も、収益事業のみに課税されることには変わりありません。ただし、公益社団法人・公益財団法人は、収益事業であっても公益目的事業に該当する場合は非課税で、この点が NPO 法人や非営利型一般社団法人・非営利型一般財団法人とは異なります。

1．NPO 法人に対する課税

（1）NPO 法人はどのように課税されるか

①収益事業を行っている場合

　株式会社など一般の法人では、法人の活動から生じる全ての所得に対して法人税、法人住民税（法人税割）[1] 及び事業税（以下「法人税等」といいます）が課税されます。これに対して、NPO 法人は、法人税法上の収益事業を行った場合に限り、収益事業から生じる所得に対して法人税等が課されます。

　収益事業の収支が均衡しているか赤字である場合には、収益事業を行っていても所得が生じていないため、法人税等は課税されませんが、法人税の確定申告は必要です。

1．法人住民税には法人税割と均等割の 2 種類があります。法人税割とは、国税である法人税に一定割合を乗じた金額を地方税として課税するものであり、法人の所得に応じて課税されます。均等割とは、法人の所得に関係なく、全ての法人に一定の金額を課税するものです。

②収益事業を行っていない場合

　上記①のとおり、法人税等は収益事業から生じた所得にのみ課されるため、収益事業を行っていない場合には法人税等が課されることはありません。ただし、一定の場合には、消費税や印紙税、固定資産税などが課される可能性があります。

（2）収益事業とは何か

　法人税法上、収益事業とは、以下の業種のうち、継続して事業場を設けて行われるものをいいます。

　①物品販売業、②不動産販売業、③金銭貸付業、④物品貸付業、⑤不動産貸付業、⑥製造業、⑦通信業、⑧運送業、⑨倉庫業、⑩請負業、⑪印刷業、⑫出版業、⑬写真業、⑭席貸業、⑮旅館業、⑯料理店業その他の飲食店業、⑰周旋業、⑱代理業、⑲仲立業、⑳問屋業、㉑鉱業、㉒土石採取業、㉓浴場業、㉔理容業、㉕美容業、㉖興行業、㉗遊技所業、㉘人材派遣業、㉙遊覧所業、㉚医療保健業、㉛技芸教授業、㉜駐車場業、㉝信用保証業、㉞無体財産権の提供等を行う事業

　収益事業かどうかは、上記に該当するかどうかで決まり、特定非営利活動促進法上の「特定非営利活動に係る事業」と「その他の事業」の区別とは関係ありません。そのため、特定非営利活動に係る事業であっても「収益事業」に該当する場合には課税の対象となります。

　行っている事業が収益事業に該当するかどうかは判断が難しい場合もあるため、詳しくは税理士等の専門家か税務署に相談してみてください。また、NPO法人等でしばしば問題になる事例については、コラム「これって収益事業？」（p.61）をご参照ください。

（3）法人税以外に税法上有利な取扱いはあるか

①法人住民税（均等割）

　NPO 法人が収益事業を行っていない場合であっても、法人住民税（均等割）が原則として課されます。しかし、自治体によっては、期日までに申請書を提出することで法人住民税（均等割）の免除を受けられる場合がありますので、各自治体にお問い合わせください。

②登録免許税

　NPO 法人の設立、主たる事務所の変更、役員の変更、合併、解散など NPO 法人の各種登記には登録免許税が課されません。

③印紙税

　NPO 法人が発行する領収書には印紙税が課されませんが、請負に関する契約書等、一定の種類の契約書等には印紙の貼付が必要です[2]。

④その他

　自治体によっては、NPO 法人について、固定資産税、不動産取得税、自動車税、自動車取得税等の減免措置がある場合がありますので、各自治体にお問い合わせください。

2. 認定 NPO 法人に対する課税

　認定 NPO 法人となった場合でも、収益事業にのみ課税されることやその他の税務上のメリットについては NPO 法人と同様です。

　これに加えて、認定 NPO 法人となった場合には、金銭や現物資産（土地、建物、株式等）の寄付や遺贈を受ける場合に、寄付をする人や遺贈をする人について、税制上のメリットがあります（詳細は Q13 をご確認ください）。

　　　2. より詳しくは、印紙税法別表第一をご参照ください。

　また、認定 NPO 法人では、収益事業から収益事業以外の事業に対して金銭を支出した場合に、その金銭を寄附金とみなして一定限度まで収益事業の損金への算入を認める制度があり、これをみなし寄附金といいます。そのため、収益事業を行う場合であっても、みなし寄附金を活用することで課税の対象となる所得を減らすことが可能となります。詳しくは Q13 をご参照ください。

3. 一般社団法人・一般財団法人に対する課税
（1）一般社団法人・一般財団法人はどのように課税されるか

　一般社団法人・一般財団法人は、株式会社など他の一般の法人と同様に、原則として全ての所得に課税されます。ただし、以下に述べる非営利型法人に該当する場合には、NPO 法人と同様に、収益事業から生じる所得に限り、法人税等が課されるようになります。

　非営利型法人とは、次の①非営利性が徹底された法人と②共益的活動を目的とする法人のいずれかの類型の法人のことをいいます。

類型	要件
①非営利性が徹底された法人	1　剰余金の分配を行わないことを定款で定めていること
	2　解散したときは、残余財産を国・地方公共団体や一定の公益的な団体に贈与することを定款で定めていること
	3　上記1及び2の定款の定めに違反する行為を行うことを決定したことがなく、実際に行ったこともないこと
	4　理事とその理事の親族等である理事の合計数が、理事の総数の3分の1以下であること
②共益的活動を目的とする法人	1　会員に共通する利益を図る活動を行うことを目的としていること
	2　定款等に会費の定めがあること

3	主たる事業として収益事業を行っていないこと
4	特定の個人又は団体に剰余金の分配を行うことを定款に定めていないこと
5	解散したときにその残余財産を特定の個人又は団体に帰属させることを定款に定めていないこと
6	上記1から5まで及び下記7の要件に該当していた期間において、特定の個人又は団体に特別の利益を与えることを決定したことがなく、また、実際に与えたことがないこと
7	理事とその理事の親族等である理事の合計数が、理事の総数の3分の1以下であること

（2）法人税以外に税法上有利な取扱いはあるか

①法人住民税（均等割）

　一般社団法人・一般財団法人のうち非営利型法人について、法人住民税（均等割）の減免措置を設けている自治体もありますが、NPO法人と比較してその数は少ないようです。例えば、東京都では、収益事業を行わないNPO法人については申請により法人住民税（均等割）を免除していますが、一般社団法人・一般財団法人については非営利型法人であっても免除の対象にはなっていません。

②登録免許税

　NPO法人とは異なり、一般社団法人・一般財団法人の場合は各種登記の際に登録免許税が必要です。

③印紙税

　一般社団法人・一般財団法人のうち非営利型法人が発行する領収書には印紙税が課されませんが、NPO法人と同様に、請負に関する契約書等、一定の種類の契約書は課税物件であるため印紙の貼付が必要です[3]。

　　3.　前掲注2参照。

④その他

　自治体によっては、一般社団法人・一般財団法人のうち非営利型法人が所有する一定の種類の資産について、固定資産税の減免措置がある場合がありますので、各自治体にお問い合わせください。

4．公益社団法人・公益財団法人に対する課税

（1）公益社団法人・公益財団法人はどのように課税されるか

　公益社団法人・公益財団法人の場合は、公益目的事業から生じた所得については、当該事業が収益事業に該当する場合であっても課税されません。

　したがって、公益社団法人・公益財団法人については、公益目的事業以外の収益事業を行っている場合に、当該収益事業から生じた所得についてのみ法人税が課されます。

（2）法人税以外に税法上有利な取扱いはあるか

①法人住民税（均等割）

　公益社団法人・公益財団法人の場合は、法人住民税（均等割）の減免措置を設けている自治体があります。

②登録免許税

　公益社団法人・公益財団法人の各種登記には登録免許税が課されません。

③印紙税

　公益社団法人・公益財団法人が発行する領収書には印紙税が課税されませんが、請負に関する契約書等、一定の種類の契約書等には印紙の貼付が必要です[4]。

4．前掲注2参照。

④その他

　公益社団法人・公益財団法人が福祉施設等として使用する資産についての固定資産税の非課税措置、学術研究目的で取得する不動産取得税の非課税措置があります。このほか、自動車税・自動車取得税の減免措置を設けている自治体があります。

Q NPO法人の定款は所轄庁が提供するモデル定款（記載例）を使わなければならないのでしょうか。

A 必ずしも所轄庁が提供するモデル定款（記載例）を使用する必要はなく、各法人の実情に合わせて作成することが可能です。

1．所轄庁の提供するモデル定款について

　NPO法人には、「所轄庁（NPO法人の認証権及び監督権を持つ行政機関）」が存在します。所轄庁は、原則として主たる事務所が所在する都道府県知事となりますが、その事務所が一の指定都市の区域内のみに所在する場合は、当該指定都市の長となります[1]。所轄庁の多くにおいて、NPO法人の設立・運営を助けるためのガイドブック・ウェブサイト上の説明等が作成されており、この中で「モデル定款」（定款の記載例）が公開されています[2]。NPO法人を設立するにあたっては、これらのモデル定款をそのまま使用することもできますが、モデル定款の記載事項が、団体の実情や想定している運営方法と異なる場合は、定款の内容を変更する必要があります。

　NPO法では、定款に必ず記載すべき事項（必要的記載事項）と任意で記載する事項（任意的記載事項）が決まっています。以下では、任意的で記載する事項に関し、行うことのできる変更案を紹介します。

---

1. 詳しくは、内閣府NPO法人「所轄庁一覧」（https://www.npo-homepage.go.jp/shokatsucho、2022年1月7日アクセス）をご確認ください。
2. 例えば、東京都の場合、特定非営利活動法人ガイドブック（本編）の第2章20頁に掲載があります（https://www.seikatubunka.metro.tokyo.lg.jp/houjin/npo_houjin/documents/0000001154.html、2022年1月7日アクセス）。

2. モデル定款の変更例

(1) 電磁的方法（電子メール等）の活用

　NPO法人では、会議の開催通知や表決について、電磁的方法（電子メールを含む）を活用することも可能です。「電磁的方法」とは、「電子メール」、「ホームページの意見欄等への書き込み」、「磁気ディスク、CD等に記録してそれを送付する」方法等であり、受信者がそのファイルを記録してかつ、その記録を書面に出力できる必要があります[3]。組織運営の機動性を高めるため、例えば、以下の事項については、「書面」に加え、通知や表決を行う方法として「電磁的方法」を加えることで、電磁的方法による通知、表決が可能になります。

> **対象規定の例**
> - 入会の申込みを拒絶する場合の通知
> - 総会の招集通知[4]
> - 総会の書面決議[5]
> - 総会決議を省略する場合の同意書面[6]
> - 理事会の招集通知
> - 理事会の書面決議

(2) 理事会の招集期間

　社員総会の招集通知は、NPO法上、社員総会の日の少なくとも5日前までにしなければなりません[7]。しかし、理事会についてはNPO法上必置の機関ではないため、NPO法上の記載はなく、当該NPO法人の理事会内部ルールで決めることができます。

　そのため、理事会につき、招集通知の規定を置くかや、通知を行う場合、何日前に行うか等は、自由に設計が可能です。

---

3. NPO法規則第1条の2
4. NPO法第14条の4
5. 同法第14条の7第3項
6. 同法第14条の9第1項
7. 同法第14条の4

（3）臨時総会の招集請求

　社員による臨時総会の招集請求権を奪うことはできません。なお、NPO法上、原則として正会員総数の「5分の1」以上から招集の請求があったときに臨時総会を開催しなければならないとされている点を、例えば、NPO法人の安定的な運営を目的として、「3分の1」以上から招集の請求があったときとするなど要件を加重することは法律上可能です[8]。

　また、理事又は監事による理事会の招集請求権については、前述のとおり理事会がそもそもNPO法上必置の機関ではないことから、自由に設計を行うことが可能です。

（4）総会と理事会の役割分担

　NPO法上、総会で表決するとされている事項（定款変更、解散及び合併）以外の事項については、モデル定款で総会決議事項とされているものを理事会決議事項に変更することが可能です。重要な事項については総会決議事項とすることにより社員の参加意識を高めるとともに慎重な意思決定を行う方針とするか、機動的な運営を重視して可能な限り理事会決議事項を増やす方針とするかは、各NPO法人が目指す方向性に従って判断すべき事柄です。

> **対象規定**
> - 入会金・会費の金額
> - 会員の除名
> - 理事・監事の選任・解任[9]
> - 役員に対する報酬の支払い、費用の弁償に関する決定
> - 借入金等に関する決定
> - 事務局の組織及び運営
> - 事業計画、活動予算、事業報告、活動決算

---

8. NPO法第14条の3第2項但書
9. 法律上は、総会での決議が必須ではありませんが、監事の役割は理事の業務執行の監督であるため、監事の解任については、総会決議とするのが望ましいと思われます。

（5）総会決議の省略

あらかじめ定款で規定した場合には、社員全員の書面又は電磁的記録による同意の意思表示により、総会決議を省略することができます[10]。

（6）定足数、決議要件

会議の定足数や決議要件については、NPO 法上、定款で定めることで柔軟に設計することが可能です。

そのため、例えば正会員が多数又は遠方にいるため総会の定足数を満たすことが危ぶまれる場合等については、総会決議の定足数を総正会員の 2 分の 1 以上の出席から 3 分の 1 以上の出席に減らすことが可能です。

また、定款変更について出席社員数の 4 分の 3 以上の賛成が決議要件とされていますが、この要件は出席社員数の過半数まで緩和することが可能とされています[11]。

（7）役員の任期

役員の任期は 2 年を超えない範囲で決めることができます[12]。役員の選任が総会決議事項とされている場合は、役員の欠員を防ぐため、後任の役員が選任されていない場合に限り、役員の任期を任期の末日後最初の総会が終結する日まで伸長する旨の定款の定めを置くことが可能です。

（8）拠出金品の不返還

後のトラブルを防ぐために、会員が退会又は除名となった場合にも既に納入した入会金、会費その他の拠出金品は返還しないと定款で規定している団体が多いようです。

---

10. NPO 法第 14 条の 9 第 1 項、第 2 項
11. 同法第 25 条第 2 項但書、内閣府 NPO ホームページ「定款」Q2-2-9（https://www.npo-homepage.go.jp/qa/ninshouseido/ninshou-teikan#Q2-2-9、2022 年 1 月 7 日アクセス）。
12. 同法第 24 条第 1 項本文

（9）公告の方法

　　公告の方法については、法人のウェブサイトに掲載する方法を選択することができます。ただし、解散・清算時の公告については官報公告による必要があります[13]。

（10）表決権不平等型 NPO

　　NPO 法上、社員総会における各社員の表決権[14] は平等と規定されていますが[15]、同時に、定款に別段の定めがある場合はかかる規定は適用しないとされています[16]。そのため、例えば社員に種類を設けて創業メンバーが総会で 1 人 2 票の表決権を持つように設計することも可能と考えられます。また、表決の対象ごとに異なった種類の表決権を付与することも可能と考えられます。ただし、実際に認証された例に接したことはなく、所轄庁との事前相談が必要と思われます。また、認定 NPO 法人においては、社員の評決権は平等でなければなりません[17]。

（11）理事会非設置型 NPO

　　NPO 法上、理事会は必ず設置しなければならない機関ではありません。また、理事の過半数で業務執行を決定することが原則ですが、定款で代表理事が業務執行を決定すると定めることは可能です。その上で、代表理事を業務執行機関とすれば、理事会を設置せず、代表理事に権限を集中させた機関設計も可能と考えられます。ただし、実際に認証された例に接したことはなく、所轄庁との事前相談が必要と思われます。

13. NPO 法第 31 条の 10 第 4 項、第 31 条の 12 第 4 項
14. 株式会社の株主総会における議決権に該当する社員総会において、表決を行う権利。
15. NPO 法第 14 条の 7 第 1 項
16. 同法第 14 条の 7 第 4 項
17. 同法第 45 条第 1 項第 3 号ロ

Q NPO 法人で行うことのできる事業として何か制限はありますか。

A NPO 法人の本来の事業は、不特定かつ多数のものの利益の増進に資する事業であり、かつ営利を目的としない事業に限定されます。もっとも、本来の事業以外にも、「その他の事業」として、本来の事業に支障がない限り収益事業を行うことが可能です。

1．特定非営利活動

（1）活動の種類

　NPO 法人は特定非営利活動を行う団体であり[1]、この特定非営利活動は以下の活動に該当するものであることが求められ、定款及び登記上記載されなければなりません[2]。例えば、環境保護のためにイベントや啓もう活動をする場合は⑦、東日本大震災の復興の支援を行う場合には⑧などに該当します。

> ①保健、医療又は福祉の増進を図る活動
> ②社会教育の推進を図る活動
> ③まちづくりの推進を図る活動
> ④観光の振興を図る活動
> ⑤農山漁村又は中山間地域の振興を図る活動
> ⑥学術、文化、芸術又はスポーツの振興を図る活動

1．NPO 法第 2 条第 2 項
2．同法別表

⑦環境の保全を図る活動

⑧災害救援活動

⑨地域安全活動

⑩人権の擁護又は平和の推進を図る活動

⑪国際協力の活動

⑫男女共同参画社会の形成の促進を図る活動

⑬子どもの健全育成を図る活動

⑭情報化社会の発展を図る活動

⑮科学技術の振興を図る活動

⑯経済活動の活性化を図る活動

⑰職業能力の開発又は雇用機会の拡充を支援する活動

⑱消費者の保護を図る活動

⑲①～⑱に掲げる活動を行う団体の運営又は活動に関する連絡、助言又は援助の活動

⑳①～⑲に掲げる活動に準ずる活動として都道府県又は指定都市の条例で定める活動

（2）「不特定かつ多数のものの利益」について

　特定非営利活動というためには、上記1（1）を満たすことに加え、「不特定かつ多数のものの利益の増進に寄与することを目的とすること」が必要となります[3]。この「不特定かつ多数のものの利益」とは、法律上一般に用いられる「公益」という文言と同義のものであり、「社会全体の利益」を意味するものです。つまり、特定の個人や団体の利益（私益）を目的とするものではないことはもちろん、構成員相互の利益（共益）を目的とする活動でないことを要求するものです[4]。

---

3. NPO法第2条第1項
4. 特定非営利活動法人制度研究会編『解説　特定非営利活動法人制度』31頁（商事法務、2013）

2.「営利を目的としない」ものであること

　NPO法人は「営利を目的としない」ことが求められます[5]。この「営利を目的としない」ということは、NPO法人がその活動において利益を生じさせてはならないという意味ではなく、その活動から生じた利益を配当金のような形で社員に分配したりすることができないという意味です。NPO法人が、継続的に存続するためには、適切に作成された事業計画及び予算の下で、事業活動を通じて利益を上げることはありえますし、必要なこととさえいえるかもしれません。

3.「その他の事業」について

　NPO法人は、特定非営利活動を行うことを「主たる目的」としなければなりません[6]。しかし、特定非営利活動を継続するため一定程度利益を上げる必要があります。そこで、特定非営利活動以外に「その他の事業」を行うことができるとされています[7]。この「その他の事業」は特定非営利活動に限定されません。ただ、あくまでもNPO法人の「主たる目的」は特定非営利活動を行うことなので、「その他の事業」は、主たる事業に「支障がない限り」で行われなければなりません[8]。

（1）「主たる目的」について

　前述のとおり、NPO法人は特定非営利活動を主たる事業活動として行わなければなりません。この「主たる目的」の解釈にあたっては、NPO法人設立の認証段階において「全体の事業活動に占める特定非営利活動の割合が過半であること」が判断基準とされていることが参考になります[9]。

（2）「支障がない限り」について

　NPO法は、収益事業を含め「その他の事業」を行う場合、特定非営利活動に

5.　NPO法第2条第2項第1号柱書
6.　同法第2条第2項
7.　同法第5条第1項
8.　同法第5条第1項第1文
9.　東京都「東京都における『NPO法の運用方針』」https://www.seikatubunka.metro.tokyo.lg.jp/houjin/npo_houjin/laws/files/0000001200/shin-guideline2904.pdf（2021年12月16日アクセス）

係る事業に「支障がない」ことを要求しています[10]。内閣府の NPO 法の適切な運用等に関する検討会報告（平成 15 年 2 月 4 日）によれば、特定非営利活動に係る事業の支出規模が設立当初の事業年度及び翌事業年度共に総支出額の 2 分の 1 以上であることが NPO 法人設立の認証段階の判断基準とされています。また、役員報酬、職員の給与等を含めた管理費の総支出額に占める割合が、設立当初の事業年度及び翌事業年度共に 2 分の 1 以下であることも認証段階での基準とされています。さらに、収益事業において設立当初の事業年度及び翌事業年度共に赤字計上されていないことも認証段階での基準とされています。

　以上の基準を踏まえ、「その他の事業」が「支障がない限り」の範囲内にあるか確認しながら、「その他の事業」を進めていくことになります。

4. まとめ

　NPO 法人は、その「主たる目的」である特定非営利活動に係る事業の他に、「その他の事業」として収益事業を行うことができますが、主たる事業の「支障がない限り」でなければなりません。この制限は NPO 法人の設立認証時だけではなく設立後も妥当し、設立後かかる規制に違反している可能性があれば所轄庁によって報告徴収、立入検査がなされる可能性もありますので、NPO 法人が存続する限り留意すべき事項の一つといえるでしょう。

Q これまで任意団体として活動してきたのですが、法人化するときどのような問題がありますか。

A 別個に法人を設立する必要があり、当該任意団体がそのままNPO法人となることはできません。別個に法人を設立したうえで、当該法人に資産を寄付するという移管方法が一般的ですが、その際には、寄付を受けるNPO法人の側で課税が発生しないように留意する必要があります。

1．法人化するための手続

　まず、これまで任意団体として活動してきた者が、NPO法人や公益社団法人等の法人を設立したいと考える場合に、とることができる手続について説明します。

　この点に関連して、これまで活動してきた法人格のない任意団体が法人格を取得しようとする場合、当該任意団体自身がそのまま法人格の主体となることはできず、別個に法人を新規設立し、当該新設法人に資産等を移管する必要があるという点に留意する必要があります。

　例えば、これまで法人格のない任意団体として活動してきた団体が、NPO法人を設立したいと考える場合には、NPO法人の設立手続に従い、所轄官庁からの認証及び登記の手続を経てNPO法人を設立したうえで、当該NPO法人に任意団体の資産等を移管する必要があります。また、NPO法人として活動してきた団体が、公益社団法人にその団体の組織を変えようとする場合には、法制度上

NPO 法人から公益社団法人に組織変更することができないため、いったん一般社団法人を設立したうえで NPO 法人の資産等を移管し、その後、公益社団法人に移行するという手続を踏む必要があります。

　以下では、実務上最も一般的に行われる、法人格のない任意団体として活動してきた団体が、NPO 法人を設立して、当該 NPO 法人に対し、「寄附金」として資産を承継させるケースを前提に説明します。

2. 新設する NPO 法人側の手続と留意点

（1）NPO 法人の新設の手続が必要

　新設する NPO 法人については、NPO 法人の設立に必要な手続、すなわち、必要書類の準備、監督官庁による認証及び登記手続を経る必要があります。

　新設する NPO 法人の資産・負債については、全てゼロとしておくことが一般的です。具体的には、設立登記後に監督官庁に提出する「設立当初の財産目録書式第 11 号」において、資産及び負債の項目をゼロと記入します。

（2）契約関係の処理

　契約関係については、既存の任意団体名義で締結した契約をそのまま承継させるか、又は新設 NPO 法人において、新たに当該契約の相手方との間で契約を締結しなおすという手続をとる必要があります。いずれも一方的にはできず、契約相手方の同意が必要なことは言うまでもありません。

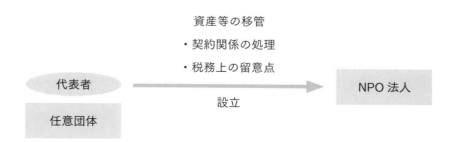

（3）税務上の留意点

　NPO 法人は、法人税法上の収益事業を行う場合に限り、法人税の申告及び納付義務を負います。そこで、NPO 法人の会計を、「収益事業」と「収益事業以外」に区分し、「収益事業」の区分のみが法人税の計算対象となります。

　一般的には、NPO 法人が「収益事業」の会計区分上で寄付金の受入れをすることは考えられないため、課税されるケースはまれであると思われます。なお、NPO 法人が「収益事業」を行うために、既存の任意団体から金銭の寄付や資産の引継ぎを受けた場合であっても、これに対して課税されることはないと考えられています[1]。

3. 既存の任意団体側の手続と留意点
（1）現金化のうえで、現金を寄付する手続

　既存の任意団体において発生した債権及び債務は、当該任意団体として回収及び弁済を済ませておき（現金化）、残余財産（現金）がある場合に、当該財産を新設 NPO 法人に引き継ぐことになります。既存の任意団体において発生した債権及び債務を、債権及び債務のままで引き継ぐ（債権譲渡・債務引受）という方法も理論上は考えられますが、既存の任意団体から NPO 法人への寄付による引継ぎは設立時に全額行う必要がないことから、先に当面の資金を寄付し、回収及び弁済により既存の任意団体の残余財産が確定してから残額を寄付することとしても問題ないこと、また、引き継がれた債権が回収不能となるリスクがあることから、債権及び債務のまま NPO 法人に寄付することはあまりお勧めできません。

　新設 NPO 法人においては、既存の任意団体から引き継いだ金銭を「受取寄附金」として設立第 1 期の活動計算書に収益計上することとなります。もっとも、上記 2.（3）のとおり、ここでの収益に対して課税されることはほとんどないと考えられます。

---

1. 国税庁ホームページ「一般財団法人が設立時に寄附を受けた場合の課税関係」 https://www.nta.go.jp/about/organization/hiroshima/bunshokaito/hojin/170703/index.htm（2021 年 1 月 31 日アクセス）記載の 2017 年 7 月 3 日付広島国税局審理官文書回答

（2）継続使用の有形固定資産

　まれに土地や建物、自動車等の有形固定資産を引き継ぐという場合もあります
が、そのような場合には、継続使用の観点から、現金化することなく、そのまま
引き継がれるという扱いにすることもあると思われます。その際は、「現物寄附」
という形で新設 NPO 法人に引き継がれることになります。

　なお、例えば代表者個人が所有する不動産を新設 NPO 法人に寄付するという
ような場合、譲渡者は NPO 法人から対価を受領しなくても（寄付ですのでそれが
通常でしょう）、公正な時価により譲渡したものとして所得税の課税を受けます。
ただし、国税庁長官の承認を受けた場合は所得税が非課税になります[2]。

　また、不動産、自動車の寄付を受けた新 NPO 法人側には、それぞれの場合に
応じて、不動産取得税、自動車取得税が課されます。

（3）契約関係の処理

　上述のとおり、契約関係については、既存の任意団体名義で締結した契約をそ
のまま承継させるか、又は新設 NPO 法人において、新たに当該契約の相手方と
の間で契約を締結しなおすという手続をとる必要があります。

（4）現物出資にかかる特別の規制の有無

　株式会社の場合、会社法上、金銭以外の財産を出資する場合には、検査役によ
る調査等の特別の手続を経る必要がありますが、NPO 法人の場合、そのような
特別の規制は存在しません。したがって、合理的な算定方法を用いて公正な時価
を算定すれば問題ありません。

これって収益事業？

　NPO法人、認定NPO法人、非営利型一般社団法人、非営利型一般財団法人は、「収益事業」に法人税が課税されます。NPO法人等でしばしば問題になる事業として、以下のような事業があります。

バザー

　「学校法人等が行うバザーで年1、2回開催される程度のもの」は物品販売業に該当せず収益事業にならないとされていますが（法人税基本通達15-1-10）、「縁日における物品販売のように相当期間にわたって継続して行われるものや定期・不定期に反復して行われるもの」は収益事業に該当するとされています（法人税基本通達15-1-5）。

チャリティー・コンサート

　催物による純益の全額が教育や社会福祉等のために支出され、かつ、関係者等が何らの報酬を受けない慈善興行については、所轄税務署長の確認を受けた場合に限り、興行業に該当せず、収益事業に該当しません（法人税基本通達15-1-53）。

調査研究

　請負業には事務処理の委託が含まれるため、調査研究を受託することは、継続して事業場を設けて実施した場合、請負業として収益事業に該当する可能性があります（法人税基本通達15-1-27）。

会報の発行

　主として会員に向けて（配布先の 8 割程度が会員の場合）会報その他の出版物を発行する事業は印刷業に該当しないとされており、収益事業に該当しません（法人税基本通達 15-1-34）。

講習

　技芸教授業に該当する業種は、法人税法施行令上、洋裁、和裁、着物着付け、編物、手芸、料理、理容、美容、茶道、生花、演劇、演芸、舞踊、舞踏、音楽、絵画、書道、写真、工芸、デザイン（レタリングを含む）、自動車操縦若しくは小型船舶の操縦の教授、受験対策や補習のための学力の教授及び模擬試験等を行う事業として限定的に列挙されています。したがって、これらの事業を、継続的に事業場を設けて実施した場合、収益事業に該当します。

　一方、これらと同様に有償で技術を教える事業であっても、「携帯アプリの制作方法を教える事業」は上記に列挙されている技芸教授業の業種にあてはまらないため、収益事業に該当しないと解されます。

Chapter 2

NPO法人を運営する

NPO法人を設立したら、適切に運営していかなければなりません。また、認定NPO法人になれば、多くの義務も生じます。事業の規制にも注意しましょう。

Q 社員の入会に条件や資格を設けて入会を制限することは可能でしょうか。また、第三者から当法人の経営を譲ってほしい、との打診があり、断ったところ、当法人の社員や理事に接触をしているようです。

A NPO法上、社員の入会・脱退は原則として自由であり、社員の資格の得喪に関して「不当な条件を付さない」こととされているため、入会資格を制限したり、乗っ取り防止策を講じたりすることは、「不当な条件」に該当しない限度でのみ認められます。「不当な条件」にあたるかは、事業内容等との関連から見て合理的かどうかを基準として各事案ごとに判断されることになります。乗っ取り防止策としては、「不当な条件」とならない限度で入会制限をかける以外に、乗っ取り目的での入会を事実上困難にする方法も考えられます。

1.「不当な条件を付さないこと」

　NPO法上、社員の入会・脱退は原則として自由であり、入会・脱退に関して「不当な条件を付さないこと」が求められています[1]。社員の入会・脱退（NPO法上は「社員の資格の得喪」といいます）に関する事項は定款の記載事項とされていることから、入会・脱退に条件を付すためには、それを定款に定めた上で、定款を審査する所轄庁によって「不当な条件」ではないと判断されることが必要となります。具体的な入会・脱退の制限の内容が、事業内容等との関連から見て合理的なものであ

れば、「不当な条件」にあたらない場合もあると考えられています[2]。

2. 入会制限に関する事例

(1) 事前の承諾や推薦を必要とすること

まず、入会に際して事前に当該 NPO 法人又は理事等の役員の承諾を条件とすることが考えられますが、これは事実上入会者を恣意的に選抜するものとなるおそれがあり、「不当な条件」に該当する可能性があります。

また、理事の推薦がないと入会させないような規定は「不当な条件」にあたるとの運用も存在します[3]。社員の資格を、「地域、業種等を勘案して、おおむね正会員 20 人に 1 人の割合にて推薦又は委嘱されるものとする」と規定していたケースで、「不当な条件」にあたるとされた事例もあります[4]。

その他、海外の NPO が日本に NPO 法人を設立する際に、入会にあたり海外の NPO の承諾を得ることを条件とすることが議論されることもあります。しかし、これも上記と同様に「不当な条件」と判断される可能性があり、定款において一律に承諾を要求することは難しいと考えられます。

代替的な方法としては、社員は「本団体の趣旨、目的及び理念に賛同する者」でなければならないと定め、後述の入会審査手続の中で、(海外の NPO の日本法人であれば海外本国を含めた)当該 NPO の活動の趣旨、目的及び理念に照らし、個々のケースで入会を拒否する正当な理由の有無をある程度厳格に審査するという方法はありうるものと考えられます。

(2) 属性に関する条件を設けること

居住地、年齢、性別、資格、所属組織等の一定の属性を入会の条件にすることが考えられます。

---

2. 内閣府 NPO ホームページ　https://www.npo-homepage.go.jp/qa/ninshouseido/ninshou-tetsuzuki#Q2-1-8（2022 年 1 月 7 日アクセス）
3. 郡山市公式ウェブサイト「NPO 法人とは」https://www.city.koriyama.lg.jp/kurashi/shiminkyodo_NPO_chonaikai/6/9194.html（2022 年 1 月 7 日アクセス）
4. 消費者庁「第 20 次国民生活審議会総合企画部会　NPO 法人制度検討委員会」第 2 回「参考資料 1」https://warp.da.ndl.go.jp/info:ndljp/pid/10311181/www.caa.go.jp/seikatsu/shingikai2/20/pdf/060209sanko-shiryo1.pdf（2022 年 1 月 7 日アクセス）

例えば、「社員は〇〇市（区）町村在住者に限る」とする等、一定の地域の住民であることを入会の条件とする場合、例えば当該市（区）町村の活性化を目的とする団体であるようなときは、その条件は事業内容等との関連から見て合理的なものということができ、「不当な条件」にあたらない場合もあると考えられます。かかる制限を設ける場合には、事業内容等との関連に着目した条件を設定するよう留意する必要があると考えられます。

また、NPO法人の目的とする事業内容を「指導者の育成・登録・活用及び支援」としているにもかかわらず、社員の資格を「団体」に限定していたケースにおいて、「不当な条件」にあたると判断された事例も存在します[5]。

さらに、一定の資格を条件にするケースもありえます。例えば、活動目的と関係ないのに 〇〇大学の卒業生でなければ社員となれないという条件は「不当な条件」となると考えられます。一方、活動の目的を達成するため専門的な資格が必要であるという合理的な理由がある場合に、その資格を社員の要件とすることは「不当な条件」にはあたらないという運用もあります[6]。

以上のように、「不当な条件」にあたるかどうかは各地方公共団体によって運用は様々であり一概にはいえませんが、事業内容等との関連から見て合理的かどうかを基準として各事案ごとに判断されることになります。

（3）会費やNPO法人の活動に関する条件を加えること

NPO法人の活動のため会費、活動の参加回数等一定の条件を課すこと自体は、必ずしも「不当な条件」とはいえないと考えられるので、一律に認められないわけではありません。しかし、入会金や会費が高額であり、入会資格がそのような金額を支払える者に事実上限定されるような場合は、社員の加入の自由に対する「不当な条件」とみなされることがあります[7]。

5. 消費者庁「第20次国民生活審議会総合企画部会　NPO法人制度検討委員会」第2回「参考資料1」https://warp.da.ndl.go.jp/info:ndljp/pid/10311181/www.caa.go.jp/seikatsu/shingikai2/20/pdf/060209sanko-shiryo1.pdf（2022年1月7日アクセス）

6. 岡山市「特定非営利活動法人設立の手引き」http://www.okayama-tbox.jp/kyoudou/pages/14579（2022年1月7日アクセス）

7. 大阪府ウェブサイト「お問合せ集」http://www.pref.osaka.lg.jp/annai/qa/detail.php?recid=5549（2022年1月7日アクセス）

また、現在の会員を優先したいなどとして、正会員の推薦を必要とする場合や、総会への出席を義務付ける、といった条件を付することは、「不当な条件」とみなされる可能性があります[8]。

3. 入会審査の運用・実務

以上のように、ある条件が「不当な条件」にあたるかどうかは各地方公共団体によって運用は様々であって一概にはいえず、事業内容等との関連から見て合理的かどうかを基準として各事案ごとに判断されることになるため、実際は定款において一律的な入会の条件を記載しないことも多いと思われます。

他方、その代わりに入会審査の手続を定め、「会員として入会しようとするものは、理事長が別に定める入会申込書により、理事長に申し込むものとし、理事長は、正当な理由がない限り、入会を認めなければならない」等といった記載を行うことが多いと思われます[9]。このような規定を定款に定めておけば、個別の入会希望者の審査の中で、入会を拒否する正当な理由があると認められ、これを理由に入会を認めないことが「不当な条件」に該当しない限り、入会を拒否しうることになります。

前述のとおり、入会・脱退の条件に関する事情は様々で「不当な条件」についての明確な基準は存在せず、NPO 法人の事業内容等との関連から見て合理的であるか個別的に検討することになります。このように一律に判断できず個別的な判断が必要であるからこそ、適切な対応であったことを手続面からも担保するため、入会審査・拒否に関する手続を適正に行う必要があります。具体的には、「入会を認めないときは、速やかに、理由を付した書面をもってその旨通知する」などの手続を定款に定め、その定めに従い運用することが重要となります。

4. NPO 法人の乗っ取り防止策

NPO 法人の入会は原則自由なので、基本的には当該 NPO 法人の乗っ取りを

---

8. 沖縄県「平成 29 年度版 特定非営利活動法人の設立及び管理・運営の手引き」https://www.pref.okinawa.jp/site/kodomo/shohikurashi/anzenkatsudo/h24npo.html（2022 年 1 月 7 日アクセス）

9. 千 葉 県「特定非営利活動法人　申請・届出の手引き」26 頁　https://www.pref.chiba.lg.jp/kkbunka/npo/houjin/documents/1_ninsyoutebiki.pdf（2022 年 1 月 7 日アクセス）

企図している者も入会できることになります。この対抗策として入会に条件を付けることが考えられますが、前述のとおり「不当な条件」とならない限度で行われなければなりません。

　また、入会を一度認めた後に除名を行うことも一応考えられますが、あらかじめ定款において定めた除名事由に該当することが必要であり、また上記のとおりNPO法で「社員の資格の得喪に関して、不当な条件を付さないこと」とされていることから、活動の内容に照らして制限が合理的でない場合に除名できないのは入会の場合と同様です[10]。

　前述のとおり、「不当な条件」にあたるかは、事業内容等との関連から見て合理的かどうかを基準として各事案ごとに判断されることになります。したがって、乗っ取り防止策も上記基準に沿った形で定めることが求められ、実際に入会制限を課すことはそう簡単ではありません。そこで、実際は、乗っ取りが困難となるような体制を整備し運用することで、入会を断念させることが有効です。これには以下のような手段が考えられます。

①定款上で社員を「この法人の目的に真に賛同する者」等と定め、それを確認するための手続的要件（2人以上面談することを要求する等）を課す。
②「不当な条件」にあたらない範囲で入会金又は会費を低額ではない金額に設定し、入会及び社員の資格維持に必要な経済的な負担を大きくする。
③ホームページ等では、社員の募集を行わず、寄付会員の募集のみを行う。社員となりたいと言われても、寄付会員の方に案内する。

　前述のとおり、上記の手段は直接入会に制限をかけるものではありませんが、乗っ取り防止策としては一定の効果があるものと思われます。また、創業者などに後述（Q09）の複数表決権を付与することも、乗っ取り防止策として一案といえます。

---

10. なお、除名の効力が争われた場合、最終的には裁判所による判断がなされることになり、除名事由が存在するかや除名決議が正当な手続で行われたかが問題となりえます（東京地判平成28年1月21日 LEX ／ DB 文献番号 25533728）。

Q 社員総会・理事会の運営方法について教えてください。

A 社員総会・理事会の運営においては、開催頻度、招集手続、決議方法、議事録などがポイントとなります。社員総会や理事会の開催後、手続事項に問題があったとして後日争いが生じないように、法律や定款の規定を事前に把握することが大切です。

1. 社員総会について

社員総会とは、NPO法人の最高意思決定機関にあたります。ここでいう「社員」とは、社員総会において表決権を有する者をいい、多くのNPO法人では、「正会員」といった名称で呼ばれています。

(1) 開催頻度

NPO法人において、理事は、少なくとも毎年1回、通常社員総会を開催しなければなりません[1]。また、理事は、必要があると認めるときは、臨時社員総会をいつでも招集することができます[2]。

(2) 招集手続

ア 総会招集権

●理事……各理事は、NPO法上は、(1)記載のとおり、総会招集権を有して

---

1. NPO法第14条の2
2. 同法第14条の3第1項

いますが、理事会を設置する NPO 法人においては、定款で理事長（代表理事）に一任していることが、一般的に多いといえます。

- 社員……総社員の 5 分の 1 以上から社員総会の目的である事項を示して請求があった場合には、理事は臨時社員総会を招集しなければなりません[3]。また、5 分の 1 という割合については定款で異なる割合を定めることができます。

- 監事……監事は、社員総会や所轄庁に報告する場合がありますが、その報告をするために必要がある場合には、社員総会を招集することができます[4]。

イ　招集時期

社員総会の招集通知は、その社員総会の日より少なくとも 5 日前に、その社員総会の目的である事項を示し、定款で定めた方法に従ってしなければなりません[5]。

（3）決議方法

ア　表決権

各社員の表決権は、平等とされています[6]。そのため、一部の社員のみが複数の表決権を有するといったことは、基本的には認められていません。ただし、定款に別段の定めを置くことは認められています[7]。その際には、多数表決権を有する社員に法人の運営権が移り、法人の性格が公益的なものから一部社員の私益的なものになる危険性に留意する必要があります。

また、NPO 法人における社員とは、社員総会で表決権[8]を有する者のことをいい、表決権を有しない会員は、社員ではありません[9]。

なお、NPO 法人と特定の社員との関係について表決をする場合には、当該

---

3. NPO 法第 14 条の 3 第 2 項
4. 同法第 18 条第 4 号
5. 同法第 14 条の 4
6. 同法第 14 条の 7 第 1 項
7. 同法第 14 条の 7 第 4 項
8. 株式会社でいう議決権に該当するもので、社員総会で表決する権利。
9. 熊代昭彦『新　日本の NPO 法』57 頁（ぎょうせい、2003）

社員は表決権を有しません[10]。

イ　表決権の行使

　社員総会とは、本来、各社員が一堂に会して議論や質疑応答を行ったうえで、NPO 法人としての意思決定を行うものです。

　もっとも、実際には、各社員が遠隔地に住んでいるといった理由で、社員総会の開催が困難になる場合があります。IT 等を活用し、社員も発言したいときには自由に発言できるようなマイクが準備され、その発言を他者や他の会場にも即時に伝えることができるような設備・環境（情報伝達の双方向性、即時性）が整っていれば、遠隔地でも出席しているとすることは可能でしょう[11]。テレビ会議や電話会議での参加も可能です。

　NPO 法では、社員が社員総会に出席せずに、書面又は代理人によって表決することが認められています[12]。また、定款で定めれば、書面による表決に代えて、電磁的方法により表決を行うことも可能です[13]。

　さらに、社員総会の目的である事項について提案があった場合に、あらかじめ社員の全員が、書面又は電磁的記録により同意の意思表示をしたときは、当該提案を可決する旨の社員総会の決議があったものとみなされます[14]。これは、いわゆる「持ち回り決議」といわれ、NPO 法人の内部意思決定手続の簡素化を図るものです[15]。

　しかしながら、このような「持ち回り決議」への過度な依存は、NPO 法人の意思決定手続の簡素化から形骸化へとつながるリスクも生じます。そのため、「持ち回り決議」の利用にあたっては、意思決定手続の簡素化と形骸化のバランスを考えることが大切です。

10. NPO 法第 14 条の 8
11. 特定非営利活動法人制度研究会編『解説　特定非営利活動法人制度』51 頁（商事法務、2013）
12. NPO 法第 14 条の 7 第 2 項
13. 同法第 14 条の 7 第 3 項。なお、「電磁的方法」とは、「電子メール」、「ホームページの意見欄等への書き込み」、「磁気ディスク、CD 等に記録してそれを送付する」方法等であり、受信者がそのファイルを記録してかつ、その記録を書面に出力できる必要があります（NPO 法規則第 1 条の 2）。
14. 同法第 14 条の 9
15. 内閣府 NPO ホームページ「過去の改正内容（平成 23 年）」Q1-6-5　https://www.npo-homepage.go.jp/qa/seido-gaiyou/kaisei-2011（2022 年 1 月 7 日アクセス）参照

（4）議事録

　NPO 法には、社員総会の議事録に関する規定はありません。

　しかし、社員総会後の事務として、最高意思決定機関である社員総会が開催された日時と場所、議事の経過の要領及びその結果等に関して、議事録を作成することは、ガバナンス上も重要といえます。また、社員総会の議事録は、法律上様式が決められているわけではありません。所轄庁のホームページでは、記載しなければならない事項を網羅した雛形を公開している場合もあり、参考になります[16]。

　なお、参考として、NPO 法人と同様にいわゆる「社会起業」の法人形態として利用されることが多い一般社団法人や一般財団法人では、特に決まった書式はありませんが、議事録作成が義務付けられています[17]。これらの規定は、議事録の備置の方法や開示請求への応じ方等を考える際に、参考となるかもしれません。

（5）小括

　NPO 法人の社員総会に関する NPO 法の規定につきまとめましたので、ご参照ください。

NPO 法人の社員総会

開催頻度	通常社員総会→少なくとも毎年 1 回 臨時社員総会→必要があると認めるとき
招集通知	社員総会の日より少なくとも 5 日前に、社員総会の目的事項である事項を示し、定款に定めた方法により行う
決議方法	原則　社員総会への出席 例外 ・書面又は代理人による表決 ・電磁的方法による表決 ・持ち回り決議
議事録	NPO 法上規定はないが、作成は重要。

2. 理事会について

（1）理事と理事会

ア　理事

　理事は、すべて NPO 法人の業務について、NPO 法人を代表するとされています[18]。すなわち、理事には、法人を代表して業務を執行する役割があります。なお、NPO 法人の理事は、3 人以上を置かなければなりません[19]。

イ　理事会

　理事会は、NPO 法上の法定機関ではありません。しかしながら、理事の業務執行について、NPO 法は「特定非営利活動法人の業務は、定款に特別の定めのないときは、理事の過半数をもって決する[20]」としており、この規定を受けて、定款において理事会を設置するのが一般的といえます。NPO 法人における理事会は、株式会社の取締役会に相当し、業務執行の意思決定において重要な機関にあたります。

　なお、一般社団法人や一般財団法人では、代表理事等が 3 ヶ月に 1 回以上、職務執行の状況を理事会に報告しなければならないと規定されており[21]、実務的にも 3 ヶ月に 1 回は理事会が開催されることが多いといえます。NPO 法には、上記規定は定められておりませんが、ガバナンスの観点から、NPO 法人においても 3 ヶ月に 1 回程度の頻度で理事会を行うことが望ましいといえます。また、監事が理事の業務執行の状況を監査するという点でも、理事会の定期的な開催は重要といえます。

---

16. 沖縄県「その他様式集」の「総会で使用する様式等」https://www.pref.okinawa.jp/site/kodomo/shohikurashi/anzenkatsudo/npo/h260415.html（2022 年 1 月 7 日アクセス）等。なお、所轄庁によっては、定款変更等の重要な局面ごとに議事録の様式を示している場合もあります（東京都生活文化局「5　定款・登記の変更に関する様式・書式」https://www.seikatubunka.metro.tokyo.lg.jp/houjin/npo_houjin/documents/form/0000001167.html、2022 年 1 月 7 日アクセス）。まずは、所轄庁のものを参照するようにしてください。
17. 一般法人法第 57 条第 1 項、同第 193 条第 1 項
18. NPO 法第 16 条
19. 同法第 15 条
20. 同法第 17 条
21. 一般法人法第 91 条第 2 項、同第 197 条

（2）招集手続

　理事会の招集手続について、NPO 法には何ら規定がありません。そのため、各 NPO 法人は、定款作成や理事会に関するルールを作成する際に、理事会の招集に関する規定を定める必要があります。その際、誰が、いつ、どのような方法で理事会を招集するのかを明らかにしましょう。

（3）決議方法

　ア　NPO 法

　前述した 2（1）イ記載のとおり、NPO 法人の業務は、定款に特別の定めのないときは、理事の過半数をもって決するとされています。

　イ　定款

　では、定款ではどのような特別の定めをおくことが考えられるでしょうか。たとえば、理事会の決議方法として、テレビ会議方式や電話会議方式で行うことを定款で定めることも可能です。ただし、各理事間の意見交換が自由にでき、各理事が自らの責任のもとに適切な判断を下すことができるよう、議事進行の際に適切な通信環境が整っていることを前提とすることが重要です。

　さらに、理事会の「持ち回り決議 [22]」は認められるでしょうか。

　NPO 法には、理事会の「持ち回り決議」を許容する規定もなければ、禁止する規定もないので、基本的には、定款自治の範囲で、各 NPO 法人に委ねられているといえます。

　しかし、本来、理事会とは、各理事がその知識や経験を結集させて、意見交換や協議をすることで、業務執行の意思決定がなされることが想定されていることから、原則として、各理事が一堂に会して理事会を開催するのが望ましいといえます。特に、設立当初は、各自の職務を把握するためにも理事会への出席は重要です。

　したがって、理事会の開催・各理事の出席が原則であって、定款に上記の方

---

22. 理事が理事会の決議の目的である事項について提案をした場合において、当該提案につき理事の全員が書面又は電磁的記録により同意の意思表示をしたとき、当該提案を可決する旨の理事会の決議があったものとみなすこと。

法を定めることが可能であるとしても、あくまでその運用は例外的なものにとどめるということを意識しましょう。

（4）議事録

NPO 法には、理事会の議事録に関する規定はありません。

しかし、業務執行の意思決定が行われる理事会が開催された日時場所、議事の経過の要領及びその結果等に関して、議事録を作成することは、ガバナンス上も重要といえます。

なお、参考として、NPO 法人と同様にいわゆる「社会起業」の法人形態として利用されることが多い一般社団法人や一般財団法人では、議事録作成が義務付けられています[23]。これらの規定は、議事録の運用方法を考える際に、参考となるかもしれません。

23. 一般法人法第 97 条第 1 項、同第 197 条

Q 新型コロナウイルスの感染拡大防止の観点から、社員総会・理事会をオンライン開催したいのですが、可能でしょうか。

A 社員総会、理事会いずれについてもオンライン開催が可能です。「情報伝達の双方向性、即時性のある設備・環境」設備を整えた上での開催が必要ですが、このためには、オンライン会議システム等を利用することが考えられます。

1. 社員総会について

（1）オンライン開催の可否について

　オンライン開催は可能です。

　内閣府の「新型コロナウイルス感染拡大に係る NPO 法 Q&A」においては、「社員が実際に集まらずとも、様々な新たな IT・ネットワーク技術を活用することによって、実際上の会議と同等の環境が整備されるのであれば、社員総会を開催したものと認められ」ることが明記されています。この場合、「役員のみならず、社員も発言したいときは自由に発言できるようなマイクが準備され、その発言を他者や他の会場にも即時に伝えることができるような情報伝達の双方向性、即時性のある設備・環境が整っていることが必要です。」と明記されており[1]、実際に人が集まることなく、オンラインでの社員総会の開催が可能であることが示されています[2]。

　上記のような「情報伝達の双方向性、即時性のある設備・環境」設備としては、

---

1. 内閣府 NPO ホームページ「新型コロナウイルス感染拡大に係る NPO 法 Q&A」Q1　https://www.npo-homepage.go.jp/news/coronavirus/coronavirus-qa#qa_01（2022 年 1 月 7 日アクセス）

オンライン会議システム等を利用することが考えられます。

（2）その他の開催方法について

　人が一堂に会することをできる限り回避し、社員総会を開催する方法としては、以下もありますのでご参照ください。

ア　全正会員から「賛成」の意思表示を集める方法（持ち回り決議）

　NPO 法 14 条の 9 によれば、社員の全員が郵送や電子メールなどにより議案への同意の意思表示をしたときに、その議案について社員総会の決議があったものとみなすものとされています。この方法で決議の省略を行うことで、社員総会の実開催を避けることができます[3]。

イ　書面・電磁的記録による表決や委任状参加を勧める方法

　NPO 法では、社員が社員総会に出席せずに、書面又は代理人によって表決することが認められています[4]。また、定款で定めれば、書面による表決に代えて、電磁的方法により表決を行うことも可能です[5]。このため、定款の社員総会（表決権等）の条項で「書面による表決」「電磁的方法による表決」「表決

---

2. 定款の社員総会と理事会の（表決権等）の条項において「オンライン会議システム」による会議への参加を定めていない法人であっても、この方法によって会議を開催したものと認められます。ただし、所轄庁によっては、状況が落ち着いた後で定款変更の認証申請を求める場合もあります（神奈川県「【重要】新型コロナウイルス感染症の影響に伴う NPO 法人の社員総会開催や事業報告書等提出の取扱いについて」https://www.pref.kanagawa.jp/docs/md5/cnt/f536160/p0421toriatsukai.html, 2022 年 1 月 7 日アクセス）。所轄庁の運用を確認するようにしてください。

3. 議事録作成時には、「総会議事録」ではなく、「みなし総会議事録」を作成する必要があります。所轄庁等が公開している様式を確認するようにしてください。定款の総会（議事録）の条項において「みなし総会議事録」を定めていない法人であっても、この方法によって総会を開催したものとみなすことができます。ただし、所轄庁によっては、状況が落ち着いた後で定款変更の認証申請を求める場合もあります（神奈川県「【重要】新型コロナウイルス感染症の影響に伴う NPO 法人の社員総会開催や事業報告書等提出の取扱いについて」https://www.pref.kanagawa.jp/docs/md5/cnt/f536160/p0421toriatsukai.html, 2022 年 1 月 7 日アクセス）。所轄庁の運用を確認するようにしてください。

4. NPO 法第 14 条の 7 第 2 項

5. 同法第 14 条の 7 第 3 項。なお、「電磁的方法」とは、「電子メール」、「ホームページの意見欄等への書き込み」、「磁気ディスク、CD 等に記録してそれを送付する」方法等であり、受信者がそのファイルを記録してかつ、その記録を書面に出力できる必要があります（NPO 法規則第 1 条の 2）。

の委任」等を定めていれば，この方法で表決した社員は，社員総会の出席者に含めることができ、議案への賛否を記載した議決権行使書面を郵送や電子メールなどで提出してもらうことによって決議を行う形とすることで、実際に社員総会に参加する人数を減らすことができます。この方法は、会議の開催を前提としているため、開催日時と会場を設定し、最小限の人数[6] は集まる必要があります。運営・所属されている NPO がどの手法での表決を有効としているかについては、NPO の定款をご確認ください。

2. 理事会について

　社員総会に関する内閣府の見解に鑑みると、理事会についても、全員が会場で集まらなくても、Web 会議、テレビ会議、電話会議を利用して各出席者の音声や映像が即時に他の出席者に伝わり、適時的確な意見表明が互いにできる仕組みになっており、出席者が一堂に会するのと同等に、相互に十分な議論を行うことができるような環境を整えれば、オンライン開催も可能であると考えられます[7]。上記記載の他方法の実施については、多くの所轄庁において、定款への記載（定款の理事会の表決権等の条項で「書面による表決」「電磁的方法による表決」「表決の委任」等を定めていることや、理事会における持ち回り決議を認めていること）が必要だとされています[8]。

---

6. 例えば、議事録作成のために議長 1 人と定款で定める議事録署名人に必要な人数等が考えられます（神奈川県「【重要】新型コロナウイルス感染症の影響に伴う NPO 法人の社員総会開催や事業報告書等提出の取扱いについて」https://www.pref.kanagawa.jp/docs/md5/cnt/f536160/p0421toriatsukai.html〔2022 年 1 月 7 日アクセス〕等参照）。NPO の定款記載事項等を踏まえ、所轄庁へお問い合わせください。
7. 但し、所轄庁によっては、定款の理事会の（表決権等）の条項において「オンライン会議システム」による会議への参加を定めていない法人であっても、オンライン会議の方法によって会議を開催したものと認められるものの、オンライン会議の取扱いを明確にするため、今後、定款に定めておくことを推奨するとされている場合があります（福岡市「新型コロナウイルスの影響に伴う NPO 法人の社員総会開催について」https://www.city.fukuoka.lg.jp/shimin/koeki/life/ninshou-nintei/npocorona.html〔2022 年 1 月 7 日アクセス〕等）。所轄庁の運用を確認するようにしてください。
8. 横浜市「新型コロナウイルス感染症の影響に伴う NPO 法人の総会及び事業報告書等提出について（Q&A）」https://www.city.yokohama.lg.jp/kurashi/kyodo-manabi/shiminkyodo/shien/soukaiQA.html（2022 年 1 月 7 日アクセス）、福岡市「新型コロナウイルスの影響に伴う NPO 法人の社員総会開催について」https://www.city.fukuoka.lg.jp/shimin/koeki/life/ninshou-nintei/npocorona.html（2022 年 1 月 7 日アクセス）

3. 一般（公益）社団法人・一般（公益）財団法人の場合

　一般（公益）社団法人の社員総会及び理事会、一般（公益）財団法人の評議員会及び理事会についても、出席者が一堂に会するのと同等に、相互に十分議論できる環境を整えていれば、オンラインでの開催は可能です[9]。

---

9. https://www.koeki-info.go.jp/administration/pdf/20200518_houzinunei.pdf（2022 年 1 月 7 日アクセス）

11

Q 理事・監事は具体的に何をするのでしょうか。ま
た、どのような方になっていただくのがよいでしょ
うか。

A 理事とは、代表機関及び業務執行機関をいい、監事とは、理
事の業務執行の状況を監査する機関をいいます。

したがって、理事においては当該NPO法人の目的や業務内
容に一定の理解があることが必要です。また、監事においては、
監査機関としての独立性、専門的知見が必要となります。

理事や監事は、場合によっては、当該NPO法人や第三者
に対して、一定の責任を負うことになりますので（詳細は
Q12参照）、その点について理解をいただくことも大切です。

さらに、理事や監事には一定の資格制限があるので注意が必
要です。

1．理事・理事会

（1）代表権・業務執行

理事は、すべてNPO法人の業務について、NPO法人を代表します[1]。そして、
NPO法人の業務は、定款で理事その他の役員に委任したものを除き、すべて社員
総会の決議によって行う[2]と規定されています。したがって、理事の権限は、理
事にどの程度の業務を委任するか、定款の定めによるところが大きいといえます。

また、理事会は、法定の機関ではありませんが、NPO法では3人以上の理事

1．NPO法第16条本文
2．同法第14条の5

を置くことが法定されていること[3]や、NPO法人の業務については、原則として理事の過半数をもって決すると定められていることから[4]、多くのNPO法人で理事会を設置するのが一般的といえます。

(2) 代表権の制限

まず、原則として理事は登記事項ですが、特定の理事（理事長・代表理事等）のみNPO法人を代表する旨を定款で定めた場合、「代表権を有する者[5]」にあたる当該理事（理事長・代表理事等）以外の理事については登記をする必要はありません。

そして、NPO法人における理事の代表権は、定款をもって制限することができます[6]。理事の代表権の範囲又は制限に関する定めは登記事項となっており[7]、代表権の制限に反した理事の行為について、当該登記がされている場合には、NPO法人は第三者に対して対抗することができます。

2．監事

監事は、理事の業務執行の状況及びNPO法人の財産状況を監査します。NPO法人では、必ず監事を1人以上置かなければなりません[8]。監事の任期は、2年以内において定款で定める期間です[9]。ただし、再任は妨げられません。

(1) 職務

監事の職務は、NPO法において次のとおり定められています[10]。

　　①理事の業務執行の状況を監査すること
　　②特定非営利活動法人の財産の状況を監査すること

---

3. NPO法第15条
4. 同法第17条
5. 組合等登記令第2条第2項第4号
6. NPO法第16条但書
7. 組合等登記令第2条第2項第6号、同別表特定非営利活動法人の項の登記事項の欄
8. NPO法第15条
9. 同法第24条第1項
10. 同法第18条

③①②の規定による監査の結果、特定非営利活動法人の業務又は財産に
　関し不正の行為又は法令若しくは定款に違反する重大な事実があるこ
　とを発見した場合には、これを社員総会又は所轄庁に報告すること
④③の報告をするために必要がある場合には、社員総会を招集すること
⑤理事の業務執行の状況又は特定非営利活動法人の財産の状況について、
　理事に意見を述べること

ア　業務監査（①について）

　監事は、理事会その他重要な意思決定に関する会議に出席し、法人の運営状
況を把握し、法令・定款に違反する決議や著しく不当な決議等が行われていな
いか監査します。

　また、委託・助成金事業における必要な手続が履践されているか、登記関係、
人事労務、税務、情報管理等に関する法令遵守はなされているか確認すること
も必要です。

　さらに、監事は、実効的な監査を行うためにも、当該 NPO 法人の目的・事
業内容を十分に把握していることも必要といえます。

イ　会計監査（②について）

　監事は、当該 NPO 法人の現金預金、固定資産、その他資産や負債の状況と
計算書類（活動計算書及び貸借対照表）等に誤りがないか確認を行い、当該 NPO
法人の会計の内部体制を把握する必要があります。

　NPO 法人の会計は、「会計簿は、正規の簿記の原則に従って正しく記帳す
ること[11]」「計算書類及び財産目録は、会計簿に基づいて活動に係る事業の実
績及び財政状態に関する真実な内容を明瞭に表示したものとすること[12]」等と
いった原則に従って行われなければなりません。

　また、NPO 法人は、当該特定非営利活動に係る事業以外の事業を行うこと

11. NPO 法第 27 条第 2 号
12. 同法第 27 条第 3 号

ができますが、その場合には、区分経理が求められています[13]。

ウ　報告義務（③について）

　監事は、ア、イの結果、NPO法人の不正の行為又は法令若しくは定款に違反する重大な事実があることを発見した場合には、社員総会又は所轄庁[14]に報告しなければなりません。

エ　招集権・意見陳述（④・⑤について）

　監事は、NPO法人の運営が適切に行われるために重要な役割を有しており、その権限を有効かつ適切に行使して職務を遂行するために、必要に応じて社員総会を招集することや、業務執行の状況や財産状況が報告される理事会等にも出席し、理事会等で意見を述べ、実効的な監査を行う必要があります。

（2）兼職禁止

監事は、理事又はNPO法人の職員を兼ねることはできません[15]。

3．資格制限について

　NPO法人の役員（理事及び監事）になる際に、特に必要な資格が要求されることはありません。また、外国人や未成年者が役員になることもできます。

（1）欠格事由[16]

　NPO法人の業務執行等に関与する理事やその監査に従事する監事について、公益性を確保する観点から、以下の表に該当する場合には、役員になることができません。

　　①破産手続開始の決定を受けて復権を得ないもの

13. NPO法第5条第2項
14. 同法第9条
15. 同法第19条
16. 同法第20条

②禁錮以上の刑に処せられ、その執行を終わった日又はその執行を受けることがなくなった日から2年を経過しない者

③この法律（NPO法）若しくは暴力団員による不当な行為の防止等に関する法律の規定に違反したことにより、又は刑法第204条、第206条、第208条、第208条の2、第222条若しくは第247条の罪若しくは暴力行為等処罰に関する法律の罪を犯したことにより、罰金の刑に処せられ、その執行を終わった日又はその執行を受けることがなくなった日から2年を経過しない者

④暴力団の構成員等

⑤NPO法第43条の規定により設立の認証を取り消されたNPO法人の解散当時の役員で、設立の認証を取り消された日から2年を経過しない者

⑥心身の故障のため職務を適正に執行することができない者として内閣府令で定めるもの

（2）親族の制限 [17]

役員には、①それぞれの役員について、その配偶者若しくは3親等以内の親族が1人を超えて含まれてはなりません。また、②当該役員並びにその配偶者及び3親等以内の親族が役員の総数の3分の1を超えて含まれてはなりません。これは、特定の役員とその親族によりNPO法人が私物化されることを防ぐことを目的としています。

（3）報酬を受ける役員

NPO法人においては、役員のうち、報酬を受ける者の数が、役員総数の3分の1以下であることが必要です [18]。ただし、ここでいう報酬とは、「役員としての報酬」であり、理事が同時に職員としての身分も有する場合には、当該職員と

17. NPO法第21条
18. 同法第2条第2項第1号ロ

しての職務執行の対価としての給与は、役員報酬にはあたらないものと考えられます[19]。

（4）監事の兼職禁止[20]

　前述のとおり、監事は、その職務内容から、理事又はNPO法人の職員を兼ねることができません。

4．どのような方にお願いすればよいか？

　理事や監事は、報酬の有無にかかわらず、NPO法人の運営において、業務執行の意思決定やその状況を監査する等の重要な権限を有するとともに、他方で、義務違反等の場合には損害賠償責任を負うことがあります。

　そのため、理事や監事を名誉職であるとして、安易に、当該NPO法人の事業について全くの未経験者を選任してしまうと、結果として当該NPO法人のガバナンスに悪影響を与える可能性が高いといえます。

　したがって、理事については、当該NPO法人の事業につき職務経験等があるといったように、適切な業務執行が期待できる人材が望ましいといえます。

　また、監事については、業務監査・会計監査といった職務の観点から、法律・会計の知識や経験を有する専門家（弁護士・会計士）の一方、可能であれば双方に就任を依頼することが望ましいといえます。さらに、監事についても業務監査

19. 内閣府NPOホームページ　https://www.npo-homepage.go.jp/qa/ninshouseido/ninshou-yakuin#Q2-3-14（2022年1月7日アクセス）
20. NPO法第19条

の点から、当該 NPO 法人の業務を熟知している方がふさわしいでしょう。

理事と監事

	理事	監事
定数	3 人以上	1 人以上
任期	2 年以内において定款で定める期間（ただし、再任は妨げられない）	2 年以内において定款で定める期間（ただし、再任は妨げられない）
兼職	監事× NPO 法人の職員○	理事× NPO 法人の職員×
職務	代表権（ただし、定款で制限することが可能） 業務の執行	業務執行の状況の監査 財産状況の監査等
報酬を受けられる者	理事及び監事の総数の 3 分の 1 以下	理事及び監事の総数の 3 分の 1 以下
社員総会の招集権	必要があると認めるときは、いつでも招集することができる。	NPO 法人の不正行為又は法令・定款に違反する重大な事実を発見し、報告をするために必要がある場合、社員総会を招集することができる。

12 理事・監事の責任

Q 理事・監事はどのような責任を負うのですか。

A 以下の2点に留意しましょう。
①理事・監事のNPO法人に対する責任
②理事・監事の第三者に対する責任

1. NPO法人に対する責任

（1）善管注意義務

　NPO法人とその役員（理事・監事）は、委任の関係にあるといわれています。そして、委任契約において、受任者である役員は、常勤・非常勤、報酬の有無にかかわらず、「善良な管理者の注意」をもって委任事務を処理する義務[1]（一般に「善管注意義務」と略称されます）をNPO法人に対して負います。

　ここで、「善良な管理者の注意」とは、その者が属する階層・職業等において一般に要求されるだけの注意をいいます。すなわち、自分の能力に応じた程度という主観的なものではなく、客観的に要求される程度の注意を意味します。

　したがって、NPO法人の役員として、一般に要求される注意が求められることになりますので、単に自分の能力の範囲で注意を尽くしたとしても、一般に要求される注意に達していないときは、善管注意義務を尽くしたとは認められません。

　このように、NPO法人の役員が、善管注意義務を怠り、NPO法人に損害を与えた場合には、役員は、NPO法人に対して債務不履行責任を負います[2]。例えば、（2）で説明する利益相反行為によりNPO法人に損害が生じた場合のほか、理事

---

1. 民法第644条
2. 同法第415条

83

が NPO 法人の金銭を使い込んでしまった場合、少し注意すれば防ぐことができたのに放任経営により職員が横領をしてしまった場合等が考えられます。

（2）理事の利益相反行為

　NPO 法人と理事との利益が相反する事項については、理事は、代表権を有しません[3]。この場合、所轄庁[4] は、利害関係人の請求により又は職権で、特別代理人を選任しなければなりません。このような理事の利益相反行為を防止する規定が設けられた趣旨は、理事が NPO 法人の利益を犠牲にして、不当に自己の利益を図ることを防止する点にあります。

　例えば、代表理事と NPO 法人との間で、不動産の売買契約や賃貸借契約を締結する場合、双方の利益が相反しますので、当該契約締結の前に、所轄庁に相談することとなります。この場合、主に申請書、特別代理人候補者の選任決議を行った社員総会（定款によっては理事会）の議事録の写し、当該契約書の案を提出する必要があることがありますが、各所轄庁によって提出書類が異なることがありますので注意が必要です。なお、特別代理人としては、別の理事が選任されることが一般的です。

　さらに、NPO 法は理事会の定めがないものの、実務上は、定款において理事会が設置されることが多く、その場合、当該理事会の表決権等の規定において、「理事会の議決について、特別の利害関係を有する理事は、その議事の議決に加わることができない」などの定めをおくことが望ましいと考えられます。

　なお、理事が上記規定に違反して、NPO 法人に損害を与えた場合には、当該理事は損害賠償責任を負います。

2. 第三者に対する責任

　役員が、その職務を行うについて、第三者に損害を生じさせた場合の役員個人の損害賠償責任に関する規定は、NPO 法上には定めがありません[5]。もっとも、

3. NPO 法第 17 条の 4
4. 同法第 9 条

各役員の行為について不法行為が認められる場合には、各役員は、第三者に対して損害賠償責任を負うと考えられます[6]。

また、NPO法は、NPO法人の第三者に対する責任について、「NPO法人は、代表理事その他の代表者がその職務を行うについて第三者に加えた損害を賠償する責任を負う」としています[7]。もっとも、NPO法人の代表理事等による不法行為が、「その職務を行うにつき」の範囲外である場合には、NPO法人の責任は認められず、当該理事等のみが責任を負うことになります。

3. NPO法人の不祥事について

NPO法人の認知度が次第に高まるにつれ、マスメディア等で注目されることも増えてきました。他方で、残念ながら、NPO法人の不祥事が取り上げられることもあります。例えば、震災を機に、多くのNPO法人が各分野で活躍する一方、震災復興のために地方公共団体から委託を受けて行っていた事業を巡り、当時のNPO法人の代表理事らが補助金を私的に流用したとの疑いで逮捕される事件もありました。また、休眠状態にあるNPO法人を名義貸しした結果、違法行為等に悪用されるケースも報道されています（NPO法人の乗っ取り防止についてはQ08参照）。

NPO法人の運営にあたっては、組織ぐるみの不祥事はあってはならないことですが、一部の理事による不祥事を、他の役員が見抜くことができなかった場合にもガバナンスが不十分と言わざるを得なかったとして、他の役員も責任追及される可能性があります。定期的な理事会の開催や監事の出席を徹底するなどして、各役員が各役割を果たすことが大切です。

---

5. NPO法と異なり、一般法人法第117条第1項は、一般社団法人の「役員等がその職務を行うについて悪意又は重大な過失があったときは、当該役員等は、これによって第三者に生じた損害を賠償する責任を負う」としており、任務懈怠について悪意又は重過失の役員が直接第三者に損害賠償責任を負う旨定めていますが、同条はNPO法人の役員には類推適用されないと判断した裁判例があります（盛岡地判平成31年2月22日判例集未搭載）。
6. 民法第709条
7. NPO法第8条、一般法人法第78条

4. NPO 法人に対する指導監督について

NPO 法人の設立にあたっては、所轄庁の認証手続が必要とされていますが、設立後の是正措置として、所轄庁による NPO 法人に対する監督規定があります[8]。

（1）報告・検査[9]

所轄庁は、NPO 法人が、法令、法令に基づいてする行政庁の処分又は定款に違反する疑いがあると認められる相当な理由があるときは、業務・財産状況を報告させ、又は立入検査をすることができます。

（2）改善命令[10]

所轄庁は、NPO 法人が、認証基準の要件を欠くに至ったと認めるとき、その他法令、法令に基づいてする行政庁の処分若しくは定款に違反し、又はその運営が著しく適正を欠くと認めるときは、その改善のために必要な措置を採るべきことを命じることができます[11]。

（3）設立認証の取消し

所轄庁は、NPO 法人が、改善命令に違反した場合であって他の方法により監督の目的を達することができないとき、又は 3 年以上にわたって事業報告書等の提出を行わないときは、設立の認証を取り消すことができます。

さらに、所轄庁は、NPO 法人が法令に違反した場合において、改善命令によってはその改善を期待することができないことが明らかであり、かつ、他の方法により監督の目的を達することができないときは、改善命令を経ないでも、設立の認証を取り消すことができます。

---

8. また、内閣府は所轄庁による監督状況等について実態調査を行うなどして対応しています（休眠 NPO に対する実態調査については Q62 参照）。
9. NPO 法第 41 条
10. 同法第 42 条
11. 例えば、不適切な経理処理がなされている場合に、立入検査を実施した上、会計書類等の適正な記録等について改善命令を行った事例などがあります。

5. 罰則について [12]

NPO法人は、法令の規定に従い、定款その他の基本約款で定められた目的の範囲内において、権利を有し、義務を負います[13]。

そのため、例えば、NPO法人に義務付けられている情報公開や所轄庁への必要書類の提出等を怠ると、20万円以下の過料に処されることがあります。

また、前述した4（2）の改善命令に違反して必要な措置を講じない者には50万円以下の罰金に処されることがありますし、4（1）の報告徴収等に対する未報告、虚偽報告、立入検査の拒否等をした場合には、理事及び監事等が20万円以下の過料に処されることがあります。

このように、NPO法人、NPO法人の理事及び監事等には、罰則規定が設けられていることにも注意が必要です。

NPO法上の罰則について

	罰則の対象・対象者	罰則	条文	備考
1	偽りその他不正の手段により認定等を受けた者	6ヶ月以下の懲役又は50万円以下の罰金	法第77条	認定等＝認定又は特例認定[14]
2	正当な理由なく、改善命令に違反して、当該命令に係る措置を採らなかった者	50万円以下の罰金	法第78条	
3	認定NPO法人等以外の者が、認定NPO法人等であると誤認されるおそれのある文字をその名称又は商号中に用いた者			認定NPO法人等＝認定NPO法人又は特例認定NPO法人[15]

---

12. NPO法第77条ないし第81条
13. 民法第34条参照
14. 平成28年6月1日に成立したNPO法改正により、従来の「仮認定」NPO法人の名称は「特例認定」NPO法人に改められました。
15. 同上

4	不正の目的をもって、他の認定 NPO 法人等であると誤認されるおそれのある名称又は商号を使用した者			
5	正当な理由なく、認定 NPO 法人等への命令に係る措置を採らなかった者			
6	正当な理由なく、その他の事業の停止命令に違反して引き続きその他の事業を行った者			
7	法第 7 条第 1 項の規定による政令に違反して登記することを怠ったとき	20 万円以下の過料	法第 80 条	項目 7 〜 22 については、理事、監事又は清算人が対象者
8	NPO 法人の成立時の財産目録の事務所への備置義務違反・記載すべき事項の未記載・不実の記載			
9	役員変更等届出及び定款変更届出の義務違反・虚偽の届出			
10	認定 NPO 法人等の代表者氏名変更届出義務違反・虚偽の届出			
11	事業報告書等、役員名簿及び定款等の事務所への備置義務違反・必要記載事項の未記載・不実の記載			事業報告書等＝前事業年度の事業報告書、計算書類、財産目録、年間役員名簿、社員のうち 10 人以上の者の氏名・住所等を記載した書面

12	認定 NPO 法人等の認定申請の添付書類及び役員報酬規程等の事務所への備置義務違反・必要記載事項の未記載・不実の記載		
13	定款の変更に係る登記事項証明書の提出及び事業報告書等の提出義務違反		
14	2 以上の都道府県の区域内に事務所を設置する認定 NPO 法人等が認定の通知を受けたときの所轄庁以外の関係知事への直近の事業報告書等及び役員名簿又は定款等の提出義務違反		
15	認定 NPO 法人等が所在する都道府県以外の都道府県の区域内に新たに事務所を設置したときの当該都道府県の知事への直近の事業報告書等及び役員名簿又は定款等の提出義務違反		
16	事務所が 2 以上の区域内に事務所を設置する認定 NPO 法人等が定款変更の認証を受けたときの所轄庁以外の関係知事への社員総会の議事録の謄本等の提出義務違反		
17	認定 NPO 法人等の役員報酬規程等の提出義務違反		

18	破産手続開始の申立て義務違反			
19	貸借対照表[16]、法人の債権者に対する債権申出の催告等及び破産手続開始の申立てに関する公告義務違反・不正の公告			
20	NPO法人が合併の認証を受けたときの貸借対照表及び財産目録の備置義務違反・未作成・必要記載未記載・不実の記載			
21	NPO法人が所轄庁から合併の認証を受けたときの債権者に対する公告・催告義務違反・債権者の異議に対する弁済等義務違反			
22	報告徴収等に対する未報告・虚偽の報告・立入検査の拒否・立入検査の妨害・立入検査の忌避			
23	NPO法人以外の者が、「特定非営利活動法人」又はこれに紛らわしい文字を用いた場合	10万円以下の過料	法第81条	

16. 平成28年6月1日に成立したNPO法改正において、貸借対照表の公告が義務付けられました。
上記改正法は、平成29年4月1日から施行されました。ただし、貸借対照表の公告に関しては、
平成30年10月1日から施行されています。

Q 認定 NPO 法人とは何ですか。普通の NPO 法人と
比べてどのようなメリットがありますか。

A 認定 NPO 法人とは、運営組織及び事業活動が適正であっ
て公益の増進に資するものとして、所轄庁の認定を受けた
NPO 法人をいいます。
税制上の優遇措置が受けられるほか、社会的信用力が向上す
るというメリットがあります。

1．認定 NPO 法人とは

　認定 NPO 法人とは、NPO 法人のうち、その運営組織及び事業活動が適正であっ
て公益の増進に資するものとして、所轄庁（都道府県又は政令指定都市）の認定を
受けたものをいいます[1]。認定 NPO 法人になる場合、税制上の優遇を受けるこ
とになるため、税制優遇に値する NPO 法人かどうかを、組織や事業活動の内容
等によって、判断しようとする制度です。

2．認定を受けることのメリット

　認定 NPO 法人になると、以下の（1）及び（2）の通り税制上の優遇措置が受
けられるほか、事実上（3）及び（4）のメリットを受けられると考えられます。

（1）寄付者に対する税制上の優遇措置

　以下のとおり、寄付者に対する税制上の優遇措置が設けられているため、認定

1．NPO 法第 2 条第 3 項、第 44 条第 1 項

NPO 法人になると、寄付が受けやすくなるメリットがあります。

　ア　個人が認定 NPO 法人に寄付をした場合、当該個人の所得税の計算において、寄付金控除又は税額控除の対象となります[2]。

　イ　法人が認定 NPO 法人に寄付をした場合、当該法人の法人税の計算において、一般の寄付金に係る損金算入限度額とは別に、特定公益増進法人に対する寄付金の額と合わせて損金算入限度額の範囲内で損金の額に算入されます[3]。

　ウ　相続又は遺贈により財産を取得した者が、その取得した財産を相続税の申告期限までに認定 NPO 法人に対し、その認定 NPO 法人が行う特定非営利活動に係る事業に関連する寄付をした場合、その寄付をした財産には相続税が課されません[4]。ただし、株式や不動産を寄付すると、相続税とは別に、譲渡所得課税として、相続人に課税がされてしまう場合があります。それを避けるためには、エの場合も含め、国税庁の長官の承認を得る必要があるので、ご注意ください[5]。

　エ　個人が、土地、建物、株式などの財産を認定 NPO 法人に寄附した場合に、寄附をした人が 当該法人の役員等に該当しないことなどの承認要件を満たすものとして国税庁の長官の承認を受けたとき（申請書を提出した日から 1 ヶ月〔寄付財産が株式等の場合には 3 ヶ月以内〕にその申請についてその承認が なかったとき、又は承認しないことの決定がなかったときは、その申請についてその承認があったものとみなされます。）は、この寄附に対する所得税は非課税となります。

　なお、財産の寄附について国税庁の長官の承認を受けた後、その財産を買い換える場合には、原則として、その承認は取り消されることになります。ただし、エの場合の他、認定 NPO 法人において、その財産を特定管理方法により管理し

2.　租税特別措置法（以下「租特法」といいます）第 41 条の 18 の 2 第 1 項、第 2 項
3.　法人税法第 37 条第 4 項、租特法第 66 条の 11 の 2 第 2 項
4.　租特法第 70 条第 1 項、第 2 項、第 10 項
5.　同法第 40 条第 1 項後段

ている場合、その財産の譲渡収入金額の全部に相当する金額をもって取得した資産を特定管理方法により管理する等の一定の要件を満たすときは、その承認を継続することができます。

（2）法人自身に対する税制上の優遇措置

　通常の NPO 法人は、収益事業に関してのみ課税されます[6]。法人としての「所得」は、益金から損金を引いた額に対して課税されますが[7]、収益事業に属する

認定を受けていない NPO 法人の場合

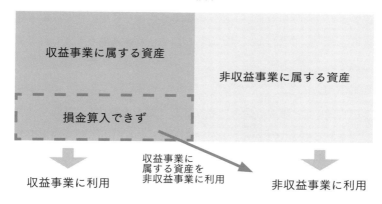

認定を受けている NPO 法人の場合

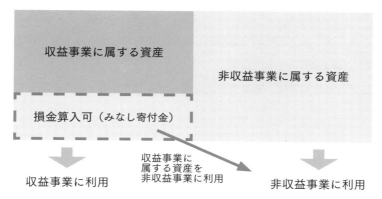

6． NPO 法第 70 条 1 項、法人税法第 7 条
7． 法人税法第 22 条第 1 項

資産のうちからその収益事業以外の事業で特定非営利活動に係る事業に支出したとしても、損金算入はできません。

これに対し、認定 NPO 法人では、収益事業に属する資産のうちからその収益事業以外の事業で特定非営利活動に係る事業に支出した金額は、その収益事業に係る寄付金の額とみなされ、一定の範囲内で損金算入が認められます[8]（前ページの図を参照してください）。

（3）ガバナンスの強化

認定 NPO 法人には、法令に従った法人の運営、青色申告法人並みの帳簿及び書類の保存が義務付けられます。認定の取得を目指す過程で、法人の運営についての改善もされ、結果としてガバナンスが強化される効果も考えられます。

（4）社会的信用力の向上

認定 NPO 法人は、運営組織及び事業活動に関する要件を満たした NPO 法人に限り認定されるものですから、認定 NPO 法人になると、社会的信用力が向上します。

3．特例認定 NPO 法人

設立後間もない NPO 法人のスタートアップ支援の目的で、原則として設立後5年以内の NPO 法人は、パブリック・サポート・テスト（Q16）の要件を除く他の要件を満たすことで、特例認定 NPO 法人となることができます（NPO 法第59条第1項及び第2項）。

特例認定の有効期間は、認定の有効期間5年に比べて短く、3年間となります。

8．法人税法第 37 条第 5 項、法人税法施行令第 73 条第 1 項、法人税法施行規則第 22 条 の 5、租特法第 66 条 の 11 の 2 第 1 項

Q 認定 NPO 法人になるためには、どのような手続が必要ですか。どのくらいの時間と費用がかかりますか。また、認定 NPO 法人になった後には、どのような義務が生じますか。

A 認定 NPO 法人となるためには、所定の書類をそろえた上で、所轄庁に申請書と一緒に提出します。

認定の申請自体には収入印紙等の貼付も不要であり、必要書類の取得や作成の費用程度しかかかりません。しかし、職員は、申請の準備や現地調査対応等で相当な時間を使うことになります。

また、認定 NPO 法人となった後には、①提出義務が課される書類、②事務所に備え置き、閲覧させなければならない書類が増加し、③青色申告並みの会計処理が必要になります。

1. 手続

認定 NPO 法人となるためには、所定の書類を添付した「申請書を所轄庁に提出」[1] することが必要です。その後、所轄庁の担当者による現地調査（実態確認）を経て、NPO 法第 45 条所定の各要件を満たすものと認められれば、「認定 NPO 法人」として、認定されることとなります。詳しい書類等に関しては所轄庁[2] のホームページをご参照ください。

---

1. NPO 法第 44 条第 2 項柱書
2. 所轄庁は、以下の通りです（NPO 法第 9 条参照）。
   （1）2 以上の都道府県の区域に事務所を有する場合 →主たる事務所の都道府県
   （2）主たる事務所が 1 の政令指定都市の区域内のみに所在する場合→当該政令指定都市
   （3）1 つの都道府県の区域のみに事務所がある場合 ※（2）以外→事務所が所在する都道府県

認定 NPO 法人になるために所轄庁に申請をしようとする NPO 法人の担当者が行うことは、まずは、当該 NPO 法人が認定基準を満たしているか調査をすることです。その上で、その NPO 法人が既に各基準をすべて満たしていれば、担当者がすべきことは、前述の書類の作成のみになります。しかし、もし基準を満たしていない場合には、それを満たすように団体の運営から変更していかなければならない場合もあります。

2. 時間

まず、認定を受けるためには、申請書を提出した日を含む事業年度の初日の時点で、NPO 法人の設立から 1 年以上経っていなければならないという要件[3]を満たす必要があります。

また、申請をしてから認定の判断がされるまでの期間について、標準的な期間を公表していない所轄庁もあり、公表している所轄庁によっても長短がありますが、標準的な期間として申請から半年程度と定めている所轄庁がいくつか見受けられました[4]。所轄庁から改善などを求められた場合にはさらに長い時間を要する可能性もあります。

さらに、認定の要件を満たすために必要な NPO 法人の体制整備にも一定の時間を要しますので、認定を目指しはじめてから実際に認定を受けるまでには相応の時間を要することになります。

---

3. NPO 法第 45 条第 1 項第 8 号
4. たとえば、大阪市やさいたま市は 6 ヶ月、東京都は 125 日などとされています（大阪市ホームページ「特定非営利活動法人（NPO 法人）認定・特例認定の手引」49 頁　https://www.city.osaka.lg.jp/shimin/cmsfiles/contents/0000375/375996/nintei3004.pdf、さいたま市ホームページ「NPO 法人の認証・認定に係る標準処理期間の変更について」　https://www.city.saitama.jp/001/013/008/001/p047387.html、東京都ホームページ「東京都における窓口事務の標準処理期間」10 頁　https://www.soumu.metro.tokyo.lg.jp/02gyokaku/pdf/gyoute/30shorikikan.pdf〔いずれも 2021 年 2 月 7 日アクセス〕）。ご自身の所轄庁のホームページを検索して、標準処理期間を確認するのが良いかと思います。

```
既に認証されている NPO 法人
          ↓
    所轄庁に事前相談
          ↓
  申請書を所轄庁に提出
          ↓
  所轄庁による実態確認等
          ↓
認定・特例認定        不認定処分
```

3. 費用

　申請する際には、収入印紙等の貼付は必要ありません。そのため、手続そのものに必要な費用は書類の作成や取得にかかる費用程度です。

　しかし、実際には、認定 NPO 法人になるための申請書類を作成することのみならず、現地調査への準備及び対応のため、相当な人的なコストがかかることが考えられます。

　現地調査は大体半日程度かかります。現地調査では、各認定要件に関する事実のみならず、組織・運営の適正性に関しても非常に重要視されています。各要件に関する書類の例としては、たとえば、判定期間（2 年分）の帳簿及び領収書、契約書、総会や理事会の招集通知・議事録、事業報告書等があります。なお、事業報告書の提出が期限に遅れていることは、「法令違反」にあたるので、十分注意が必要です（詳しくは Q19 を参照ください）。アニュアルレポート（年次報告書）もあれば印象は良く、事業の説明も当該資料に沿ってできるというメリットもあります。さらに、組織体制・決裁権限に関する説明資料等もあればなお良いでしょう。

4．認定 NPO 法人となった後の義務

（1）認定 NPO 法人の義務

　認定 NPO 法人になると、一般の NPO 法人に比べて、①所轄庁に提出しなければならない書類、②事務所に備え置き、閲覧させなければならない書類が増加し、③青色申告する法人並みの会計処理をすることが求められます。認定 NPO 法人は、税制上の優遇措置を受けることができる法人であり、広く市民から寄付金を受けて活動を行うため、寄付や資金の使い方などについては、透明性の高い情報開示を行う責務があるからです[5]。

（2）認定 NPO 法人が定期的に又は適宜所轄庁に提出する書類

　認定 NPO 法人になると、毎年の事業報告書を提出する際、又は適宜、所定の書類を毎年所轄庁に提出する必要があります[6,7]。また、助成金の支給を行った場合は、助成金の支給後に助成の実績を記載した書類の提出を行う必要があります[8]。

　各書類の提出手続に関しては、各自治体の条例により定められています（例えば、東京都の特定非営利活動促進法施行条例等）。

（3）認定 NPO 法人が事務所に備え置き、閲覧させなければならない書類

　認定 NPO 法人は、所定の書類を一定期間事務所に備え置き、閲覧をさせる必要があります[9,10]。ただし、「事務所」に備え置かなければならないとされており文言に限定がないことから、従たる事務所がある場合には、従たる事務所においても備え置き、閲覧させる必要があります。

---

5. 特定非営利活動法人制度研究会編『解説　特定非営利活動法人制度』153 頁（商事法務、2013）
6. NPO 法第 54 条第 2 項第 2 号〜第 4 号（但し、2021 年 6 月 9 日施行の改正 NPO 法では、同項第 2 号の役員報酬・職員給与の支給に関する規程について、変更のない限り毎年の提出を不要としています。）、第 55 条第 1 項、第 62 条、NPO 法規則第 32 条
7. 内閣府ホームページ「特定非営利活動促進法に係る諸手続の手引き」200-203 頁　https://www.npo-homepage.go.jp/uploads/201704_manual_all-1.pdf（2021 年 5 月 29 日アクセス）
8. NPO 法第 55 条第 2 項、第 54 条第 3 項
9. 備置きについて NPO 法第 54 条第 1 項〜第 3 項、閲覧について同条第 4 項
10. 前掲注 7　203-206 頁参照。

なお、NPO 法第 54 条第 4 項は、NPO 法施行当初の第 29 条第 2 項と同様に、広く国民に情報提供することを義務付ける趣旨の規定と考えられるので、閲覧の請求を拒否することができる「正当な理由がある場合」とは、休日や時間外の閲覧請求であるとか、明らかに不法・不当な目的による閲覧請求である等の理由が想定できます[11]。

（4）会計処理の厳格化

　さらに、会計処理に関しても、青色申告の法人並みの会計処理が必要となるので注意が必要です[12]。

11. 堀田力ほか編『NPO 法コンメンタール──特定非営利活動促進法の逐条解説』192 頁（日本評論社、1998）
12. NPO 法第 45 条第 1 項第 3 号、NPO 法規則第 20 条、法人税法施行規則第 53 条～第 59 条

Q 公益法人とは何ですか。認定NPO法人と比較して、どのようなメリット、デメリットがありますか。

A 公益法人（公益社団法人・公益財団法人）とは、一般社団法人又は一般財団法人のうち、公益目的事業を行うものとして、行政庁の認定を受けたものをいいます。
認定NPO法人と公益法人は、税制優遇の点ではほとんど変わりません。公益法人は、認定NPO法人と違い設立と同時に公益認定を申請できるのに対し、認定を受けた後の義務は公益法人の方が重くなっています。

1．公益法人とは

公益法人とは、一般社団法人又は一般財団法人のうち、公益目的事業を行うものとして、行政庁の認定を受けたものをいいます[1]。

2．公益法人になるための要件

公益法人になるための要件には様々なものがありますが、第一に「公益目的事業を行うことを主たる目的とするものであること」を満たさなくてはなりません[2]。公益目的事業とは、「学術、技芸、慈善その他の公益に関する別表各号に掲げる種類の事業であって、不特定かつ多数の者の利益の増進に寄与するもの」をいい[3]、別表には23の事業があげられています[4]。

その他の詳細な要件については、国・都道府県公式公益法人行政総合情報サイ

1．公益認定法第2条及び第4条
2．同法第5条第1号
100 3．同法第2条第4号

ト「公益法人 information[5]」もご参照ください。

　なお、公益法人の場合は、認定 NPO 法人の認定基準と異なり、寄付金の割合や寄付者の数は要件とされていません。

3.　公益法人のメリット

　認定 NPO 法人とほぼ同様に税制上の優遇措置が認められています（ただし、公益法人の場合のみ、利子等に係る源泉所得税が非課税となります[6]）。また、NPO 法人では収益事業（34 業種）には必ず課税されるのに対し、公益法人では収益事業から公益目的のものが除かれており、非課税です[7]。さらに、事実上のメリットとして、社会的信用力の向上も期待できます。

　なお、公益社団法人・公益財団法人の公益認定の申請は、設立と同時に行うことが可能であり、認定 NPO 法人の申請のように 2 年間待つ必要はありません。

　また、NPO 法人のように報酬を支給する理事等の数が全体の理事等の数の 3 分の 1 以内である必要はなく、不相当に高額にならないよう支給基準を公表すれば理事全員に報酬を支給することも可能です[8]。

4.　注意点

　ただし、公益法人となった場合、認定 NPO の認定を受けた場合に比べ、提出書類が増加するだけでなく、収入、支出、保有財産、さらに、寄付の募集の方法に関する規制もあり、非常に義務が多くなることに注意が必要です。具体的には、

4.　同要件に関連し、日本尊厳死協会が行った公益認定申請が医師を治療中止に誘引する等の悪影
　響を与える可能性があるとして不認定処分がなされた事案につき、東京高裁は事業が同要件に
　該当するかに関する行政庁の認定判断が「判断要素の選択や判断過程に合理性を欠くところが
　ないかを検討し、その判断が重要な事実の基礎を欠くか、又は社会通念に照らし著しく妥当性
　を欠くものと認められる場合には、裁量権の範囲の逸脱又はその濫用として違法となる」とし
　た上で、同協会の事業について「終末期医療の治療方針の決定場面における ··· 患者の自己決
　定権が保護される」ことなどを考慮すれば、不認定処分が社会通念に照らして著しく妥当性を
　欠くことを理由に、不認定処分を取り消しています（東京高判令和元年 10 月 30 日公刊物未搭
　載）。
5.　公益法人 information　https://www.koeki-info.go.jp/（2021 年 12 月 27 日アクセス）
6.　所得税法第 11 条
7.　法人税法施行令第 5 条第 2 項第 1 号
8.　公益認定法第 20 条第 1 項、第 5 条第 13 号、公益認定法規則第 3 条

以下の義務が生じます。

収入についての規制	公益目的事業の収入は当該公益目的事業の実施に要する適正な費用を償う額を超えてはならない（公益認定法第14条）
支出についての規制	公益認定を受けた日以後に寄付を受けた財産等については、公益目的事業を行うために使用し、又は処分しなければならない（公益認定法第18条第1号等）
保有財産についての規制	過半数の株式等の保有（公益認定法第5条15号、公益認定法規則第4条各号、公益認定法施行令第7条）、一定の費用を超える遊休財産の保有（公益認定法第16条）についての禁止
毎年の書類の提出	毎年、事業報告、決算書のみならず、事業計画書、収支予算書、資金調達及び設備投資等の見込みを記載した書類を提出しなければならない（公益認定法第22条第1項、第21条第4項、第1項、公益認定法規則第27条各号）
寄付の募集に関する規制	寄付の勧誘又は要求を受け、寄付をしない旨の意思を表示した者に対し、寄付の勧誘又は要求を継続することなどの禁止（公益認定法第17条各号）

5. その他の法人

　各法人の特徴に関しては、Q04 をご参照ください。社会福祉法人、学校法人等も税制上優遇はされていますが、設立の要件や規制は厳しくされています。し

たがって、公益法人と比較すると、第一種社会福祉事業[9]を行ったり、学校教育法上の「学校」を設立したりするのでない限り[10]、公益法人の方が、負担が軽いと考えられます。

9. 社会福祉法第 2 条 2 項各号
10. 学校教育法第 2 条、第 1 条参照

Q 認定を取得するためには、どのような要件を満たしている必要がありますか。

A パブリック・サポート・テストをはじめとして、9つの要件を満たしている必要があります。

1．認定を取得するための要件

認定を受けるには、下記9つの要件すべてを備える必要があります[1,2,3]。

①パブリック・サポート・テスト[4,5]（PST）をクリアしていること

②事業活動における共益的な活動の割合が 50％ 未満であること

③運営組織及び経理が適切であること

④事業活動の内容が適切であること

⑤情報公開を適切に行っていること

⑥事業報告書等を所轄庁に提出していること

⑦法令違反、不正の行為、公益に反する事実等がないこと

1. ①〜⑧については NPO 法第 45 条第 1 項、⑨については同法第 47 条
2. それぞれの要件の詳細については、内閣府ホームページ　https://www.npo-homepage.go.jp/about/npo-kisochishiki/ninteiseido（2022 年 1 月 7 日アクセス）及び特定非営利活動法人制度研究会編『解説　特定非営利活動法人制度』85 頁以降（商事法務、2013）を参照。
3. PST 等の認定基準の判定対象となる実質判定期間は、事業年度が 1 年間の場合は、直前の 2 事業年度（初めて申請する場合）、又は直前の 5 事業年度（認定の更新あるいは過去に認定を受けたことのある場合）となります。
4. 「NPO 法人等の活動が、広く市民からの支援を受けているかどうかを判断するための基準」（内閣府「用語について」https://www.cao.go.jp/others/koeki_npo/yougo.html、2022 年 1 月 7 日アクセス）です。具体的には、実績判定期間における経常収入金額のうち寄付金収入が占める割合が 5 分の 1 以上であるか（相対値基準）、又は、3000 円以上の寄付者の合計数が年平均 100 人以上かどうか（絶対値基準）が基準となります。
5. なお、PST 算入の基礎となる寄付金と会費の区別については Q23 をご参照ください。

⑧設立の日から 1 年を超える期間が経過していること

⑨以下の欠格事由に該当しないこと

　ア　役員の中に暴力団関係者などに該当する者がいる法人

　イ　認定の取消日から 5 年を経過しない法人

　ウ　定款等の内容が法令等に違反している法人

　エ　国税・地方税の滞納処分の終了の日から 3 年を経過しない法人

　オ　国税・地方税に係る重加算税等を課された日から 3 年を経過し
　ない法人

　以下では、特に法律上解釈等が問題となり得る要件の解説に絞り、②④⑦の一部を解説します。会計関係の要件をはじめとして、その他の要件の詳細については、内閣府ホームページ[6]及び特定非営利活動法人制度研究会編『解説　特定非営利活動法人制度』85 頁以降（商事法務、2013）をご参照ください。

2．所轄庁とのやりとりにおける留意点

（1）要件の確認の重要性

　そもそも、原則として、行政は、国民の権利を制限する行為は、法律によってのみ行うことができます。

　認定を取得するための要件は、法律によりすべて定められており、所轄庁が、より NPO 法人に対して不利な要件を課すことは、税制上の優遇措置のある認定NPO 法人になる権利を制限していることになるので、認められません[7]。したがって、1．の要件以外での行政指導も行われるべきではありません。

　仮に、所轄庁から認定を取得するための要件を充足していないとの指導を受けた場合は、どの要件を充足していないのかを確認することが大切です。

6．内閣府 NPO ホームページ　https://www.npo-homepage.go.jp/about/npo-kisochishiki/ninteiseido（2021 年 12 月 27 日アクセス）

7．平成 23 年 6 月 14 日参議院内閣委員会における牧山ひろえ議員に対する岸本周平議員答弁参照

（2）不認定となってしまった場合の対応

　所轄庁から不認定の決定を受けた場合[8]は、不認定の決定の理由となった要件を整えた上で再申請を行うことも考えられます。

　しかし、仮に、事実の誤認がある場合、当該不認定の理由が認定要件のいずれにも該当しないと考えられる場合など、不認定の決定に不服がある場合には、処分の取消しの訴え[9]、義務付けの訴え[10]、審査請求又は異議申立て[11]等の措置を取ることも考えられます[12]。

---

8. ただし、実際には、不認定の決定がされる数は多くありません（令和 3 年 10 月 31 日現在で、認定 NPO 法人の申請を受理した 1893 件のうち、不認定は 11 件、申請取下げは 472 件です（内閣府 NPO ホームページ　https://www.npo-homepage.go.jp/about/toukei-info/nintei-houjin、2021 年 12 月 27 日アクセス）。これは、不認定の決定がなされる前に、現地調査等を含む所轄庁とのやり取りの中で、要件を満たさないことが明らかになることが多く、そのような場合には申請者は認定 NPO 法人の申請を取り下げてしまうことが多いからと考えられます。
9. 行政事件訴訟法第 3 条第 2 項
10. 同法第 3 条第 6 項第 2 号
11. 行政不服審査法第 3 条
12. 「認定」とは、一般に、単に「ある事柄を事実であると認めること」をいいますが、認定により税制上の優遇措置が受けられるという効果があるため、ここに挙げたような手続が認められます。

17 共益的な活動とは

Q 認定 NPO 法人の要件の一つとして、「事業活動における共益的な活動の割合が 50% 未満であること」がありますが、共益的な活動とは何ですか。

A イ 対象が会員等である行為、ロ 便益の及ぶ者が特定の範囲の者である活動、ハ 特定の著作物又は特定の者に関する活動、ニ 特定の者に対し、そのものの意に反した作為又は不作為を求める活動、をいいます。

1. 要件

　認定を受けるための要件として、実質判定期間における事業活動のうちに次のイ〜ニに掲げる活動の占める割合が 50% 未満であることが要求されており[1]、これらの活動が、一般的に「共益的な活動」や「共益的活動」などと呼ばれています。なお、50% 未満であるか否かは、事業費の額、従事者の作業時間その他の合理的な指標により算定します[2]。

　　イ　会員等に対する資産の譲渡等、会員等相互の交流、連絡又は意見交
　　　　換その他その対象が会員等である活動
　　ロ　その便益の及ぶ者が次に掲げる者その他特定の範囲の者である活動
　　　　　①会員等[3]
　　　　　②特定の団体の構成員
　　　　　③特定の職域に属する者

1. NPO 法第 45 条第 1 項第 2 号
2. 同法規則第 10 条
3. 同法第 45 条第 1 項第 2 号ロ柱書き、同法規則 11 条、同規則 12 条参照。

④特定の地域として内閣府令で定める地域[4]に居住し又は事務所その他これに準ずるものを有する者

ハ　特定の著作物又は特定の者に関する普及啓発、広告宣伝、調査研究、情報提供その他の活動

ニ　特定の者に対し、その者の意に反した作為又は不作為を求める活動

2．趣旨

　NPO法人の会員や特定の地域の居住者のように限定された者の共同の利益（共益）を目的とする活動の比率が50％以上である場合に認定が受けられないこととしているのは、そもそも、NPO法人は、「不特定かつ多数のものの利益の増進に寄与する」[5]特定非営利活動を行うことを主たる目的とするものであり[6]、また、認定NPO法人は「公益の増進に資する」[7]ものであるためです。

3．イ～ニの要件について

　次に、イ～ニの要件について解説します。

実質判定期間における事業活動

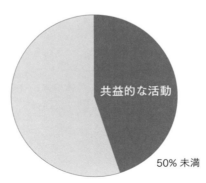

共益的な活動

50％未満

4．1の市町村（東京都の特別区の存する区域及び指定都市にあっては、区）の区域の一部で地縁に基づく地域（NPO法規則第15条）。

5．NPO法第2条第1項

6．同法第2条第2項

7．同法第44条第1項

（1）会員等を対象とする活動（イ）

　例えば、サークルや同窓会のように限定された会員相互の間でのみで行われる活動は、イの要件に該当すると考えられます。

　他方、一定の会員を対象とするサービスが「会員等相互の交流、連絡又は意見交換その他その対象が会員等である活動」に含まれてしまうのかが問題となります。この点、前述の通り、この規定は、「不特定かつ多数のものの利益の増進に寄与」し「公益の増進に資する」ことを担保するための規定です。そのため、個々の活動実態等を踏まえた上で、例えば、インターネット、チラシ等を用いて当該会員の募集を広く一般に行っており、当該会員がサービスの利用以外にその NPO 法人の業務等に携わることがないような場合には、この要件に該当しないと考えられます [8]。

（2）便益の及ぶ者の範囲が限定される活動（ロ）

　例えば、特定の職域に属する者の賃金の増額や勤務時間の縮減等を求めて経営者等に対して要望するような活動や、特定の地域に居住する者の日照権を守るために高層ビルを建築しようとする者等に要望する活動などが、ロの要件に該当すると考えられます [9]。

　ここで、「その便益の及ぶ者が次に掲げる者その他特定の範囲の者である活動」について、その便益の及ぶ者が特定の範囲の者に限られてしまう活動は、すべてロに該当するのかが問題となります。

　この点、NPO 法上の「活動」は、「法人の行う個々の事業をつかまえているのではなく、その行う「事業のまとまり」を広くつかまえて規定したもの」と解釈されていますので、NPO 法人の事業を広くまとまりとして見たときに便益の及ぶ者の範囲が限定されていないのであれば、この要件に該当しないと考えられます。

8.　内閣府 NPO ホームページ　https://www.npo-homepage.go.jp/qa/ninteiseido/nintei-hantei-katsudou-copy#Q3-6-1（2021 年 12 月 27 日アクセス）

9.　神戸市　https://www.city.kobe.lg.jp/documents/5433/ninteitebiki2_2019.pdf（2022 年 1 月 7 日アクセス）、内閣府 NPO ホームページ　https://www.npo-homepage.go.jp/qa/ninteiseido/nintei-hantei-katsudou-copy（2022 年 1 月 7 日アクセス）

例えば、ある NPO 法人が、特定の商店街のみに便益が及ぶような事業を行う場合も、その他の商店街も広く支援する又はし得る事業の一環として行われるものであれば、この要件には該当しないと考えられるでしょう。

（3）特定の著作物や人物に関する普及啓発等の活動（ハ）

「特定の著作物又は特定の者に関する普及啓発、広告宣伝、調査研究、情報提供その他の活動」とは、NPO 法人が事業のまとまりとして、特定の著作物又は特定の者に限定した活動を行う場合を指すと考えられます。したがって、例えば、持続可能な地域づくりに関する事業の一環として、成功例が掲載されている特定の著作物を題材にワークショップを開催することは、この要件には該当しないと考えられます。

（4）意に反した作為等を求める活動（ニ）

ニの規定は、特定の者に対して何かを強制させる活動も「公益」に含まれないものとして、規定されたものと考えられます。

何が「意に反した」に該当するかは判断が難しい場合もありますが、例えば、ダム建設反対等のような何らかの反対運動のために直接抗議を行う活動や、特定の商品を買わないことを通じて運動するといった不買運動[10] 等は、「意に反した」に該当するものと考えられます。

10. 神戸市 https://www.city.kobe.lg.jp/documents/5433/ninteitebiki2_2019.pdf（2022 年 1 月 7 日アクセス）

Q NPO 法人として、特定の法律の制定や改正を推進したり、特定の議員の施策について批判したりしてもよいのでしょうか。
また、自分たちが目指す施策を推進している議員の方が当選した場合に、その方にお祝いとして贈り物をすることは控えるべきでしょうか。

A 認定 NPO 法人としての認定を受けるための要件として、「政治上の主義を推進し、支持し、又はこれに反対すること」（NPO 法第 45 条第 1 項第 4 号イ(2)）及び「特定の公職の候補者若しくは公職にある者又は政党を推薦し、支持し、又はこれらに反対すること」（NPO 法第 45 条第 1 項第 4 号イ(3)）等の活動をしていないことが定められています。

ここでいう「政治上の主義」とは、「政治によって実現しようとする基本的・恒常的・一般的な原理・原則」を言うため、単に課題解決のために特定の法律の改正又は立法を主張、推進することは、「政治上の主義を推進」しているとは言えないと考えられます。ただし、当該施策を推進する議員個人を支援することは、「特定の公職の候補者若しくは公職にある者又は政党を推薦し、支持し」ているものとなるので、認められません。

社会課題の解決を目指し、政策提言を行って、特定の法律の改正や、立法を目指す場合には、特定の議員の方と交流を持つなど、政治に関わる活動をすることになります。

　では、認定 NPO 法人は、このような行為を一切行えないのでしょうか。

1. 特定の立法や特定の施策の推進・批判について

(1)「政治上の主義」の意義

　まず、NPO 法人は、一般に、政治上の主義を推進し、支持し、又はこれに反対することを主たる目的とするものでないことが必要とされています（NPO 法第2条第2項第2号ロ）。ここでいう「政治上の主義」とは、「○○イズムといわれるような政治によって実現しようとする基本的、恒常的、一般的な原理や原則[1]」をいい、「自由主義、民主主義、資本主義、社会主義、共産主義、議会主義というようなのがこれにあたる[2]」とされています。そして、立法者は、認定の基準の規定に含まれる「政治上の主義」についても、これと同様に考えています[3]。

　なお、「政治上の主義」という言葉は、政治資金規正法第3条第1項等にある「政治上の主義若しくは施策の推進等」という条文から引いてきているものです[4]。政治資金規正法で、認定 NPO 法人になるために、「政治上の施策」を行わないことは要件とされていません。「政治上の施策」とは、「政治によって実現しようとする具体的な方策[5]」をいい、「物価の安定、内需の拡大、環境の保全、高齢者対策、中小企業振興対策など」がこれに該当し、「政治上の主義」との違いは、歴史的、社会的、経済的、文化的諸条件に応じたその具体性にある、とされています[6]。

　特定非営利活動を行う団体が、様々な政策提言を行っていくことは当然ですし、

1.　特定非営利活動法人制度研究会編『解説　特定非営利活動法人制度』24 頁（商事法務、2013）
2.　堀田力ほか編『NPO 法コンメンタール—特定非営利活動促進法の逐条解説』93 頁（日本評論社、1998）
3.　平成 23 年 6 月 8 日（第 177 回国会）内閣委員会における遠山清彦委員の質問に対する岸本周平委員答弁
4.　堀田力ほか・前掲注 2、93 頁
5.　堀田力ほか・前掲注 2、92 頁
6.　堀田力ほか・前掲注 2、93 頁

重要なことであるとの考えから、「政治上の施策」の推進等に関しては、敢えてこれを法文から除外し、法人が自由に行えるようにした[7]ものです。

以上の立法経緯及び文言から明らかな通り、設問のように、NPO法人が特定の法律の制定や改正を推進したり、特定の議員の施策について批判したりすることは、「政治上の主義を推進……すること」とは言わないものと考えられます。

（2）公職者・公職候補者や政党への推薦・批判について

NPO法人が、特定の公職者（公職選挙法第3条に規定されている「衆議院議員、参議院議員並びに地方公共団体の議会の議員及び長の職」にある者をいいます）・公職候補者や政党を推薦し、支持し、又はこれらに反対することは、認められていません[8]。認定NPO法人についても同様です[9]。

したがって、設問のように、認定NPO法人が、その活動において、特定の法律の制定や改正を推進したり、特定の議員の施策について批判したりする場合には、公職者・公職候補者や政党に対する批判とならないように、あくまでも、「施策に対する批判」として主張をしていかなければなりません。

なお、地方自治体においては、NPOの促進・支援のために市民活動促進条例等の条例を別途定めている場合があるところ、このような条例の中には上記のようなNPO法による規制よりも厳しいもの（例えば「団体の主たる目的」ではなく「活動の目的」に対して規制し、従たる目的の一環としても政治上の施策に対する推進等が許されないと解釈され得るもの）が存在することに注意が必要です。

2．当選した議員に贈り物をすることについて

前述の通り、NPO法人には、公職者・公職候補者や政党を推薦し、支持し、又は反対することは一切認められていません。

この点、特定の公職者・公職候補者が新たに何かの地位に就任したことを祝い贈り物をした場合には、その者を推薦・支持しているとみられる可能性が高いと

---

7. 堀田力ほか・前掲注2、94頁
8. NPO法第2条第2項第2号ハ
9. 同法第45条第1項第4号イ（3）

考えられます。そのため、自分たちの支持する施策を推進する人に対してであっても、設問のように、特定の公職者に対して贈り物をすることは、可能な限り避けるべきでしょう。

　また、認定NPO法人の代表者個人が特定の政治家を応援するようなコメントをブログやSNSで行う場合は、必ず個人のアカウントから行い、所属団体とは一切関係のない旨を明記するのが望ましいと考えられます。

	具体例	NPO法人が行うことの可否
政治上の主義を推進、支持、反対	自由主義、民主主義、資本主義、社会主義、共産主義、議会主義等を推進、支持、反対すること。	△（主たる目的でなければ良い。ただし認定NPO法人の場合 ×）
政治上の施策の推進、支持、反対	物価の安定、内需の拡大、環境の保全、高齢者対策、中小企業振興対策等の推進、支持、反対すること。	○
特定の公職者・公職候補者や政党を推薦、支持、反対	特定の議員や政党について推薦、支持、反対すること。	×

19　認定取得の要件にかかわる「法令」

Q 認定 NPO 法人の要件の一つとして、「法令又は法令に基づいてする行政庁の処分に違反する事実、偽りその他不正の行為により利益を得、又は得ようとした事実その他公益に反する事実がないこと」（NPO 法第 45 条第 1 項第 7 号）があります。ここで言う「法令」とは何ですか。

A 「法令」というのは、文字通り「すべて」の法律を指すものと考えられます。しかし、本当にすべての法令に違反していないのか、確認をすることは、所轄庁にとっても非常に困難なものと考えられます。

そのような中で、①一般的に問題になりやすい法律と、②事業の性質に応じて問題となる法律があるので、自分の団体の事業の性質に応じて考える必要があります。

1. 「法令」とは

NPO 法が認定 NPO 法人になるために要件として定めている「法令」については、文言上も特に限定はありません。内閣府も、「法令」の範囲に限定はない旨を明確にしています[1]。そのため、すべての法律に違反していないか確認をする必要がありますが、数多くある法律をすべて確認するのは困難です。

そのため、ここでは、問題となりやすい法律に関していくつか説明します。あくまで、問題となりやすい法律に過ぎないので、これ以外にも法律違反が無いか、

---

1. 「内閣府と NPO 支援組織との意見交換会」（平成 24 年 9 月 10 日）資料 2

弁護士等の専門家に相談し、意見を求めることをお勧めいたします。

2. 問題になりやすい法律

（1）NPO 法

　　ア　社員総会や理事会が、定款及び法令に則って行われているか

　　　　社員総会や理事会の運営は NPO 法人の中の重要な機関になります。社員総会や理事会が、定款や NPO 法に則って運営されているか、例えば、以下の視点から、検討しなければなりません。

　　　　（ア）招集の通知が、一定期間より前に、その目的である事項を示し、法令、定款で定めた方法に従って行われているか[2]。

　　　　（イ）開催された社員総会や理事会は、定款上定められる定足数を満たし、定款に則って進行がされているか。

　　　　（ウ）議事録に、定款上定められる記載事項の記載があるか。

　　　　（エ）決議事項は、定款上定められる理事会、総会の決議事項となっているか。

　　イ　事業報告書等の提出[3]、役員の変更の届出[4]等の諸手続が適切に行われているか

　　　　NPO 法上、事業報告書等について提出期限が定められている以上、事業報告書の提出が期限より遅れることは、当然「法令」違反ですし、6 号の要件にも違反するものと考えられます。ただし、天災の影響など認定を申請した NPO 法人の責めに帰されない事情や特にやむを得ない事情により事業報告書等の提出が遅れた場合であれば認定がされることもあります[5]。

---

2. NPO 法第 14 条の 4
3. 同法第 29 条
4. 同法第 23 条第 1 項、第 2 項
5. 内閣府 NPO ホームページ　https://www.npo-homepage.go.jp/qa/ninteiseido/nintei-hantei-houkoku（2021 年 12 月 27 日アクセス）

ウ　定款上定められる社員の入会・退会手続に則った手続がとられているか[6]。

エ　法令上備え置き、閲覧させる義務のある書類が事務所に備え置かれ、閲覧可能な状態となっているか[7]。

オ　定款上「別途定める」と定められているものがある場合は、その規程が定まっているか。

カ　各種契約書を保存し、適切に管理することは、法務の観点からも重要です。また、「取引に関して、相手方から受け取つた注文書、契約書、送り状、領収書、見積書その他これらに準ずる書類及び自己の作成したこれらの書類でその写しのあるものはその写し」を整理し、7年間納税地に保存することは、認定NPO法人の要件ともなっています[8]。

（2）組合等登記令

資産変更登記、代表権のある理事の重任等の登記を、前者は毎事業年度末日から3ヶ月以内[9]、後者は2週間以内[10]にしなければなりません。

ただし、「組合等登記令上の登記懈怠については、直ちに法令違反として扱うのではなく、実質的な影響を勘案して判断するとの取扱とするよう所轄庁に対して助言しているところ[11]」で、運用上ある程度柔軟になされるものと考えられます。

（3）労働法関係

ア　労働契約書

労働契約を締結するに際し、賃金、労働時間その他の労働条件を明示しなければなりません[12]。労働契約書は、基本的にこのような労働条件の明示のためにも必要なものであり、職員を雇っている場合には、その職員について、労働

6.　NPO法第11条第1項第5号
7.　同法第28条
8.　同法第45条第1項第3号ハ、同法規則第20条、法人税法施行規則第59条第1項柱書
9.　組合等登記令第3条第3項
10.　組合等登記令第3条第1項
11.「内閣府とNPO支援組織との意見交換会」（平成24年9月10日）資料2
12.　労働基準法（以下「労基法」といいます）第15条、労基法規則第5条

契約書がなければなりません。

イ　就業規則及びその関連規則（給与規則、旅費規程等）

　有給職員（パートタイムの職員も含みます）が 10 人以上の場合は、就業規則を作成するのみならず、所轄労働基準監督署長に、就業規則を届け出なければなりません[13]。

ウ　三六協定

　時間外労働を労働者にさせるためには、「労働者の過半数で組織する労働組合がある場合においてはその労働組合、労働者の過半数で組織する労働組合がない場合においては労働者の過半数を代表する者との書面による協定をし、……これを行政官庁に届け出」[14] なければなりません。また、特殊な就業形態をとる場合にもこの協定を締結したうえ、行政官庁への届出が必要です。

エ　労働者名簿、賃金台帳等の作成及び保存

　職員を雇っている場合は、以下の書類を 3 年間保存しなければなりません[15]。

（ア）労働者名簿[16]

（イ）賃金台帳[17]

（ウ）雇入、解雇、災害補償、賃金その他労働関係に関する重要な書類[18]

（4）個人情報保護法

　個人情報取扱事業者となる場合[19] は、個人情報保護法第 15 条以下の規定の適用対象となるので、同法が定める各規定を遵守しなければなりません。

　なお、過去には、保有する個人情報の件数によって、個人情報取扱事業者とな

---

13. 労基法第 89 条
14. 同法第 36 条第 1 項
15. 同法第 109 条、同法規則第 56 条
16. 同法第 107 条、同法規則第 53 条
17. 同法第 108 条、同法規則第 54 条
18.「その他労働関係に関する重要な書類」としては、労働時間の記録に関する書類等が含まれると考えられます（平成 13 年 4 月 6 日基発第 339 号）。
19. 個人情報保護法第 2 条第 5 項

（5）職業紹介事業

　学生の就職活動及び企業の採用活動を支援する目的で、NPO 法人が有償で企業と学生のマッチングを行う場合は、職業紹介事業に該当し、厚生労働大臣の許可が必要となります。

　以上のように NPO 法人の具体的な活動について許認可の取得が必要になる場合がありますので、NPO 法人の活動として特定の事業を開始する場合には、当該事業が許認可の必要な事業に該当しないか、あらかじめ確認しましょう。

3. 許認可以外の見落としがちな法規制

　ここまでは、許認可の必要な事業について説明しましたが、許認可が不要な事業であっても、運営にあたり、一定の法規制が課される場合もあります。

　例えば、NPO 法人がインターネット経由で物品販売やオンラインレッスンを提供する場合、特定商取引法上の規制に注意が必要です。具体的には、これらの行為は「通信販売」[2] に該当しますので、販売条件等に関する事項 [3] を表示する必要があります。

　また、事業の名称につき、他者の著作権や商標権などの知的財産権 [4] を侵害しないようにするほか、不正競争行為 [5] とならないように注意する必要があります。

　加えて、独占禁止法 [6] や、下請法 [7] などの取引上の規制にも留意すべきです。

---

2. 特定商取引法第 2 条第 2 項
3. 特定商取引法第 11 条、特定商取引法施行規則第 8 条〜 10 条
4. 本書 Q39 〜 41 ご参照
5. 不正競争防止法につき、本書 Q41 ご参照
6. 本書 Q50 ご参照
7. 本書 Q32 ご参照

社会貢献活動とルールメイキング

　ある活動を取り巻く様々な法的課題の中には、既存の法規制上の解釈・適用を適切に実践することで解決できるものもあれば、既存の法規制上の枠組みでは対処し難かったり、不明確な部分が大きいため、そもそもそのような活動自体の障壁となる可能性があるものも存在します。例えば、賃金立替払いサービスが労働基準法に抵触しないかや、自動車のドライバーや相乗りマッチングサービスが道路運送法に抵触しないかといった例が指摘されています。

　こうした活動そのものの障壁となり得る法規制の存在は、社会貢献活動にも同様に当てはまります。そのため、まずは、企図している社会貢献活動にとって、その設計や実施自体に障壁となるような法制度が存在しないかをできる限り幅広く探る作業が必要です。そして、仮にそのような法制度が見当たった場合、一次的には、当該法制度を適切に解釈・適用することで、当該法制度と整合的な形での活動の実践を模索することができないかを検証することが大切です。この検証作業は、一般・抽象的な法制度を個別・具体的な社会貢献活動に当てはめて考察する作業になりますので、インターネット上の情報や他社事例を単純に鵜呑みにして行うことはできません。複雑さや違反時の処分等に応じて、プロボノ支援をしている弁護士等に確認を求めることも重要になるでしょう。

　さらに、所管官庁に照会をしたり、場合によっては既存の法制度そのものの「改革」や「緩和」を求めたりする必要が生じることもあるでしょう。このような場面で活用できる制度としては、以下の6つの制度が存在します。いずれもNPOやNGO等による利用も可能であり、また、制度の利用に関

する費用は無料です。

表：規制照会・改革関連制度

制度名	概要
グレーゾーン解消制度	・ 実施しようとする「新事業活動」に適用され得る規制について、根拠法令の解釈及び当該事業への適用の有無について明確化する回答を、政府から得ることができます。 ・ 経済産業省経済産業政策局産業構造課新事業開拓制度推進室や各省庁の担当課が、窓口として照会を受け付け、所管官庁に回答を要請します。 ・ 申請から回答まで原則として約1ヶ月を要します。
新事業特例制度	・ ①規制の特例措置（省令の改正等により一定の条件を満たす新事業活動の実施を可能にする措置）の求めと、②新事業活動計画の認定の、二段階から構成される制度であり、②の認定により、①により創設される特例措置を新事業活動で利用可能になります。 ・ 事業所管官庁の担当課が窓口となって、規制所管大臣に特例措置の検討を要請し、当該規制所管大臣の同意を得て事業所管大臣が認定します。この認定により特例措置が利用可能になります。 ・ ①及び②の各々について原則として約1ヶ月を要しますが、特例措置の創設自体には更に時間がかかります。
規制のサンドボックス（新技術等実証制度）	・ AI、IoT、ビッグデータ、ブロックチェーン等に関する「新技術等実証」に際し、グレーゾーン解消制度・規制の特例措置の求めと同等の制度を利用することができます。 ・ 計画は実証に必要な期間・範囲（3ヶ月、半年等）に限り認定されます。 ・ 計画認定まで原則として約2ヶ月を要しますが、特例措置の創設には更に時間がかかります。

国家戦略特区	・政令が指定する特区において、内閣総理大臣が認定した区域計画に係る「特定事業」に対して、法所定の規制の特例措置が適用されます。
構造改革特区	・地方公共団体が自発的に設置する特区において、内閣総理大臣が認定した計画に係る「特定事業」に対して、法所定の規制の特例措置が適用されます。 ・特定事業を実施しようとする者は、関係地方公共団体に計画を提案できます。
規制改革ホットライン	・内閣府規制改革推進室に対して、誰でも規制改革を提案できるものです。 ・内閣府規制改革推進室による精査を経た後、規制所管省庁が提案を検討し、回答します。 ・回答後、規制改革推進会議が更に精査・検討が必要と判断すれば同会議において検討を継続することになります。

　上記各制度のうち、①乃至③は、民間事業者の法律上の申請に基づいて利用が進む制度であり、その中でも公表されている利用実績数が最も多い制度は、グレーゾーン解消制度です。このグレーゾーン解消制度は、「新たな事業活動であって、産業競争力の強化に資する」活動である「新事業活動」を行おうとする事業者が、現行の規制の適用範囲が不明確な分野において、その具体的な事業計画に即して、予め規制の適用の有無を確認できる制度です。事業開始後、規制当局又は利害関係者との間にトラブルが生ずることを未然に防止することによって、事業者が安心して新事業活動を実施できる効果が期待できます。

　グレーゾーン解消制度の利用に当たっては、経済産業省が公表している「規制の解釈及び適用の確認の求め」と題する書面（照会書）の様式を利用・準備します。この準備に当たって不明点があれば、経済産業省の本省や各

地方経済産業局のほか、規制改革ホットラインに相談することが可能です。

経済産業政策局　産業創造課　新規事業創造推進室
電話：03-3501-1628（直通）
電子メール：shinjigyo-kaitaku@meti.go.jp

　そして、できあがった照会書案を事業所管官庁、又は経済産業省に持参して、提出することで、申請ができます。事業所管省庁が複数ある場合は、いずれの省庁に照会しても問題ありませんし、そもそも事業所管省庁が不明である場合には、経済産業省に相談することで差し支えありません。

　こうしたグレーゾーン解消制度を含め、計画している社会貢献活動の実施に当たって障壁となり得る法制度に対して、どのようなアプローチを採るのが適当かが不明である場合は、規制改革ホットラインに問い合わせることが適当です。規制改革ホットラインを設置している内閣府規制改革推進室に対して、インターネット上のフォームや、郵送（東京都千代田区永田町 1-6-1 中央合同庁舎第 8 号館内閣府規制改革推進室宛）を通じて、問い合わせを行い、必要に応じてオンラインや対面での面談等で更に具体的な検討のアドバイスを得ることもできるでしょう。

　※本コラムに記載している住所や電話番号は 2021 年 6 月 24 日現在のものです。実際にご連絡いただく前に変更がないか必ずご確認ください。

Chapter 3

資金を集める

事業運営のためには、当然資金が必要です。NPO の資金調達の方法としてどのようなものがあるのでしょうか。また、それぞれどのような点に留意する必要があるのでしょうか。

Q NPO法人が利用できる資金調達にはどのようなものがありますか。

A 主なものとしては、会費、寄付、助成金などがあります。最近では銀行による貸付けも増えてきており、また、クラウドファンディングを用いて何らかの商品やサービスを多数の方に販売・提供する方法等も用いられるようになってきました。なお、資金調達の幅を広げるために株式会社、合同会社などを用いる社会的企業も増えてきました。

具体的な資金調達の方法・ノウハウについては徳永洋子『非営利団体の資金調達ハンドブック』（時事通信、2017）などが参考になります。

1．NPO法人による資金調達

NPO法人の資金調達は近年多様化しています。従前は会費、寄付、助成金などの方法が中心でしたが、NPO法人への貸付けに積極的になる金融機関も増え、また、クラウドファンディングの登場により資金調達の種類も増えてきています。それぞれの方法にはメリット・デメリットがありますので、資金調達の目的、事業の段階、必要な金額等を考えながら適切な方法を選択していくことが大切です。

2．会費

多くのNPO法人は定款で会員の種別と設立当初の会費の額を定めています。そのため会費は多くのNPO法人にとって最初に検討する資金調達の方法である

といえます。会費は設立当初の NPO 法人にとって（少額であっても）貴重な資金源ともなりえます。他方で、長い期間にわたって NPO 法人を支援してもらいたいと考えた場合、多額の会費を払ってもらうことは会員にとって重荷となってしまうこともありますので、バランスを考えながら金額を設定することが必要です。会費の額については Q23 をご参照ください。

　なお、会費は会員としての地位を取得し、会員としてのサービスを受ける対価でもあると考えられているため、特段の対価を必要としない寄付とは異なります。そのため、認定 NPO 法人となるための要件である寄付者の数を数える際、会員は原則としてこの寄付者の数に含めることができない点には留意が必要です。ただし、会員が会費とは別に、当該 NPO に対して寄付をした場合には、寄付者の数として含めることは可能です。

3. 寄付

（1）寄付の方法

　ファンドレイズという言葉が一般的に使われるようになり、また、数多くの企業が NPO 法人への支援を寄付という形で行うことが増えてきました。

　他方で寄付者が個人である場合、未だ寄付の税制や、寄付がどのように使われるかのイメージを持たない方も少なくありません。寄付をすることで確定申告時に税額控除を受けることができるのかどうか、また、寄付がどのように使われるのか、特にどの程度が NPO 法人の運営に利用され、どの程度が NPO の支援する受益者のために利用されるのかなどをあらかじめ明示しておくことは、寄付者との良好な関係を維持していくうえで極めて重要です。特に寄付の金額が大きい場合には、支払時期や寄付の使用目的等を契約書等の形で明確に合意をしておくことも検討しましょう。

　また、近年、ウェブサイトを使ったクレジットカードからの引き落としのシステムを提供する会社も増えてきており、簡単に寄付を募ることができるように

なってきています。ただよく内容を見てみますと、手数料の金額や、寄付の引き落とし以外の具体的なサービスの種類と程度は大きく異なります。一度寄付者に登録をしてもらうと、その後違うシステムに移行することは容易ではなく、また、その際に多くの寄付者が寄付を停止するリスクが出てきてしまいますので、寄付のシステムの選択に際しては慎重な検討が必要です。

（2）遺贈寄付

　また、近年注目を集めているのは遺贈寄付です。遺贈寄付を推進する団体（一般社団法人全国レガシーギフト協会等）も設立され、寄付の手段として認知が広がりつつあります。ただし、法務リスクや税務リスク等をしっかり押さえたうえで遺贈の受け入れの準備をすることが大切です。

4．助成金

　寄付と似ていて異なるものとして助成金があります。現在、多くの行政や企業が助成したい事業や団体等の条件を決めて募集を行っており、最近の NPO 法人の資金調達の一つとして大きな割合を占めるようになってきました。助成金の種類は様々ですが、助成金の使途が決まっていたり、詳細な報告を行う義務が課せられたり、また、場合によっては事業活動自体が制限されるケースもあります。そのため、助成金の申し込みに際しては内容をよく理解し、無理のないものを選びながら申請していくことが大切です。詳細は Q26 をご参照ください。

5．借入れ

　かつて NPO 法人が銀行から借入れを行うのは容易ではなく、その理由から株式会社となることを選択する団体もあったようです。しかし、近年では、西武信用金庫、日本政策金融公庫、中央労働金庫等 NPO 法人への融資に積極的な金融機関も増えてきました。また NPO 法人等を主な対象として貸付けを行っている

非営利の貸金業者である NPO バンクなども重要な資金提供の担い手となっています。なお、NPO の業界でしばしばみられる「疑似私募債」と呼ばれる手法についての研究も進んできています。「疑似私募債」とは、NPO 法人が概ね同じ条件でお金を貸してくれる人を募る方法のことです。株式会社の社債の私募に近いものの、社債を発行できない NPO が行うため、株式会社の社債に類似するという意味も込めて「疑似」私募債と呼ばれているようです。

借入れに際しては、利率・借入れの期間などの基本的な事項のみならず、どのような場合に借り入れた金額全額を返済する義務を負うのか、どの程度の情報を貸主に対して開示することになるのか等の条件も踏まえたうえで借入れの要否・可否を判断していくことが必要です。詳細は Q22 をご参照ください。

6. クラウドファンディング

ウェブサイトなどを利用して多数の人から小口の寄付・出資などを集める方法であるクラウドファンディングは世界的に見ても非常に大きなトレンドとなりました。ただ、よく内容を見てみますと、クラウドファンディングといっても色々とあり、ウェブサイトで寄付を募るパターン、何らかの商品やサービスを受けることのできるようなチケットを販売しそれを買ってもらうといった形で売買契約にするパターン、そしてお金を集めた個人・法人などがその後の売り上げ等に応じて収益を分配する匿名組合の方式を採るパターンなどがあります。いずれも、税務上どのような形で課税されることになるのか、実際にかかる商品販売のコスト、クラウドファンディングの運用者への手数料はどの程度になるのかなどを比較しながら、詳細なシミュレーションをしてみることが大切です。詳細は Q24 をご参照ください。

なお、匿名組合[1] の方式を採るクラウドファンディングですが、NPO 法人は利益分配を禁止している[2] 以上、匿名組合の営業者になれるとするとその潜脱が容易にできてしまいます。したがって、NPO 法人は匿名組合の営業者になれない、

---

1. 商法第 535 条に基づき成立する組織形態。「当事者の一方が相手方の営業のために出資をし、その営業から生ずる利益を分配することを約することによって、その効力を生ずる」とされている。
2. NPO 法第 2 条第 2 項第 1 号参照

133

という解釈が強く、NPO が匿名組合の方式のクラウドファンディングを行っている例はあまり見られないようです。

7. その他

かつては種類が限られた NPO 法人の資金調達も、上記のとおり少しずつ選択肢が増えてきています。これらに加えて、近時は株式会社・合同会社を用いて起業する社会起業も増えてきました。株式会社・合同会社のメリットとして、比較的金融機関からの融資が受けやすいこと、持分を第三者に引き受けてもらう形で出資してもらうことが可能であることや、匿名組合型のクラウドファンディングを利用しやすい点が挙げられます。

さらに、詳細は 159 ページのコラムの中で少し細かく説明していますが、例えば、欧米で既に行われているソーシャル・インパクト・ボンドと呼ばれる投資の手法や、業務提携契約・ライセンス契約といった契約の中で一定の金額を前払いしてもらうことにより事実上事業に必要な資金を調達していく例も出てくるなど、資金調達の手法は日々進化しています。近時ではファンドレイザーなどといった立場で NPO 法人などの社会起業家に対して適切な資金調達のアドバイスを行い、それを一緒に実行していく人も増えてきています。NPO 法人の資金調達に詳しい弁護士、会計士、税理士なども増えてきており、これらの専門家の話も聞きながら、是非様々な方法を検討してみることをお勧めします。

方法	留意事項
会費	・認定 NPO となるための要件である寄付者の数を数える際、会員は原則としてこの寄付者の数に含めることができない。 ・会費が高くなると、継続性が難しい。

寄付	・税務上のメリットや、使途を明確にする必要がある。 ・ウェブサイトを使ったクレジットカードからの引き落としのシステムを利用する場合、手数料やサービス内容に注意。
助成金	・助成金の使途内容が決まっていることもある。
借入れ	・利率・借入れの期間、借り入れた金額全額を返済する義務を負う条件、どの程度の情報を貸主に対して開示することになるのか等の条件を確認する必要がある。
クラウドファンディング	・税務上の扱い、実際にかかる商品販売のコスト、クラウドファンディングの運用者への手数料などを確認する必要がある。
その他	・株式会社・合同会社による資金調達もありうる。 ・最近は、ソーシャル・インパクト・ボンド等の新たな仕組みも考えられている。

Q 事業の拡大のために借入れを検討しています。契約の際、何に注意すればいいですか。

A 金融機関からの借入れに際しては、様々な説明資料が必要となります。事前に借入れの目的や返済の見込みについて検討し、説明できる資料を準備しておくことが必要となります。また、契約段階では、返済期限や利息、提供する担保等について無理のない内容になっているか、契約書の各条項を確認することはもちろん、念のため契約書全体の内容を十分確認し理解しておく必要があります。特に様々な影響が生じる期限の利益の喪失に関する条項については、その内容を十分に確認し理解しておきましょう。

NPO バンクからの借入れを行う場合、条件に合致すれば、比較的低利で借入れを受けることができます。担保に過度に依存しない運用がされる傾向にありますが、契約条件を十分確認することについては、金融機関からの借入れと同様です。

1.金融機関からの借入れ

一般的に、金融機関が法人と取引を行う際には、以下の点を確認します。

- 当該法人が適法に成立し、存続していること
- 資金使途が法人の目的の範囲内であるか否か

- 代表権の有無
- 多額の借財に該当する場合に必要な承認を得られているか
- 利益相反行為に該当する場合に必要な手続がとられているか
- 適切な取引であるか
- 反社会的勢力との関わりの有無
- 返済原資
- どの程度担保を取る必要があるか

　金融機関から借入れをしたい場合には、上記の点を確認できる資料を準備し、資金使途等について十分な説明を行い、さらに担保を求められる場合はその用意ができる必要があります。

（1）成立と存続

　法人の種類に応じ、登記事項証明書、定款、代表理事の印鑑登録証明書等により確認を行います。

（2）目的の範囲

　法人は、法令の規定に従い、定款等で定められた目的の範囲内において、権利を有し、義務を負います[1]。一般的にこの目的の範囲外とされる行為は無効になると解釈されています。この点、営利法人と比較して、非営利法人は、その公益性に鑑み、資金使途が目的の範囲内か否かをより慎重に判断されます。

　また、多額の借財に該当する場合には、通常、社員総会、理事会、評議員会等の承認が必要となりますから、金融機関から、議事録の写しや、それに準じた確認書を求められます。

1.　民法 34 条

（3）代表権、利益相反

　法人の代表権を誰が有しているかは、その法人ごとに異なります。

　例えば、理事会設置一般社団法人では代表理事の選任が必須であり、代表理事が業務の執行機関として法人を代表します[2]。ただし、多額の借財その他の重要な業務執行の決定は、理事会の決議事項であり、代表理事に委任することはできません[3]。

　NPO 法人では理事が代表権を有しますが、定款をもってこれを制限することができます[4]。代表理事を定めている場合は、代表理事が借入れを行いますが、借入れについて NPO 法人と理事の間に利益相反がある場合には、所轄庁の選任した特別代理人が借入れを行うこととなります[5]。したがって、定款や登記事項証明書を提示して、誰に代表権があるかを示します。

　利益相反がある場合には、必要な手続を経ていることを証明する議事録の写し等を準備し、NPO 法人の場合に特別代理人の選任を求める等、当該法人に必要な手続を行います。

（4）取引の適切性

　取引に問題がないかどうか、様々な事情を確認されます。団体の組織や事業に問題がないことはもちろん、反社会的勢力と関わりがないこと等についても十分な説明をすべきでしょう。

（5）返済原資の確認、担保の提供

　積極的に融資を行う金融機関も増えてきたものの、一般に NPO 法人等は財務基盤が脆弱であることが多いとして、債権保全に十分注意しなければいけない貸出先と見られがちです。そのため、返済原資の確認が厳重に行われる場合が多いと考えられますので、資料を準備して明確に回答できるようにしておきましょう。また、NPO 法人の場合、借入れに際して担保提供を求められる場合が多いため、

2.　一般法人法第 77 条第 4 項
3.　同法第 90 条第 4 項
4.　NPO 法第 16 条
5.　同法第 17 条の 4

提供できる担保があるか、その担保を提供した場合に事業に支障が生じないかなども検討する必要があります。

（6）契約条件

返済期限、利息・損害金、担保が財務状況に照らして無理がない内容になっているか、契約書に定められている義務を履行できるか、金銭授受の方法に問題はないか等、契約書の内容を十分に確認します（契約書の役割については、Q29 をご参照ください）。銀行からの借入れについては、支払停止や預金への差押えなどの一定の事由があった場合に、本来の返済期限までまだ時間があったとしても、即時に全ての借入金を全額返済しなければならなくなる（期限の利益の喪失）ため、注意が必要です。

（7）報告

貸付けを受けた後も、定期的に事業の状況や財務状況等について報告を求められることがあります。団体の人的体制に照らして、報告の準備や方法についても検討しておく必要があります。

2．NPO バンクからの借入れ

金融機関以外の借入先として、NPO バンクがあります。NPO バンクは、その趣旨に賛同する市民等が組合員となり、組合員からの出資金を原資に、NPO 法人等の団体又は個人に融資する非営利組織です。貸し出される資金は比較的少額で、金利も一般の金融機関と比較して低利です。組合員にとっては、出資金について元本割れのリスクを負う一方、資金が賛同する活動に活かされるという魅力があります。

NPO バンクからの借入れにおいても、基本的には金融機関からの借入れの際と同様の準備が必要となると考えておくべきですが、NPO バンクは、物的担保

に偏重することなく、借り手との信頼関係を築いた上で融資をするという手法をとるところも多いようです。

3．疑似私募債

　また、借入れの一形態として、NPO の業界でしばしばみられる「疑似私募債」と呼ばれる手法についての研究も進んできています。これは、株式会社の社債の私募に準ずる形で、NPO が概ね同じ条件でお金を貸してくれる人を募り、金銭消費貸借契約に基づく借入れを行うという方法です（社債を発行できない NPO 法人が行うため、株式会社の社債に類似するという意味も込めて「疑似」私募債と呼ばれているようです）。

　疑似私募債を利用する場合、募集時の条件をある程度団体の方で設定できるという利点がありますが、貸付けを募る際に説明できるよう、金融機関からの借入れの際と同様の点を検討し準備することは重要です。一口の貸付額が少額で済むため、比較的貸付けを受けやすくなることも期待できます。

4．最後に

　どこから借入れを行うか、またどのような形式で借入れを行うか、様々な方法が模索されていますが、どのような形式であっても、返済を約束する以上、貸す側に説明すべき事項、貸す側から求められる事項はある程度共通しています。それぞれの団体に合った方法で借入れができるよう、新しい借入れ方法についても情報収集をすることで、資金調達の幅を広げることができます。

	貸し手	貸し手へのアクセス	融資条件
金融機関	地域金融機関、メガバンク等	○（多数の金融機関があり、どの地域にあってもアクセスが容易）	△（厳しい審査）
NPOバンク	任意組合、NPO法人、一般社団法人等	△（貸し手の数が比較的限られている）	○（借り手の実情を踏まえた審査）
疑似私募債	資金を貸してくれる個人、団体	△（多数の貸し手にアクセスする必要がある）	○（条件設定の自由度が高い）

Q 会員や賛助会員に払ってもらっている会費を増やして、継続的な収入を増やしたいと思っています。どのような点に気を付けたらよいでしょうか。

A 会費の額を決定する際は、高額になりすぎないように注意します。また、会費を変更する場合は、定款を確認し、必要な手続をとって会費を変更します。なお、会員から金銭を受け取る際は、それが会費であるか寄付金であるかなどを明確にしておきましょう。

　NPO法人の活動にとって、安定的に得られる会費収入は、寄付金収入や事業収入と並んで大切な資金源となります。会費の額を上げる（変更する）場合には、主に、会費の額や会費を変更するための手続に注意しましょう。以下、それぞれについて説明します。

1. 会費の額について

（1）正会費

　NPO法では会費の額について具体的に定めた規定はなく、各団体において自由に金額を設定できるのが原則です。

　ただし、NPO法人の設立認証基準の1つとして、NPO法人は、「社員[1]の資格の得喪に関して、不当な条件を付さない[2]」ものとされています[3]。したがって例えば、定款で「正会員をもって特定非営利活動促進法上の社員とする」と定

---

1. ここでいう「社員」とは、NPO法人で働くスタッフではなく、社員総会において表決権を持つ者を意味しています。
2. この基準について、詳細はQ08をご参照ください。
3. NPO法第12条第1項第2号、第2条第2項第1号イ

めている場合に、正会員の会費（正会費）の額が、団体の活動目的や活動内容に照らしてあまりに高額であったり、差別的な内容であったりすると、会費額の設定が社員になることを妨げているとして、それが「不当な条件」に該当することもあり得ると思われるため、その点に気を付ける必要があります。

　具体的にいくらであれば「不当な条件」に該当するかは各団体によります。実際に一般よりも高めの会費を設定して活動している例として、特定の事業への投資等を行うことを活動内容とするNPO法人のソーシャルベンチャー・パートナーズ東京では、2021年12月現在、会費を年間100,000円と定めているようです[4]。

（2）その他の会費

　「賛助会費」や「利用会費」など、社員でない会員が負担する会費については、法律上、社員でない会員の資格の得喪について「不当な条件を付さない」との規制もなく、原則として自由に定めることが可能であると考えられます。

　ただし、NPO法人は「不特定かつ多数のものの利益の増進に寄与すること」を活動の目的とするものですから[5]、例えば、NPO法人が特定非営利活動として提供するサービスについて会員制をとる場合には、広く一般の方が利用できるような条件で会費を定めることが望ましいでしょう。

2．会費の額の変更手続について

（1）会費の定め方

　会費については、「正会員」「賛助会員」「利用会員」のように会員の種別を設けて、それぞれの会費が定められていることが多いようです。こうした会費に関する事項はNPO法人の活動にとってもNPO法人の活動へ参加する個人にとっても重要ですので、定款に記載しておくべきものといえます。

　ただし、定款に会費の具体的な金額が記載されている場合と、定款で会費の額の決定を総会などに委ねている場合とで、会費の額を変更する際の手続が異なる

4．ソーシャルベンチャー・パートナーズ東京　http://www.svptokyo.org/partners/（2021年12月17日アクセス）

5．NPO法第2条第2項、同条第1項

ため、注意が必要です。

　すなわち、定款に会費の具体的な金額が記載されている場合は、会費額を変更するために定款の変更が必要になり、定款変更の手続について定めるNPO法25条の規定に従って、定款変更を行わなければなりません。

　それと異なり、例えば定款において「会員は、総会において別に定める入会金及び会費を納入しなければならない」と定めるとともに、定款の附則において「設立当初の」入会金や会費の具体的な金額のみを定めているケースでは、総会で会費の変更について決議すれば足り、定款の変更は必要ありません。なぜなら、会費の額を変更したとしても、定款の定める内容を変更することにはならないからです。「設立後に」会費を変更するので、附則に定めた「設立当初の」入会金や会費を変更することにもなりません。実務的には、NPO法人が活動していく上で会員数の変動等に応じて会費の額を変更する必要性が生じることもままあるため、このケースのように、総会や理事会等の一定の機関に会費の額の決定を委ねているほうが簡便であるといえるでしょう。

（2）定款変更の手続

　定款変更が必要な場合には、NPO法25条と定款に定める手続に従って定款を変更します[6]。

　その場合、定款変更の議決は、定款で別途定めていない限り、社員総数の2分の1以上が出席し、その出席者の4分の3以上の多数をもってしなければならないとされていること[7]などに注意する必要があります[8]。

　なお、定款変更の効力の発生時期は、認証を受けることが必要な場合は所轄庁の認証を受けた時、認証を受ける必要のない場合はNPO法人が定款の定める手続にしたがって定款変更を決定した時に定款変更の効力が発生すると考えられます[9]。

6.　定款変更に関する事項は、法律上、定款に必ず記載しなければならない事項（絶対的記載事項）とされています（NPO法第11条第1項第13号、第25条第1項）。
7.　NPO法第25条第2項
8.　より詳しい定款変更の手続については、『特定非営利活動促進法に係る諸手続の手引き』https://www.npo-homepage.go.jp/pamphlet-tebiki（2022年1月7日アクセス）をご参照ください。
9.　特定非営利活動法人制度研究会編著『解説　特定非営利活動法人制度』136頁（商事法務、2013）。

3. 会費と寄付金の区別

　活動計算書等の計算書類において会費や寄付金等をそれぞれ区別して記載するために、会員から金銭を受け取る際は、それが会費であるか寄付金であるか、また、正会費であるか賛助会費であるかなどを明確にしておきましょう。

　その他にも、認定を取得する際に、認定基準の1つである寄付者の数を数える場面で会員から受け取った金銭が会費であるか寄付金であるかが問題となることがありますので、その点でも両者を区別しておくことは大切です。区別が難しい場合もありますが、一般に、会費は、会員が団体を維持したり団体からのサービスを受けたりするために負担するものであって、対価性を有するものであるのに対し、寄付金は、そのような対価性が認められない経済的利益の供与であると考えられています[10]。

　いずれにしても、会計処理について疑問がある場合には、専門家に意見を聞くほうがよいでしょう。なお、認定取得の詳細については、Q16をご参照ください。

会費の額	・「社員」の負担する会費は、「不当な条件」にあたらないように注意。 ・「社員」ではない会員が負担する会費は、比較的自由に設定することが可能。
会費の額の変更手続	・会費の具体的な金額が定款に記載されていれば、定款変更の手続が必要。 ・定款の附則に設立当初の会費として記載された金額については、定款変更の手続をとらずに変更が可能。
会費と寄付金の区別	・会員から金銭を受領する際、「会費」なのか「寄付金」なのか明確に。 ・会費と寄付金は、対価性の有無が区別の基準。

10. なお、寄付者に対してお礼状や無料の会報誌などを送付する場合やNPO法人が運営する施設等の作業の一環として作った「手芸品」などを寄付者にお返しする程度、また、NPO法人が主催する「活動報告会」を寄付者に案内する程度であれば、寄付金に対する対価の供与とは認められず、従って当該寄付はPST（Q16、注4参照）の基礎となる「寄附金」として認められると考えられます。（内閣府ホームページ https://www.npo-homepage.go.jp/qa/ninteiseido/nintei-hantei-all#Q3-2-18〔2022年1月7日アクセス〕参照）

Q 個人からの小口の寄付又は出資をたくさん集めたいと思っています。どのような方法がありますか。また、それぞれ注意すべき点を教えてください。

 以下のような方法が考えられます。

・団体自身で小口の寄付金額を設定して広く寄付を募ること

・他団体を介して個人から小口の寄付を受けること

・クラウドファンディングを通じて寄付、出資、又は貸付けを受けること

クラウドファンディングを利用するかどうかは、手数料や業務負担等を考慮して決めましょう。

1．団体自身による小口寄付の受付

まず、団体自身で小口の寄付金額を設定して広く寄付を募る方法があります。下記3（2）の寄付型クラウドファンディングとは、クラウドファンディング業者を介在させない点で異なります。小口寄付には、単発の小口寄付と、継続的な寄付の2種類があります。

（1）単発の寄付

単発の寄附の方法としては、クレジットカードやコンビニ払い、銀行振込、現金の手渡し等による寄付が考えられます。ただし、振込人が不明なまま振り込まれた金銭は、そもそも当該振込みを受けた団体が使用する権限があるのか不明確

です。後々のトラブル防止のためにも振込みによる寄付の場合には事前又は事後に寄付者から連絡をしてもらうようにしましょう。

　また、遺贈等の形で資産の一部の寄付を寄付者の死後に受ける方法もあります。相続人がいない場合等に死後の社会貢献としてNPOに対し遺贈を行いたいというニーズがあり、最近注目されています。遺贈等に際し法的・税務的知識が必要なので、遺贈を受けるにあたっては、専門家のサポートを受けながら遺言書の作成等必要な準備をしてもらうようにしましょう[1]。

（2）クレジットカードや口座振替による継続寄付

　最近は、資金調達の手段として、クレジットカードによる継続寄付や、クレジットカードのみならず様々な決済手段を選択できるオンライン決済サービス[2]による（毎月、毎年の）継続寄付も増えてきました（Q21「NPO法人の資金調達」参照）。特にオンライン決済サービスを利用して継続寄付を受ける場合、寄付者による解約のタイミングによっては、サービスの仕組み上、解約した後にも一定期間課金される場合もあるので、寄付募集の際にはその点を明確にしましょう。

2．他団体を介した小口寄付の受付

　最近は、以下のような様々な寄付のサービスも運営されていますので、自分たちの団体に合う寄付プログラムを探しましょう。

- 古本を送るとその買取金額が寄付されるサービス（株式会社バリューブックスが運営する「チャリボン」）
- 古着等を送るとその買取金額が寄付されるサービス（株式会社STYZと株式会社デファクトスタンダードが共同で運営する「Brand Pledge」）
- 株主がもらえる株主優待品をNPOに寄付するサービス（株主優待活用プロジェクト事務局及び公益財団法人パブリックリソース財団が運営する「優活プロジェクト」）

1. 個人の資産を死後NPOに対し贈与する方法・ノウハウについて、全国レガシーギフト協会『遺贈寄付ハンドブック［改訂版］』（2018年）などが参考になります。
2. CANPAN決済サービス（https://kessai.canpan.info/services/）、congrant（https://congrant.com/jp/）等

●公益財団法人等が一度寄付を受けたうえでそれを NPO 団体に助成することで、寄付者が税制上のメリットを享受することができるサービス（公益財団法人パブリックリソース財団が運営する「Give One」プログラムや、ふるさと納税を通じた NPO への寄付等）。

3. クラウドファンディングの利用

（1）総論

　クラウドファンディングとは、大衆（crowd）からの資金調達（funding）という意味の造語です。一般的には、クラウドファンディング業者がインターネット上で事業者の事業を紹介し、不特定多数の人から資金を募る形式がとられています。その内容は一様ではなく、下記のとおり、寄付型、売買型、投資型に分類することができます。広く利用されている寄付型・売買型においては、事業者自身に加え、事業者が成し遂げたいこと（プロジェクト）もフォーカスされるため、目標に対する共感を集めてファンを作りながら単発で資金を集めたいときに有用です。

（2）寄付型

　寄付型の場合、投資家には金銭的リターンはありません。インターネット上で紹介された事業内容に共感した人に資金を提供してもらうという意味合いになります。

（3）売買型

　投資家が物品や権利を購入するという形をとります。この場合の権利とは、金銭的リターンを得る権利であってはなりません。事業者のもとに見学に行ったり、事業内容を体験したり、事業者・関係者との交流を行ったりする権利が設定されている例もあります。

（4）投資型（匿名組合方式）

　投資家がクラウドファンディングの運営業者を通じて事業者に出資します。

　匿名組合が利用され、投資家が匿名組合員、事業者が営業者となるのが一般的です。匿名組合契約に基づく匿名組合員としての権利について行う有価証券の募集は、第二種金融商品取引業に該当する行為ですが、インターネットを利用して1人あたりの払込額50万円以下、総額1億円未満の出資を募るクラウドファンディング業者については、第二種少額電子募集取扱業務を行うものとして、クラウドファンディングに適した規制を受けます[3]。

　この投資型（匿名組合方式）のクラウドファンディングのうち、クラウドファンディングで集めた資金を使って事業者に貸付けを行うものをソーシャルレンディングと呼ぶことがあります。

（5）投資型（株式方式）

　株式会社は、クラウドファンディング業者を利用して、少額の非上場株式の株主を募ることもできます。非上場株式の募集の取扱いが、インターネットを通じた少額のものについて認められるようになったためです。少額とは、1人あたりの払込額50万円以下、総額1億円未満のものをいいます[4]。上記の業務（第一種少額電子募集取扱業務）のみを取り扱うクラウドファンディング業者は第一種少額電子募集取扱業務を行うものとされ、第一種金融商品取引業者に課せられる業規制の一部が緩和されています。

4．クラウドファンディング利用のメリット・デメリット

　クラウドファンディング業者を利用する場合、多くの事業者やユーザーが集まるプラットフォームを通じて寄付者・投資家となる幅広い個人にアクセスできる、

3．金融商品取引法（以下「金商法」という）第29条の4の3第4項、同法施行令15条の10の3
4．金商法第29条の4の2第10項、同法施行令第15条の10の3

募集ページ作りにあたり業者のサポートを得られるプランを利用することでマーケティング力を高められる、といった利点があります。一方、手数料が発生したり、業者による審査や投資家への詳細な情報提供が必要になるなどの負担があります。これらの負担を避けたい場合には、団体の HP 等を通じて直接寄付を募ることも一つの選択肢です。

5. クラウドファンディングの形式の選択方法

　クラウドファンディングを利用する場合には、どの形式を選択するかを、団体や事業の内容に応じて決めることとなります。共感を得られやすい事業内容であれば寄付型、提供できる物品やサービスがある場合には売買型を検討できますし、株式会社であれば株式方式の投資型も検討できます。また、主に投資型クラウドファンディング業者に関する金融商品取引法等の改正[5]を受け、新たな事業者やサービスが登場していますが、行政処分が多発したこともあり、サービスの健全性は引き続き注目されます。クラウドファンディングを利用する団体においても、広く情報を収集して適切な業者を選択する必要があります。

---

5. 投資型クラウドファンディングでは、出資者が株式、社債、ファンド持分等を取得することから、基本的に金融商品取引法の規制に服することとなります。平成 27 年 5 月施行の金融商品取引法等の改正においては、一定の投資型クラウドファンディングの仲介業務を専業とする者について、第一種金融商品取引業者又は第二種金融商品取引業者よりも参入要件を緩和し、また、投資型クラウドファンディングを含む電子募集取扱業務について、投資家に対する情報提供や体制整備に関する義務について整備が行われました。

25 事業収益についての注意事項

Q 事業により収益を得る際は、何に気を付ければよいのでしょうか。その収益を使う際には、何に気を付ければよいのでしょうか。

資金調達

25

事業収益についての注意事項

A 一般社団法人・一般財団法人、NPO 法人については、非営利法人であるため、社員に剰余金の分配をすることはできません。
NPO 法人については、さらに、特定非営利活動に係る事業以外の事業から得た利益は特定非営利活動に係る事業に使わなければなりません。
認定 NPO 法人である場合には、認定基準との関係でさらに様々な制約があります。

　事業により収益を得る際、使う際の留意点は、団体の種類により異なります。特に、認定 NPO 法人には留意点が多くあります。

1．一般社団法人・一般財団法人、株式会社及び合同会社

　一般社団法人・一般財団法人、株式会社及び合同会社の場合には、行うことができる事業に制限はないので、公益的な事業はもちろん、共益的な事業や収益事業を行うことも自由であり、収益事業の利益を法人の活動経費等に充てることも自由です。ただし、一般社団法人・一般財団法人については、非営利法人であるため、収益が出た場合にも社員等に剰余金の分配を行うことはできません。

2．NPO 法人一般

　NPO 法人については、以下の留意点があります。

（1）特定非営利活動に係る事業以外の事業からの利益

　NPO 法人は、特定非営利活動に係る事業に支障がない限り特定非営利活動に係る事業以外の事業（その他の事業）を行うことができますが、その他の事業から生じた利益は、特定非営利活動に係る事業のために使用しなければなりません[1]。

（2）非営利性

　NPO 法人は非営利であるため[2]、社員に利益を分配することはできません。利益は事業活動に充てなければなりません。

3．認定 NPO 法人

　認定 NPO 法人については、上記 2 記載のものに加え、認定基準に関する留意点があります。収益を得る際は（1）、収益を使う際は（2）から（6）に留意する必要があります。

（1）パブリック・サポート・テスト

　認定 NPO 法人においては、パブリック・サポート・テスト（詳しくは Q16 をご参照ください）の要件を充足するために相対的基準を用いている場合は、収入金額に占める寄付金の割合が 20％以上である必要があります[3]。事業により得た収益が多額になりすぎると、当該基準を満たすことができなくなる場合がありますので、注意が必要です。

（2）共益的活動

　認定 NPO 法人においては、事業活動において、共益的な活動の占める割合が

1．NPO 法第 5 条第 1 項
2．同法第 2 条第 2 項第 1 号
3．同法第 45 条第 1 項第 1 号イ、同法施行令第 1 条

50％未満であることが必要です[4]。共益的活動とは、会員を対象とした活動や、特定の者にのみ便益が及ぶ活動、特定の者の宣伝活動等です。この割合を算定する際の指標の一つとして事業費の額が掲げられていることから[5]、共益的活動に支出する事業費が多額になることで、当該基準が充足されないこととならないかに注意が必要です。

（3）特別の利益の供与

認定 NPO 法人は、役員、社員、職員、寄付者（これらの者と三親等以内の親族等特殊の関係のある者を含みます）に対し特別の利益を与えることはできません[6]。

（4）寄付の制限

認定 NPO 法人は、営利目的活動、宗教活動、政治活動を行うものや、特定の公職の候補者や公職にある者に寄付を行うことはできません[7]。

（5）収益を事業費に充てる際の制限

NPO 法人は利益を社員に分配できないため、利益は事業活動に充てられることとなります。この点、認定 NPO 法人においては、さらに総事業費の 80％以上を特定非営利活動に係る事業費に充てる必要があり[8]、その他の事業の事業費等に充てることができる範囲が制限されています。

（6）寄付金を事業費に充てる場合の制限

寄付により得た収入については、その総額の 70％以上を特定非営利活動に係る事業費に充てる必要があり[9]、その他の事業の事業費等に充てることができる範囲が制限されています。

---

4. NPO 法第 45 条第 1 項第 2 号
5. 同法規則第 10 条
6. 同法第 45 条第 1 項第 4 号ロ前段、同法規則第 23 条第 1 号から 3 号
7. 同法第 45 条第 1 項第 4 号ロ後段、同法規則第 23 条第 4 号
8. 同法第 45 条第 1 項第 4 号ハ
9. 同法第 45 条第 1 項第 4 号ニ

各法人形態における利益分配等の留意点

法人形態	留意点
株式会社	・原則として事業に制限なし。 ・利益分配が可能。
一般社団法人・一般財団法人	・原則として事業に制限なし。 ・社員等へ利益の分配はできない。
NPO法人	・特定非営利活動に係る事業以外の事業も特定非営利活動に係る事業に支障がない限り、行うことが可能。 ・その他の事業から生じた利益は、特定非営利活動に係る事業のために使用しなければならない。 ・社員に利益の分配はできない。
認定NPO法人	・収益を得る際の規制：パブリック・サポート・テスト ・収益を使う際の規制： 　共益的活動 　特別の利益 　寄付の制限 　収益を事業費に充てる際の制限 　寄付金を事業費に充てる場合の制限

26 助成金・企業寄付についての注意事項

Q 助成金や企業からの寄付を得たいと思っています。
何に気を付ければよいのでしょうか。

A 応募可能な団体か、応募可能な事業内容か等の募集条件に留
意してください。
また、助成金が出る範囲、返還の要否、前払いか後払いか、
助成金を得るにあたって生じる説明義務、報告義務、帳簿等
の保存義務等にも留意してください。
また、企業から寄付を得る場合も助成金と同様の観点で条件
を確認することが有用ですが、収益事業として課税対象にな
らないか慎重に検討しましょう。

1. 助成金とは

助成金については明確な定義があるわけではなく、その内容は様々です。国や
地方公共団体によるものは補助金と呼ばれるものも多いようです。

現在、公的機関や民間団体において様々な助成金が設けられており、多くの団
体が重要な資金調達の手段としてこれに期待しています。例えば、公的機関とし
ては文部科学省、文化庁、厚生労働省等の省庁や、独立行政法人等が制度を用意
しています。特に、2019 年度からは休眠預金等活用法[1] に基づく助成事業も開
始し、注目されています。民間団体が設置しているものですと、日本財団などが
有名ですが、企業が設立する財団等も数多く存在します。

☐ 応募資格

☐ 助成の対象範囲

☐ 返還の要否

☐ 支払時期

☐ 説明義務・報告義務

☐ 帳簿の保存義務

2. 留意点

(1) 応募可能な団体か、応募可能な事業か

助成金の中には、個人事業であっても申し込みが可能なものも多々ありますが、何らかの法人格を有することを条件とする助成金や、NPO法人であることを条件とする助成金も多く、NPO法人となって初めて助成金を利用できたというケースも少なくありません。また、特定の地域での活動実績や、一定期間以上の活動年数がある団体のみに応募資格を与えるものもあります。

また、多くの助成金は、助成の対象となる事業に詳細な条件を設けています。

(2) 助成の対象範囲

事業費のうち、一定の条件を満たす費用のみが助成の対象となるものも多くみられます。例えば、人件費については助成対象外とする、特定の災害の被災者に対する支援事業のみを助成対象とする等の制限があるものがあります。

助成契約において合意された助成の対象範囲を逸脱して助成金を利用した場合、仮に自己の利益を図る目的等がなくても契約違反として助成元の団体から責任追及されたり、社会から強い非難を浴びたりする場合もあるので注意しましょう。

（3）返還の要否

　助成金の返還義務が生じる場合があります。例えば、実施された事業の内容が交付の条件に違反していた場合、目的外使用、虚偽申告、報告義務懈怠等があった場合や、定められた期間内に使用しなかった金額がある場合等です。

（4）支払時期

　助成金の中には、事業実施後でなければ受領できない後払いのものもあります。その場合には、助成金を受領するまでの間の資金繰りの計画を立てておく必要があります。

（5）説明義務・報告義務

　多くの助成金は、対象事業の内容や団体の詳細について説明義務を課し、事業の遂行状況等について報告義務を課しています。説明内容や提出書類に虚偽がある場合や、報告を行わなかった場合等には、助成金の返還を求められることがあります。報告義務の程度や内容は各助成金によって異なりますが、例えば、前述した日本財団は、事業運営及び団体運営の両方の観点から、事業部門とは独立した監査グループにより監査を行っているようです[2]。

（6）帳簿等の保存義務

　助成金の収入・支出に関する帳簿や、事業の収入・支出に関する帳簿等を、一定期間保存することが求められる場合があります。

3．企業寄付の方法とその留意点
（1）企業寄付の方法

　企業から資金的支援を受ける方法は複数考えられます。単純に法人に対する金銭の寄付を受ける方法以外にも、例えば、イベントの協賛金を出資してもらう方

2．詳しくは、日本財団ホームページ「事業評価」のページ　http://www.nippon-foundation.or.jp/who/disclosure/evaluation/（2016 年 7 月 20 日 5:50 アクセス）をご参照ください。

法、CSR の一環として企業が発売する商品・サービスと NPO がコラボレーションすることにより売上金の一部を寄付してもらう方法、NPO の活動に対して寄付を得る方法等もあります。

　企業からの寄付を受け取る場合にも、前述 2. と同じ観点で確認をすることが有用です。

（2）留意点

　ただし、財団からの助成金の場合と異なり、企業からの寄付については、その性質が本当に「寄付」にあたるのかについて注意する必要があります。例えば、イベントの協賛金について、イベントにおいて企業が宣伝効果を享受する場合には広告宣伝費に該当することがあります（企業からの金銭の支出名目が「協賛金」であるかどうかで判断されるわけではありません）。その場合、受け取った NPO 法人側（非営利型一般社団法人・非営利型一般財団法人等でも同じです）では、「収益事業」（特に「請負業」）として課税対象になるリスクがあります。

　また、広告宣伝費であれば原則として企業は全額を損金算入できることになります。そのため、NPO 法人等は、企業から寄付金について「広告宣伝費として処理させてほしい」と要望を受ける場合がありますが、その場合も前述の受け取る NPO 法人側での課税リスクに十分に注意する必要があります。その場合は、税理士や弁護士等の専門家とも相談しておくと安全です。

ソーシャルファイナンス最新事情

1. ソーシャルファイナンス

　10 年前にはほとんど聞かれなかったソーシャルファイナンスという言葉も、NPO をはじめとする社会的企業の活動の中で頻繁に使われるようになりました。このソーシャルファイナンスという言葉自体に明確な定義はありませんが、ここでは NPO をはじめとする非営利の組織や、いわゆる社会的企業により行われている資金調達と理解して広く最新事情を紹介します。

2. ソーシャル・インパクト・ボンド

　既にアメリカ・イギリスなどで用いられている手法で、社会的課題を解決するための投資を民間の資金で行い、成果が出た場合には行政が後になってその対価を支払うという投資手法です。例えば、刑務所の受刑者の再犯率を低下させるための取り組みを行うための資金を投資家から募り、受託した NPO などが更生のためのプログラムを実施し、実際に数年後に再犯率が低下していることが分かった場合には行政がその分のコストを負担し、投資家から募ったお金は配当を加えた形で投資家に分配されます。逆に、成果が出なかった場合には行政はコストを負担する必要はなく、投資家へお金は返還されないことになります。

　この方法を取ることにより、行政は成果の出ない取り組みについてコストを負担する必要がなくなることになり、行政の支出を効率的に行うことが可能となります。また、社会的課題の解決や同時に投資へのリターンを求める投資家のニーズにも応えることで、広く資金を集めることができます。

　既に欧米では数多くのソーシャル・インパクト・ボンドが発行されており、

日本でも同じ取組がなされつつあります。日本財団が横須賀市、福岡市や尼崎市などと共同で行ったソーシャル・インパクト・ボンドのパイロット事業を経て、2017 年には八王子市における大腸がん検診勧奨事業及び神戸市における糖尿病性腎症重症化予防事業においてそれぞれソーシャル・インパクト・ボンドの手法が採用されるに至りました。現時点ではまだ実績は少ないものの、今後さまざまな領域でソーシャル・インパクト・ボンドが活用されることが期待されます。

3. 公益社団法人・公益財団法人を用いた貸付け

　日本ではなかなかソーシャルレンディングが発達しにくい理由の一つとして貸金業の規制がしばしば挙げられます。貸金を業として行う場合、つまり反復継続して第三者にお金を貸す行為を行う場合、貸金業法上の登録が必要となります。そして、登録をするに際しては、貸金業法上、純資産を 5000 万円以上保有する必要があったり、信用情報機関への登録などが求められるなど、消費者保護のため様々な規制が定められています。

　しかしこれにも例外があります。その一つとして、一般社団法人・一般財団法人が公益認定を受けた場合には、貸金業法上の登録なしで貸付けが可能となっています。既にこの方法を使って事業を行っている団体として、公益財団法人信頼資本財団や公益社団法人難民起業サポートファンドなどが挙げられます。一般社団法人や一般財団法人が公益認定を受けるためには厳格な審査を通ることが必要となっているため、この手法による貸付けを行うことは容易ではありませんが、新しいスタイルの貸付けの方法として注目されています。

4. 株式会社のエクイティファイナンス

　　会社に対する出資を通じた資金調達を一般にエクイティファイナンス

と呼ぶことがあります。株式の発行を通じた資金調達は通常の事業会社（特にスタートアップ企業など）においては一般によくみられる方法でしたが、近時社会的企業が株式会社を選択することが増えてきたことに伴い、これが社会的企業の資金調達にも使われるようになってきました。

　例えば、なかなか健康診断を受けられない方々に簡易な健康診断を行う事業等を展開しているケアプロ株式会社には、NPO 法人であるソーシャルベンチャー・パートナーズ東京が株主として出資しています。ソーシャルベンチャー・パートナーズ東京が行ったケアプロへの出資は日本で初のソーシャルベンチャーへのエクイティファイナンスと言われ当時注目されました。最近でも日本ベンチャー・フィランソロピー基金による株式会社 AsMama への転換社債を用いたエクイティファイナンスが発表されています。

　また、2015 年 5 月の改正金融商品取引法の施行に伴い、株式会社は株式投資型のクラウドファンディングを用いてより簡易に株式による資金調達ができるようになりました。株式投資型のクラウドファンディングは、ベンチャー企業による資金調達において実績が積み上がりつつあり、社会的企業の資金調達においても選択肢の一つとなりうると考えられます。今後のエクイティファイナンスの進化にも注目が集まっています。

5.　合同会社のエクイティファイナンス

　前述のとおり新しい金融商品取引法でクラウドファンディングが少し容易になるという点はあるものの、株式会社の株式や匿名組合の持分を通じた資金調達をする場合、様々な金融商品取引法上の規制が存在し、これを理由として株式や匿名組合を用いた資金調達を諦める例も少なくありません。これに対して、合同会社の社員持分を用いた資金調達は金融商品取引法上の規制が少し異なっており、利用の仕方によってはより簡便な資金調

達が可能となります。

　実際にも会社法で新たに合同会社という概念が導入された直後から、合同会社の持分を使った形で資金を調達するといった社会的企業が登場しています。カンボジアでの投資を行う ARUN 合同会社などはこの手法を用いたフロントランナーとして注目されています。

6. 物品販売、前払いなどを用いたファイナンス

　貸付けやエクイティファイナンスが難しい場合、一つの方法として、資金提供者が社会的企業が必要としている物品（事業に必要な機器、設備、原材料など）を購入し、それを社会的企業に販売し、売買代金の支払いを分割で行ったり、支払いの時期を遅らせたりすることによって事実上資金の提供と同じ効果を生む手法もあります。実際にこの方法で当初の出費を抑えながら資金調達を行っている例も見られています。ただ、この方法を採る場合、場合によっては上記のような資金調達が実質的に貸付けとみなされてしまったり、割賦販売法などの法律の規制に反してしまうことも考えられます。この点は詳細な分析が必要となる部分ですので、専門家に相談の上進める必要があります。

　また、事業の委託を受けて先にある程度の金額の前払い金をもらうことで委託事業に必要な人材を確保したり、事業基盤を整えたりするケースも見られてきています。これらは委託契約、事業提携契約やライセンス契約などの形態をとることがありますが、社会的企業の事業に必要な資金を確保するという意味でソーシャルファイナンスの一つとも考えられます。

7. 最後に

　ソーシャルファイナンスといっても上記のとおりその形態も目的も様々です。また、様々な規制との関係も検討する必要があり、専門家のサポー

トも必要となります。加えて、それぞれの手法にもメリット・デメリットがありますので、実際にこれまでに経験のある社会起業家からのアドバイスなどが必要不可欠となります。ソーシャルファイナンスは日本ではまだ歴史も浅く、これからさらなる進化が期待されます。

ESG 投資・SDGs への対応と留意点

　近時、多くの企業が公に各社の ESG 投資（環境、社会、ガバナンスに着目した投資）や SDGs（Sustainable Development Goals）の達成に向けて取り組みを発表するなか、その一環として NPO への投資・協働を行う事例が増えてきています。今後もこのような取り組みは加速度的に増えていくことが予想されますし、これにより NPO として普段から実践している取り組みを広げていくことができることが期待されますが、他方で NPO としても留意すべき事項もありそうです。

1.　契約書上の報告義務や調査義務

　ESG 投資や SDGs への取り組みにおいては、それぞれの項目においてどのような効果があったのか、各企業がアニュアルレポートなどで可視化を試みるようになってきています。そのため、NPO 側にも、企業との取り組みの結果について、詳細な報告を求める義務を課すような要求が企業側からなされることがあります。また、NPO の運営において特定の指標（女性幹部の登用比率、男性による育児休暇の取得比率等）を実現するような義務（多くは努力義務にとどまることが多いようです）を定めたり、NPO との契約において、適切にサプライチェーンが管理されているかの確認（例えば下請け先に児童労働その他の人権侵害がないことの確認）等が求められることもあります。これらの基本的な事項の把握や調査は企業から求められる以前に各 NPO が積極的に実施すべき事柄ではありますが、契約書の内容を見ますと、実務の現状に照らして企業から過度な要求がなされている事例も散見されます。ESG 投資や SDGs への取り組みは NPO 側としても率先して推

進していくべきですが、現実的に実施が困難な調査義務・報告義務を負ってしまったり、調査のため過大な費用を負担するようなことになってしまっては NPO 側として継続可能な形で事業を行うことができなくなってしまいます。企業側から ESG 投資や SDGs への取り組みにおける「ひな形」として契約書が提示されたとしても、その内容についてはしっかりと精査し、合理的な内容に修正をしておく必要があります。

2. ESG・SDGs ウォッシングへの対応

　また、近時のトレンドに乗って、ESG 投資や SDGs の詳細やその目的を理解することなく、単に株主や社会へのアピールとして、これらを実践している NPO へ助成等のサポートを行った事実を大々的に公表し、あたかも自社が本気で ESG 投資や SDGs に本気で取り組んでいるかのような宣伝を行おうとする事例もあります。いわゆる ESG ウォッシング、SDGs ウォッシングと呼ばれるような活動です。NPO として真摯に活動を行ってきていることを他社の宣伝のために利用されることがないよう、双方の理解をすり合わせておく必要がありますし、また、助成や投資を行う企業のウェブサイト等に掲載がなされる前には必ずその内容を確認できるような条項を契約書に入れておくことも検討すべきでしょう。

Chapter 4

契約書をつくる

事務所の賃貸借契約や、行政との業務委託契約等を締
結するにあたって、契約書を作成することも少なくあ
りません。では、契約書を作成、確認する際の注意点
はなんでしょうか。

Q どのような場合に契約書を作るべきでしょうか。また、契約書を作る際の注意点は何ですか。

A 契約書によって、契約内容を証拠化し、また、契約内容を明確化することができるため、契約書を作ることは、後の紛争を回避したい場合に有益です。契約書を作る際は、内容のみならず、形式的な点にも注意しましょう。

1. はじめに

事業の中で、団体外部の専門家に協力を依頼したり、事務所スペースを借りたりする際などに、契約書を作っておくべきかどうか迷うことはないでしょうか。

以下では、契約書の役割について説明したあと、契約書を作る際の一般的な注意事項についても説明していきます。

2. 契約書の役割 （契約書作成のメリット）

契約書にはどのような役割があるのでしょうか。契約書の役割を理解していただくために、ここでまず「契約」について少し説明します。契約とは、法律的には、当事者の意思表示の合致（例えば、「Aという商品をX円で売る」という意思表示と「Aという商品をX円で買う」という意思表示の合致）によって成立する法律行為、などと説明されますが、大雑把な理解としては、「約束が破られたときに裁判で相手方を訴えることができるような強い約束」と考えてもらうと分かりやすいかもしれません。つまり、相手方が契約内容に従わない場合には、最終的に、相手方を

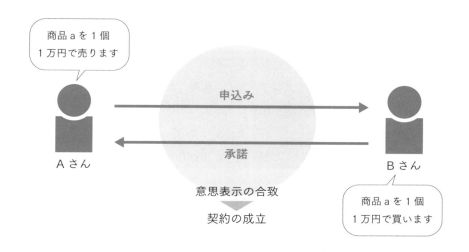

商品 a を 1 個
1 万円で売ります

申込み

承諾

A さん

意思表示の合致

契約の成立

B さん

商品 a を 1 個
1 万円で買います

被告として裁判所に訴訟を提起することができ、勝訴判決が確定すれば、その契約内容を相手方に強制することができるのです[1]。

そして契約は、相手と合意してさえいれば口頭でも成立します。これはよく言われることですが、口約束だったから、という弁解は通用しないのが法の建前です。

もっとも、そうは言っても、裁判で言った・言わないの争いになると、現実的には契約の存在を立証することが難しくなってしまいます。

そこで、言った・言わないの争いを回避してスムーズに契約の存在を立証するために、あらかじめ契約内容を契約書の形で書面にして、万が一の裁判の際に証拠として提出できるようにしておくことが有効です。また、裁判の証拠となる契約書を作っておくことは、副次的に契約当事者双方の誠実な契約の履行を促す効果もあるといえるでしょう。

このように、契約書の大きな役割の1つは、契約内容を証拠化することにあるといえます。

加えて、契約内容を書面にすることを通じて、契約内容にあいまいな点がないか、また、互いに認識の相違がないかなどの点を確認することができます。すな

---

1. 例えば、動産の引渡しの執行については、民事執行法第 169 条第 1 項が、「執行官が債務者からこれ（筆者注：動産のこと）を取り上げて債権者に引き渡す」と定めています。

わち、契約書を作成することで、契約内容をより明確化することができるのです。この点も、契約書を作成することのメリットといえるでしょう。

　以上のように、契約書を作成することによって、契約内容を証拠化し、また、明確化することができます。そして、たとえ契約の相手方が付き合いのあるよく知った相手であっても、契約書を作成しておくことは重要です。なぜなら、よく知った相手であっても、例えば、報酬条件や作業内容が不明確なまま作業を依頼すべきではないですし、また、万が一契約が履行されなかった場合に備えて契約内容を証拠化しておく必要があることは変わらないからです。

3. 雛形について

　では、契約書はどのように作ればよいのでしょうか。

　一般的には、市販されている契約書の雛形集などに載っている雛形を利用することが広く行われています。こうした雛形は、契約書作成のための時間を大幅に節約することができるため有効活用すべきものといえるでしょう。ただし、雛形を利用するにあたっては、締結する契約内容に合わせた修正を加えなければならないことに留意しておく必要があります。

4. 契約書作成の注意事項

　以下、契約書を作る際の一般的な注意事項について説明していきます。

(1) 表題

　「○○契約書」という表題がもっとも一般的ですが、内容が不明確にならなければ他の表題でも構いません。実務上は、場面に応じて、「覚書」や「合意書」などの表題も見られます。また、契約内容は表題のみで決まるものではありません。例えば、契約書に「売買契約書」という表題が付けられていたとしても、その契約書の内容が物品を無償で譲渡する内容であれば、訴訟においては、その契

```
┌─────────────────────────────────────────┐
│  ┌─────┐                                 │
│  │ 印紙 │                                 │
│  └─────┘                                 │
│      → 「(3) 印紙」                       │
│                ○○契約書 → 「(1) 表題」   │
│                                          │
│  ◇◇（以下「甲」という。）と△△（以下「乙」という。）とは、□□に │
│  ついて、以下のとおり○○契約（以下「本契約」という。）を締結する。 │
│  → 「(2) 前文、後文」                      │
│                                          │
│  第1条 ～                                 │
│  第2条 ～                                 │
│  ………                                     │
│                                          │
│  本契約の成立を証するため、本契約書2通を作成し、各自記名押 │
│  印の上、各1通を保有する。                  │
│  → 「(2) 前文、後文」                      │
│                                          │
│  令和 年 月 日 → 「(4) 日付」             │
│         甲 ×××× 　印                      │
│         乙 ×××× 　印                      │
│         → 「(5) 当事者（契約締結権限者）」「(6) 署名・記名・押印」│
└─────────────────────────────────────────┘
```

約書は、売買ではなく贈与がなされたことを示すものと認定されるでしょう。

（2）前文、後文

　必ず必要なものではありませんが、契約内容や契約書作成の手続を明確化するために多くの契約書に記載されています。前文では、上記の例のように契約締結の事実（当事者の意思表示の合致）を示すことが一般的ですが、加えて契約の目的等を示すこともあります。後文は、契約書に記名・押印をしなければならないことや契約書の作成通数を示していることが一般的です。

（3）印紙

　一定の契約書については、その作成にあたって、原則として契約書に印紙を貼り付けて消印をすることにより印紙税を納付することが必要とされています。印紙の貼付が必要となる契約書の例は以下のとおりですが[2]、より詳しくは、国税庁が公表している「印紙税の手引」[3]をご参照ください。

文書の種類	具体例	印紙税額	主な非課税文書
不動産等の譲渡、消費貸借等に関する契約書	土地の売買契約書、金銭借用証書	200 円〜 60 万円	記載された契約金額が 1 万円未満のもの
請負に関する契約書	工事請負契約書、広告契約書	200 円〜 60 万円	記載された契約金額が 1 万円未満のもの
継続的取引の基本となる契約書	商品売買基本契約書	4000 円	
信託行為に関する契約書	不動産管理処分信託契約書	200 円	
債務の保証に関する契約書	保証契約書	200 円	身元保証ニ関スル法律に定める身元保証に関する契約書
金銭又は有価証券の寄託に関する契約書	寄託契約に際して作られた預り証	200 円	
債権譲渡又は債務引受けに関する契約書	債権譲渡契約書	200 円	記載された契約金額が 1 万円未満のもの

（4）日付

　契約書が作成された日を記載します。特別の事情がない限り、この日に契約が成立したものと考えられます。全ての契約当事者が同日に記名・押印を行うこと

2.　2021 年 12 月時点。
3.　国税庁「印紙税の手引」 https://www.nta.go.jp/publication/pamph/inshi/tebiki/01.htm
　　（2021 年 12 月 16 日アクセス）

ができない場合には、原則として全ての契約当事者の記名・押印が揃った日の日付を記載します。

（5）当事者　（契約締結権限者）

　契約書の末尾には、契約当事者の名前を記載します。法人が当事者となる場合には、法人を代表して契約を締結する権限を有する者の役職と名前も一緒に記載することが一般的です。例えばNPO法人の場合、通常、代表理事が法人を代表する権限を有していますので[4]、「特定非営利活動法人○○　代表理事　××」といった記載になります。

　契約の相手方が法人の場合、記名・押印した者に契約締結権限がないと、契約の効力が否定されてしまう可能性があります。そのため、法人の代表者以外の者と契約を締結するときには、その者の契約締結権限の有無を慎重に確認する必要があります。

（6）署名・記名・押印

　契約書の末尾には、契約の当事者全員が署名又は記名した上で、その傍らに押印することが通常です。署名とは、本人がその名を自筆することです。記名とは、署名以外の方法（スタンプ、ワープロ打ち、代理人による記載等）で本人の名を記載することです。押印とは、文字通り印章（印鑑の本体）を押すことですが、印章（又は印影）に関しては、様々な用語が使われます。詳しくは、コラム「印章と印影について」をご覧ください。

（7）綴り方

　複数枚に及ぶ契約書の綴り方には、端をステープラーで留める方法や、ステープラーで留めた部分をさらに製本テープで覆うように綴じる方法があります。前者の方法による場合には、ステープラーが外れて落丁が発生してしまったり、契

4.　代表理事を置かない場合は、理事が代表権限を有します（NPO法第16条本文）。

約書の一部が差し替えられてしまったりする危険があるため、全頁にわたって契印を押すことが必要です。他方、後者の方法による場合は、基本的にそのような危険がないため、製本テープと表紙又は裏表紙の境目に契印を押して済ませることが一般的です。

ステープラーのみで留める方法

製本テープで覆う方法

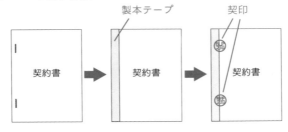

印章と印影について

　Q27 で述べたように、印章や印影に関しては、以下のように様々な用語が使われています。なお、ここでは、印鑑の本体そのものを「印章」と言い、印鑑を押した跡を「印影」と言います。契約書の作成の際にも、各用語の意味をおさえておくと便利です。

印章又は印影を指す言葉	
実印	各地方自治体（個人の場合）又は登記所（法人の場合）において登録（いわゆる「印鑑登録」）されている印章又は印影。
銀行印	銀行取引に使用するものとして銀行において登録されている印章又は印影。
認印	日常生活において受取りの証明等のために押される印章又は印影。三文判。
印影を指す言葉	
消印	印紙や切手とそれらが貼られた紙片にまたがって押される印影。印紙や切手の再利用を防ぐ。
契印	複数枚の紙片が一つの文書として一体であることを示すために押される印影。紙片の差替わりを防止する。
割印	それぞれ独立した2つの文書にまたがって押される印影。同じ契約書の原本を複数作成した場合等、それらの文書の内容が同一であること、又は関連することを示す。

Q 電子契約を導入したいのですが、どのような点に
注意すべきですか。

A 法令上、電子契約を利用できない契約、電子契約を利用でき
ても別途書面を交付する必要がある契約もあります。また、
契約締結権限の確認手続、契約締結後のデータ管理方法等に
ついて、予め整理しておくのが良いと考えられます。

1. はじめに

　電子契約とは、一般的に、電子データ（電磁的記録）によって締結した契約を
意味します。以下では、電子契約のメリットと、電子契約を導入する場合の主な
留意点について説明します。

2. 電子契約のメリット

　電子契約には、紙の契約書と比較した場合に、主に以下のメリットがあります。
　1点目は、電子契約には、印紙税が課税されません。たとえば、不動産の売買
契約書、消費貸借契約書を紙の契約書で作成した場合には印紙税が課税され、契
約金額が大きくなると印紙税（収入印紙の額）も高額となります。他方で、電子
契約は印紙税の課税物件である「文書」（印紙税法2条）に該当しないため、印紙
税は課税されません。
　2点目は、電子契約を導入することで、印刷や郵送に要する手間、時間、コス
ト等を節約できます。すなわち、紙の契約書の場合には、印刷、製本、押印、封入、

郵送等の作業が必要になり、また、郵送の時間がかかるため押印済の契約書が当事者に届くまでにより長い時間を要します。次に、紙の契約書の場合には、それを保管する場所のコストも必要になります。他方で、電子契約の場合には、印刷、製本、押印、封入、郵送等の作業が不要であり、インターネットを通じて短時間で電子契約のデータの授受ができ、また、電子文書の保存のためのコストはより少なくてすみます。さらに、一般的に、代表印等を法人外に持ち出すことが内部規程上禁止されていることから、紙の契約書の場合には契約書に押印するためにオフィスに行く必要がありますが、電子契約の場合にはリモートワークにおいても契約締結手続が可能であるため、より柔軟な対応をすることができます。

　3点目は、原本消失リスクを低減できます。紙の契約書の場合には原本は1つであり、火災、盗難等によって原本が消失するリスクがあります。他方で、電子契約の場合には、原本と写しに違いがないため、同じ電子文書を複数の場所で保管しておくことで、原本消失リスクを低減させることができます。

3. すべての契約で電子契約が利用できるのか？

　契約自由の原則から、どのような方法で契約を締結するかは、原則として、契約当事者が自由に決めることができます。もっとも、法令上、「書面」を要すると規定されている契約があり（例：定期借地契約〔借地借家法22条〕、定期建物賃貸借契約〔同法38条1項〕）、この場合には紙の契約書を作成して締結する必要があります。ただし、書面を要すると規定されている契約でも電子文書（電磁的記録）で代えられる旨が法令上規定されている場合には（例：保証契約〔民法446条3項〕、書面による消費貸借契約〔民法587条の2第4項〕）、電子契約を利用することができます。

　また、電子契約を利用できても、契約締結にあたって別途書面を交付しなければならない契約もあるので（例：特定商取引法4条、18条、宅建業法35条）、そのような契約に該当しないかについて確認が必要です。

4．電子契約サービス選定の際の考慮要素

　近時、様々な電子契約サービスが登場していますが、どの電子契約サービスを導入するかについては、電子契約を導入する目的を踏まえた上で、導入後の具体的な運用をシミュレーションして、どのサービスが自分の団体に最適であるかを検討する必要があると考えられます。電子契約サービスを選定する際の主な考慮要素を以下に挙げます。

- ●機能（電子署名機能、タイムスタンプ機能、契約内容の編集機能、契約雛型の登録機能、保管機能、ステータス管理機能、タグ付け機能、検索機能等）
- ●システムのセキュリティ
- ●他のサービスとの連携の可否
- ●導入コスト（初期設備投資の有無・金額、導入コンサルティング料の有無・金額等）
- ●ランニングコスト（基本利用料、従量課金額、オプション費用等）
- ●ユーザインターフェイス（実際に利用する担当者にとって使いやすいか等）
- ●利用可能アカウントの数、複数ユーザーの同時利用の可否
- ●サービス終了後のアフターケア

5．契約の相手方が、別の電子契約サービスの利用を希望する場合

　自分の団体が利用している電子契約サービスとは別の電子契約サービスを利用することを契約の相手方が希望する場合には、①いずれか一つの電子契約サービスを両当事者が利用して締結する、②各当事者がそれぞれ自分の電子契約サービスを利用して締結する、又は、③電子契約サービスを利用せず、紙の契約書を締結するという対応が考えられます。

　電子契約サービスはクラウドを使用しているものが多く、団体の内部規程上、

一定のセキュリティ基準を満たしていることを事前に確認済である電子契約サービス以外は利用を認めていないことがあります。そのような理由から、お互いに、相手方が希望する電子契約サービスを利用することができないことがあり、その場合には、上記②又は③の方法によることになります。

　「自分の団体が導入している電子契約サービスが利用できない場合には、紙の契約書を締結する」という方針にするというのも、一つの考え方ではあります。もっとも、今後、電子契約の導入がさらに進んでいくことが想定されることも踏まえると、自分の団体が導入している電子契約サービス以外の電子契約サービスについても、たとえば、一定程度の市場シェアを有するものについては、相手方が希望する場合に当該電子契約サービスを利用できるようにするために、予めセキュリティ等を確認した上で、内部規程の整備その他の対応を行うことも考えられます。

6. 契約締結権限の整理及び確認

　紙の契約書に団体の代表印を押印するに際しては、内部規程等で、稟議その他の必要な内部手続が定められており、その手続を経ないと代表印を押印できないことが一般的です。他方で、電子契約の締結については、近時急速にその利用が広まってきたこともあって、内部規程等で必要な内部手続を定めていない団体も少なくありません。また、電子契約サービスの ID・パスワードの管理がずさんで、ID・パスワードを団体外の者に共有したり、漏洩したりするケースもあり得ます。そのため、電子契約の場合には、相手方の担当者が無断で契約を締結したり、相手方と無関係の第三者が契約を締結する（いわゆる、なりすまし）リスクが相対的に高いともいえます。そのようなリスクを低減するために、電子契約の締結にあたっては、締結手続を案内する際の電子メールを、相手方の担当者だけでなく役員その他の上位管理職者も CC に入れて送信する等して、相手方の担当者が必要な内部手続を経ずに締結しようとしていたり、相手方と無関係の第三者が締結し

ようとしていた場合に、相手方の誰かが気付いて電子契約の締結手続を止められるようにしておくのが良いと考えられます。

　逆に、自分の団体において電子契約を締結する体制を整備する際には、どのような類型の契約についてどの立場の職員又は役員に契約締結権限があるかを内部規程において明確にしておくこと、また、上位管理職者が確認しないと送信できないようにしておくこと等が重要です。

7. 契約締結後の管理

　締結した電子契約は、電子契約サービス上で保管することが一般的であると考えられますが、近時多くの電子契約サービスが存在しており、電子契約のデータが複数の電子契約サービスに分かれて保管されている場合もあります。この場合には、各電子契約サービスで締結した電子契約データを、機能上可能であれば、メインの電子契約サービスに集約して保管したり、又は、電子契約サービス以外の一般のクラウドストレージサービスに集約して保管する等の対応をして、締結した電子契約を一元的に管理できるようにすることが望ましいと考えられます。

　また、電子契約により契約を締結することに応じない法人も依然として少なくないため、自分の団体が電子契約の締結オペレーションを導入しても、紙による契約書の締結は完全にはなくならないと考えられます。そのため、電子契約を導入した場合には、紙の契約書と電子契約がそれぞれ存在することになるため、業務効率化に向けて、紙の契約書と電子契約の保管のフローを整理するのが良いと考えられます。

29 よくある条項

Q 各種契約書に共通する主な条項にはどのようなものがありますか。

 各種契約書によくみられる条項のうち特に注意が必要な以下の条項について解説します。

1. 契約期間に関する条項（自動更新条項等）
2. 暴力団排除条項
3. 準拠法に関する条項
4. 紛争解決に関する条項

1. 契約期間に関する条項

（1）契約期間の規定方法

契約上定められる契約期間によって、契約上の権利義務が発生・存続する期間が定まります。そのため、当事者間の継続的な契約関係を前提としない契約（単発の売買契約、単発の寄付契約等）を除き、契約書には契約期間を明示することが必要です。

契約期間の規定方法としては、始期と終期を年月日で特定する形（例：平成○年○月○日から同年○月○日まで）が最も明確ですが、「契約締結日から○日間（○ヶ月間）」という形で規定されることもあります。この場合、以下の点に注意が必要です。

ア 「契約締結日」

通常、契約書の末尾に記載された年月日を指すものと解釈できますが、遠隔地に所在する当事者間で郵送等の方法により契約書を締結した場合など、契約書の末尾に記載された年月日と、実際の契約年月日が異なってしまうケースがあります。このようなケースでは、契約書の頭書等で具体的な年月日を契約締結日と定義しておく（記載例：「平成〇年〇月〇日（以下「契約締結日」という）」）ことにより、契約締結日（契約期間の始期）について解釈の齟齬が生じることを避けられます。

イ 契約期間の計算

民法上、契約期間を日、週、月又は年で定めた場合、期間の初日は算入しないのが原則です[1]。例えば「契約締結の時から30日間」と定めた場合には、契約締結日の翌日を起算日として30日間を計算します。

ただし、その期間が午前0時から始まるときは初日を算入するため[2]、例えば、「平成〇年〇月〇日から30日間」と定めた場合には、当該日付を起算日として30日間を計算することとなります。この場合、解釈の相違を避けるために、「平成〇年〇月〇日から起算して30日間」と記載する場合も多く、契約の明確性の観点からはこの記載の方が望ましいでしょう。

なお、週、月又は年によって期間を定めたとき（例：「平成〇年〇月〇日から1年間」）は、その期間は、「暦に従って」計算します[3]。この場合、閏年や、月毎の日数の違いは考慮せず、1月1日から同年12月31日までを1年、1日から同月末日までを1ヶ月として契約の終期を計算します（週、月又は年の初めから期間を起算しない場合については民法第143条第2項参照）。

法律上は以上のルールに従うことになりますが、契約締結段階では、契約の始期と終期について当事者の意思が合致していることが最も重要です。そのため、契約期間について解釈上の争いが生じないような記載とすることを心がけ

---

1. 民法第140条本文
2. 同法第140条但書
3. 同法第143条第1項

ましょう。

（2）自動更新条項

自動更新条項の記載例

1. 本契約の有効期間は、平成○年○月○日から同年○月○日までとする。

2. 前項の有効期間満了の2ヶ月前までにいずれの当事者からも変更又は解約の申し入れがない場合には、本契約は同じ条件でさらに1年間自動的に更新されるものとし、以後も同様とする。

記載例の「2」のように、契約の有効期間満了前に当事者から申し出がなければ契約を同条件で更新する旨の規定を、自動更新条項と呼びます。

自動更新条項を設けない契約の場合、契約の有効期間満了後に同じ契約内容を維持したいときは、別途、契約の再締結等の作業が必要となります。この点、契約に自動更新条項を設けておけば、契約の再締結等の作業を省略し簡易に契約内容を維持することができます。

ただし、自動更新条項を設けた場合、契約内容の変更や解約を望むときには、申し入れのタイミングを逃すと従前の条件で契約が自動的に更新されてしまいますので、注意が必要です。

2. 暴力団排除条項

暴力団等の反社会的勢力と取引関係に入ってしまうと、役員や従業員を標的とした不当な要求や、報道等による法人の信用失墜等により、多大な被害を受ける危険性があります。特に NPO 法人等の公益的な活動を行う団体の場合、信用の失墜により、活動を継続すること自体不可能になる深刻な事態に発展する可能性もあります。そのため、反社会的勢力との関係遮断は、NPO 法人にとって重要

な課題であるといえます。

　反社会的勢力との関係遮断のためには様々な対策が考えられますが、契約締結の場面では、契約書に暴力団排除条項を設けることが一般的です。なお、東京都の暴力団排除条例では、事業者が「その行う事業に係る契約を書面により締結する場合」において、暴力団排除条項を書面に定めるよう努める旨が定められています[4]。

　暴力団排除条項には、主に次の点を規定することが一般的です。

- 契約当事者やその役員が反社会的勢力又はその関係者でないことの確約
- 当該取引が開始された後に、契約当事者が暴力団等の反社会的勢力であると判明した場合や、契約当事者が不当要求等を行った場合に、契約を直ちに解除してその当事者を取引から排除できる旨の規定（解除権）
- 暴力団排除条項により契約を解除した当事者は、契約解除により相手方に損害が発生したとしても、損害賠償義務等を負わない旨の規定
- 暴力団排除条項に違反した場合の違約金規定

　暴力団排除条項は、契約締結後に相手方が反社会的勢力又はその関係者であることが判明した場合の関係遮断のために有効です。

　しかし、反社会的勢力と契約を締結してしまうと、契約関係を終了する際に不当な要求をされるなど、事実上の不利益を被る可能性があります。そのため、反社会的勢力との契約を事前に回避することが最重要であることは言うまでもありません。特に新規の取引先と継続的な契約を締結するケースなどで、契約の相手方の実態が明らかでない場合には、契約締結前に相手方について調査し、疑わし

　　4．東京都暴力団排除条例（平成 23 年 3 月 18 日東京都条例第 54 号）第 18 条第 2 項

い場合には安易に契約を締結しないようにしましょう。

3. 準拠法に関する条項

国外の法人との契約等、国際的な要素を含む契約においては、その契約の成立や効力等に争いが生じた場合、そもそも、どこの国の法律により当該契約を解釈すべきか、という点が問題になります（準拠法選択の問題）。

準拠法については、原則として当事者の合意により自由に選択することができるため[5]、国際的な要素を含む契約では、準拠法に関する条項を設けるのが一般的です。国外の法人との契約では、いずれかの当事者の国の法律を準拠法と定めることが多いですが、外国法を準拠法とした場合、当該契約の内容や潜在的な法的リスクを正確に把握するためには、当該外国法の知識が必要となります。そのため、例えば日本で活動する日本の NPO 法人であれば、日本法を準拠法と定める方が望ましいケースが多いでしょう。

4. 紛争解決に関する条項

（1）裁判管轄

ア　管轄合意とは

契約当事者間で生じた紛争を裁判で解決する場合に、裁判を行う裁判所をどこにするかについては、第一審に限り、原則として、当事者間であらかじめ合意して定めることができます[6]。

ただし、管轄合意は、契約書に管轄裁判所に関する条項を設けるなどして、書面又は電磁的記録により合意していなければ効力が生じません[7]。

他方、契約当事者間で管轄合意をしなかった場合、民事訴訟法その他の法令に従って管轄裁判所が決まることになります（法定管轄）。民事訴訟法は、原則として訴訟の被告となる当事者の住所地・所在地を管轄する裁判所が管轄権を有する旨を定めていますが、他の法律上の規定によりそれ以外の裁判所に法定

---

5. 法の適用に関する通則法第 7 条参照
6. 管轄合意、民事訴訟法第 11 条第 1 項
7. 同法第 11 条第 2 項、同条第 3 項

管轄が認められることもあります。

　仮に遠隔地の裁判所に管轄が認められた場合、裁判所に出廷するための交通費や弁護士の報酬等、訴訟対応にかかる費用が増大してしまうことが考えられます。近接地に所在する当事者同士の契約であっても、契約期間中に相手方が遠隔地に移転すると、移転先を管轄する裁判所に管轄が認められることもあります。

　こうした負担を避けるという観点からは、できるだけ近接地の裁判所を管轄裁判所とするように当事者間であらかじめ合意しておくことが重要です。

イ　管轄合意の種類

　管轄合意には、①法定管轄のほかに管轄裁判所を追加する付加的合意（例：東京と大阪にそれぞれ所在する契約当事者間での「名古屋地方裁判所を付加的合意管轄裁判所とする」という合意）と、②特定の裁判所にのみ管轄を認めその他の裁判所の管轄を排除する専属的合意（例：「甲の主たる事務所の所在地を管轄する裁判所を専属的合意管轄裁判所とする」「東京地方裁判所を専属的合意管轄裁判所とする」という合意）の2種類があります。

　契約書に管轄合意に関する条項を設ける場合には、解釈上の争いを避けるために、付加的合意であるのか専属的合意であるのかを明記するようにしましょう。

　なお、国外に所在する者との裁判の場合には、日本国内の裁判所で勝訴判決を得ても、その勝訴判決に基づいて他国で執行（相手方の財産に対する強制執行等）をすることができない場合があります。そのため、国外の当事者との間で管轄合意をするときは、弁護士等の専門家の見解を尋ねるなど、慎重な対応が必要です。

（2）仲裁合意

　仲裁合意とは、民事上の紛争の全部又は一部の解決を仲裁人にゆだね、かつ、その判断（仲裁判断）に服する旨の合意をいいます[8]。仲裁人の下す仲裁判断には判決と同じ効力が認められています[9]。

　紛争が生じた場合の解決手段としては、日本では訴訟手続が最も一般的ですが、訴訟は、時間を要することが多く、原則として公開の法廷で行われることから、事案によっては訴訟手続に適さない場合があります。これに対し、仲裁は、紛争の早期解決や、柔軟な手続の利用、非公開手続といった点で、訴訟とは異なるメリットがあります。

　また、国際的な要素を含む契約の場合には、仲裁判断に基づいて他国で執行をすることを条約で認めている国が多いことも仲裁のメリットとして挙げられます（前述の通り、訴訟の場合には、勝訴判決を得たとしてもその判決に基づいて他国で執行をすることが認められないときがあります）。

　日本国内の当事者同士の契約で仲裁合意をするケースは少ないものの、契約の相手方や契約内容によっては、紛争が生じたときに訴訟提起をすることが適切でない場合や、仲裁手続を利用する方がメリットが大きい場合もありますので（例：営業秘密に関する契約で紛争解決手続を全面的に非公開としたい場合）、そのような場合には専門家に相談のうえ、仲裁合意の可能性を検討してみてください。

5. 誠実協議条項

　また、よく出回っている契約書においては、「本契約に定めのない事項については、誠意をもって協議し、その解決にあたる」という条項（誠実協議条項）を見かけます。これは、法的に言えば、あまり意味はありません。ただし、本条項があることで、事実上相手に対して、話し合いに応じるよう説得する材料になると思われます。

8.　仲裁法第 2 条第 1 項
9.　同法第 45 条第 1 項本文

Q NPO法人の事務所としてビルの1室を借りるために、ビルの所有者との間で契約を締結することになりました。契約内容の確認時に、どのような点に注意すべきですか。

A 貸主との間で締結する契約が、借地借家法上の建物賃貸借契約に該当するかを検討したうえで、個別の契約条項を確認する必要があります。

1. 建物賃貸借契約に適用される法律

建物を目的物とする賃貸借契約には、借地借家法が適用されます。この借地借家法は、特に契約の期間や終了に関して賃借人の保護を目的とする法律であり、その規定の多くが強行規定（法の規定よりも賃借人に不利な特約を無効とする規定）です。もっとも、以下のような契約の場合には、そもそも借地借家法が適用されないため、注意が必要です。

（1）建物の一部区画等、独立性のないスペースを借りる契約の場合

例えば、デパート等の商業施設への出店に関する契約で、出店区画に独自の施錠設備や独立した外部からの出入口がなく、出店区画を借主が独立して自由に使用することが予定されていないようなものについては、建物を目的物とする賃貸借契約にあたらず、借地借家法が適用されない可能性があります[1]。また、シェアオフィスに入居する際の契約でも、同様に対象区画の形状や契約内容によって

---

　　1. 東京地判平成20年6月30日判時2039号169頁参照

は借地借家法の適用対象とならないことがあります。

　建物を目的物とする賃貸借契約にあたらない場合、借主に対する借地借家法上の保護は及びませんので、契約書の内容に不利益な事項がないか、より慎重に確認することが必要です。

（2）使用貸借

　借主が賃料の支払義務を負わずに貸主から無償で目的物を借りる契約を、使用貸借契約 [2] といいます。使用貸借契約は、賃貸借契約 [3] ではありませんので、借地借家法は適用されません。また、無償の利用権であることから、賃貸借の場合よりも借主の地位が弱くなります。

　例えば、当該建物が第三者に譲渡された場合、借主は新しい所有者に対抗できない（建物を譲り受けた第三者から明渡しを求められた場合、使用貸借契約による利用権を主張して建物の使用を継続することはできない）とされています。

　NPO 法人の場合、支援者等から建物の使用貸借契約の申し出を受けるケースがあると思いますが、使用貸借契約においては、建物の譲渡等により、借主が急遽明渡しを求められる可能性があることは十分認識しておく必要があります。

2．建物賃貸借契約書の記載内容の確認

（1）目的物

　賃貸借の対象となる目的物が明確に特定されていることを確認します。建物については、所在地、家屋番号、種類（例：「店舗」「店舗兼事務所」）、構造（例：「鉄筋コンクリート造陸屋根 10 階建」）、床面積、部屋番号（例：「7 階 701 号室」）等で特定することが一般的です。本件のようにビルの 1 室の賃貸借の場合には、これらに加えて図面等を添付して賃貸借の目的物を特定する場合もあります。賃借しようとしている物件が契約書上明確に特定されているか、という観点から記載内容を確認しましょう。

2．民法第 593 条
3．同法第 601 条

（2）賃料

　賃料については、金額、支払期日及び支払方法が特定されていることを確認します。また、共益費、管理費、清掃費等、賃料以外の名目で賃借人が支払義務を負う費用が契約書に定められている場合には、その金額や算定方法が契約書に明記されていることや、賃借人が想定外に高額な負担を強いられる可能性がないことを慎重に確認する必要があります。

（3）使用目的

　建物賃貸借契約では、通常、対象となる建物の使用目的が契約上制限されます。

　具体的に実施しようとしている事業内容が契約書に記載された使用目的の範囲外である場合、そのまま契約を締結してしまうと、建物の使用開始後に契約違反を指摘され、契約を解除されることもあります。契約書の記載内容と実施しようとしている事業内容に齟齬がある場合、必ず契約締結前に賃貸人と交渉し、事業内容に沿った記載に変更するようにしましょう。

　また、特約等で看板の掲出等が制限される場合もありますので、具体的な使用態様を想定したうえで、事業の支障になるような契約内容になっていないことを確認することも必要です。

（4）契約期間

　ア　普通建物賃貸借の場合

　　借地借家法上、建物賃貸借契約の原則的な形態は、普通建物賃貸借（後述の「契約の更新を妨げる事情」のない建物賃貸借契約）です。

　　普通建物賃貸借契約については、契約期間を定めている場合でも、当事者が期間満了の1年前から6ヶ月前までの間に相手方に対して「更新をしない」旨の通知又は「条件を変更しなければ更新をしない」旨の通知をしない限り、従前の契約と同一の条件で契約を更新したものとみなされます[4]。他方、期間

の定めがない場合は、原則として、解約の申入れから6ヶ月を経過したとき
に賃貸借契約が終了します[5]。

　ただし、更新拒絶と解約申入れのいずれの場合でも、賃貸人から申し入れる
場合には、賃貸人に契約終了について正当な事由（正当事由）があることが必
要です[6]。

　つまり、賃貸人から契約の更新拒絶や解約を告げられた場合でも、賃借人は
必ずしもそれを受け入れて建物を明け渡さなければならないというわけではな
く、賃貸人に正当事由がなければ、契約の継続を主張して明渡しを拒むことが
できるのです。

　正当事由の有無については、賃貸人が建物の使用を必要とする事情のほか、
建物の賃貸借に関する従前の経過、建物の利用状況及び建物の現況、賃貸人か
らの立退料等の申し出を考慮して、判断されることとなります。裁判で正当事
由の有無が争われた場合、具体的な事情に照らして裁判所が正当事由の存在を
否定する（賃貸人による更新拒絶や解約の効力を否定する）ことも珍しくありませ
ん[7]。ただし、賃貸人が老齢で生活がきわめて切迫しており、このままでは生
活の基礎を失うというのに対して、賃借人は当該建物を明け渡しても直ちには
生活に困らないケースなど、双方の必要性を比較しただけで正当事由が認めら
れる場合もあります[8]。

　以上のように、普通建物賃貸借契約においては、賃貸人から契約の更新拒絶
や解約を告げられたとしても、明渡しを拒否することができる場合があるので、
賃借人としては、後述の「契約の更新を妨げる事情がある場合」に比べて、継
続的に当該建物を使用することを期待できます。なお、借地借家法第26条〜
第28条は強行規定であり、普通建物賃貸借契約では、契約の更新や解約につ
いて賃借人に不利な特約をしたとしても当該特約は無効とされ[9]、賃借人の地
位が法律上保護されています。

5.　同法第27条第1項
6.　同法第28条
7.　東京高判平成24年12月12日判例集未登載、東京地判平成21年1月28日判例集未登載等
8.　稲本洋之助・澤野順彦編『コンメンタール借地借家法〔第3版〕』217頁（日本評論社、2010）
9.　借地借家法第30条

普通建物賃貸借の更新拒絶と解約申入れ

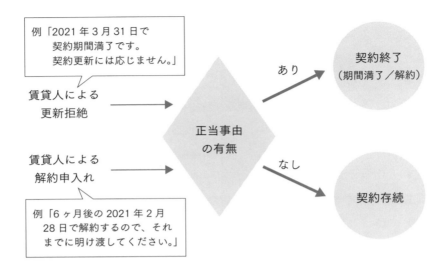

イ　契約の更新を妨げる事情がある場合

　借地借家法では、当事者があらかじめ定めた時期に終了する（つまり、契約を更新しない）ことを予定した建物賃貸借契約を、一定の要件の下に認めています。契約の更新を妨げる事情があるか、また、それがどのような事情かによって大きく次のように分類することができ、特に、契約終了の場面で賃貸人・賃借人間の法律関係に違いが生じます。

契約の更新を妨げる事情	法律関係
①更新しない旨の約定がある場合 （賃貸借契約書上、契約期間の定めと、契約を更新しない旨の規定があり、かつ、賃貸人から賃借人に対して、あらかじめ、当該建物の賃貸借は契約の更新がなく、期間の満了により当該建物の賃貸借は終了することについて、その旨を記載した書面を交付して説明があった場合）	⇒定期建物賃貸借 （借地借家法第38条）
②建物が取壊し予定である場合 （法令又は契約により一定の期間経過後に建物を取り壊すべきことが明らかな場合において、建物を取り壊すべき事由と、建物を取り壊すこととなる時に賃貸借が終了する旨の特約を書面で定めている場合）	⇒取壊し予定の建物の賃貸借 （同法第39条）
③一時使用のための賃貸借と認められる場合 （例えば、臨時の営業所や短期間の選挙事務所等、借主の利用目的上、一時使用のために建物の賃貸借をしたことが客観的に明らかな場合）	⇒一時使用目的の建物の賃貸借 （同法第40条）

（ア）①の場合（定期建物賃貸借の終了）

　賃貸借期間が1年未満の定期建物賃貸借契約の場合、契約上定めた期間の満了により契約は終了します。

　定期建物賃貸借契約において1年以上の賃貸借期間が定められていた場合には、賃貸人は期間満了の1年前から6ヶ月前までの間に賃借人に終了通知をしなければなりません[10]。契約上、これよりも賃借人に不利な特約を設けた場合、当該特約は無効となります[11]。賃貸人が通知期間経過後に通知した場合、その通知の日から6ヶ月間、賃借人は建物を引き続き使用することができま

10. 借地借家法第38条第4項本文
11. 同法同条第6項

すが、その後は、再契約が整わなければ、建物から退去することになります[12]。

　なお、契約書に「更新しない」旨の条項がある場合でも、契約締結前に、賃貸人が、当該建物の賃貸借は契約の更新がなく、期間の満了により賃貸借が終了することについて、書面を交付して説明をしなかったときは、契約の更新がないこととする旨の定めは無効となります[13]。この場合、当該契約の終了については、普通建物賃貸借と同様の取扱いとなります。

（イ）②の場合（取壊し予定の建物の賃貸借の終了）

　賃貸借の対象となった建物を取り壊すこととなる時に終了します[14]。

（ウ）③の場合（一時使用目的の建物の賃貸借の終了）

　契約上定めた契約期間の満了により終了します。

（5）敷金・保証金に関する規定

　建物賃貸借契約においては、賃貸借終了時に原状回復費用等を控除したうえで返還することを前提に、賃借人から賃貸人に敷金や保証金を交付することが一般的です。特に本件のような事業目的での建物賃貸借契約では、住居の賃貸借の場合と比べて敷金や保証金の金額が高額になる傾向があります。

　敷金や保証金の返還時の規定として、一定額を償却（控除）することを約束する特約（敷引特約）が定められていることがあります。敷引特約は、一般的には敷金から控除される原状回復費用等を一定額に確定しておく趣旨で設けられます。敷引特約を設けておきながら別途原状回復費用を控除して返金するなど、賃貸人が二重に利益を得ることを目的に設定されているケースもありますが、そのような条件は不当なので交渉すべきです。

　そのため、敷引割合や控除額が不合理に高く設定されている場合や敷引特約と原状回復費用の負担の関係性が明確にされていない場合など、敷引特約によって

---

12. 借地借家法第 38 条第 4 項但書
13. 同法同条第 3 項
14. 同法第 39 条第 1 項

賃借人が過大な負担を強いられる可能性がないか、確認することが必要です。

（6）原状回復に関する規定

　賃借人は、建物賃貸借契約終了時に、原状回復義務を負います。賃借する建物の規模や用途等により、原状回復費用は高額になることがありますので、賃借人としては、想定外の負担を強いられることがないように、契約上どの範囲で原状回復義務を負っているか、慎重に確認するようにしてください。

　例えば、前の入居者の造作が残存する物件（いわゆる居抜き物件等）の賃貸借契約で、原状回復義務としてスケルトン状態（内装の一切施されていない状態）にする義務を負う条項がある場合には、賃借人が前の入居者の残した造作の撤去費用まで負担することになり、賃借人の負担が過大になる可能性があります。

　原状回復に関する規定を確認する際には、原状回復義務を負う範囲が契約上明確になっていることに加え、契約で定められた原状回復の負担が過大になる可能性がないかを慎重に検討するようにしてください。

　また、原状回復に際して、建物賃貸借契約締結時点で当該建物がどのような状態だったか、という点が争いになることもあります。そのため、契約締結にあたっては、写真や図面等により、契約当事者間で建物賃貸借契約締結時点の建物の状態を確認しておくことも重要です。

Q 秘密にしたい情報を取引先に開示する場合に、どのような契約を結んだらよいでしょうか。

A 秘密情報の漏洩を防止するとともに万が一情報漏洩が起きてしまった場合にも適切な対応ができるように、秘密保持契約を結びます。

1. 秘密保持契約の意義

取引先と一緒に事業を進めていく中で、この情報は取引先以外の者には知られたくないという情報を取引先に開示する場面に遭遇したことはないでしょうか。また、団体のメンバーを採用する際に、団体内部の情報を漏洩しないことなど、情報の取扱いについて取り決めを交わすこともあると思います。

このように、相手方以外には秘密にしたい情報をその相手方に開示する場合、開示の前に秘密保持契約（NDA＝Non-Disclosure Agreement）を締結しておくことが一般的です[1]。秘密保持契約は、秘密にしたい情報の取扱いについて定める契約です。この契約を結んでおくことで、情報漏洩事故を防止するとともに、万が一情報漏洩事故が起きてしまった場合にも、事故後に適切な対応をとることが容易になります。

本設問も、秘密にしたい情報を開示する場面ですので、秘密保持契約を結ぶことが適切です。

以下では、秘密保持契約の簡易な雛形を示し、各条項について説明していきます。

なお、本章で扱う「秘密にしたい情報」と「個人情報」[2]は、重なる場合もあ

---

1. 各種契約書の中の条項の一つとして、秘密情報の取扱いが規定される場合もあります（秘密保持条項）。

2. 個人情報保護法第 2 条第 1 項

りますが、基本的には異なる性質のものです。個人情報の取扱いについては、別途 6 章（Q42）で扱います。

2. 秘密保持契約の内容

秘密保持契約書

特定非営利活動法人〇〇（以下「甲」という。）と株式会社◇◇（以下「乙」という。）とは、△△（以下「本件業務」という。）を遂行するにあたり、秘密の保持に関して以下のとおり契約（以下「本契約」という。）を締結する。

第 1 条（秘密情報）
1 本契約における「秘密情報」とは、本件業務の遂行に関連して相手方から開示を受け又は自らが知得した一切の情報をいう。
2 前項にかかわらず、次の各号のいずれかに該当する情報は、秘密情報に含まれないものとする。
（1）相手方から開示を受け又は知得した時点で、既に公知であったもの。
（2）相手方から開示を受け又は知得した時点で、既に自らが保有していたもの。
（3）相手方から開示を受け又は知得した後、自らの責によらず公知となったもの。
（4）正当な権限を有する第三者から、秘密保持義務を課されることなく正当に知得したもの。

（5）相手方から開示を受け又は知得した情報によらず独自に創出したもの。

3 甲及び乙は相手方に対して、次の各号の事項を表明し保証する。

（1）相手方に対して開示する情報に、個人情報の保護に関する法律（平成 15 年 5 月 30 日法律第 57 号、以下「個人情報保護法」という。）第 2 条第 1 項で定義する個人情報に該当する情報が含まれている場合には、個人情報保護法第 17 条における不正の手段により入手された情報が含まれていないこと。

（2）相手方に対して開示する情報は、(i) 適法に取得されたものであり、かつ、(ii) 開示に際して利害関係人の承諾が必要なときは事前にその承諾を得ていること。

第 2 条（秘密保持義務）

1 甲及び乙は、秘密情報を秘密として保持し、開示当事者の書面による事前の承諾なく第三者に一切開示、提供又は漏洩してはならず、本件業務の遂行以外の目的に使用してはならない。

2 甲及び乙は、前項にかかわらず、秘密情報を、本件業務の遂行に必要な範囲で、自己の役職員、又は弁護士、税理士、公認会計士等法律に基づき守秘義務を負う者に対して、本契約と同等の義務を負わせることを条件に、自己の責任において、必要最小限の範囲に限って開示することができるものとする。

3 甲及び乙は、第 1 項にかかわらず、行政当局、司法機関、自主規制機関その他の公的機関等から、法令諸規則上の正当な権限に基づき開示を命じられた場合、秘密情報を、当該公的機関等に対して、必要最小限度の範囲に限って開示することができるものとする。

第3条（有効期間）

1 本契約の有効期間は、本契約締結の日から本件業務遂行の終了後□年間を経過する日までとする。ただし、期間満了の1ヶ月前までに、いずれか一方から相手方に対し申出がない場合は、さらに1年間延長されるものとし、以降についても同様とする。

2 前項にかかわらず、第6条（損害賠償）及び第7条（協議、準拠法及び裁判管轄）は期限を定めず有効とする。ただし、本項は、時効の利益をあらかじめ放棄するものと解釈されてはならない[3]。

第4条（情報の返却等）

甲及び乙は、本契約が終了した場合又は相手方から要求があった場合、速やかに相手方から開示された秘密情報（複写物及び複製物を含む。）の全てを、相手方の指示に従い、返却又は廃棄するものとする。

第5条（事故時の通知）

甲及び乙は、相手方から受領した秘密情報の漏洩、紛失、盗難等の事故が発生した場合、直ちに相手方に通知するとともに、相手方の指示に従い、適切な措置をとるものとする。

第6条（損害賠償）

甲及び乙は、相手方が本契約に違反したことにより、損害を被った場合、相手方に対しその損害の賠償を請求することができるものとする。

第7条（協議、準拠法及び裁判管轄）

1 甲及び乙は、本契約に定めのない事項又は本契約の解釈に疑義が生じた場合、本契約締結の趣旨に則り、甲乙誠意をもって協議の上解決する。

---

3. 時効の利益をあらかじめ放棄するような条項は無効と考えられています（民法第146条参照）。

2 本契約の準拠法は日本法とし、本契約に関し訴訟の必要が生じた場合、□□地方裁判所を第一審の専属的合意管轄裁判所とする。

(1) 秘密情報（第1条）

　いかなる情報が秘密保持契約の保護の対象となるかは、秘密にすべき情報をどのように定義するかによって決まります。例えば、「秘密情報」を「本件業務の遂行に関連して開示され又は知得された一切の情報」と定義することで、秘密保持契約の対象となる情報を広くとることができます。逆に、「秘密である旨を明示のうえ」という文言を「本件業務の遂行に関連して開示され又は知得された一切の情報」の前に置くことで、秘密であることを明示することを要件として、秘密保持契約の対象となる情報を狭く取ることもできます。また、秘密保持契約を結んだこと自体を秘密にしたい場合には、そのことを秘密情報に含めるように規定することも可能です。その場合には、秘密保持契約を「本契約」と定義した上、秘密情報の定義を、「本契約の存在、及び本件業務の遂行に関連して開示され又は知得された一切の情報」とすることが考えられます。

　加えて注意しなければならないのは、甲乙の双方が秘密保持義務を負う形として規定した場合には（双務形式）、相手方から秘密情報の開示を受けると、自分もその秘密情報を秘密保持契約に従ってきちんと管理しなければならないという点です。もし自分が主に秘密情報の開示を受ける側であり秘密情報の管理の負担を減らしたい場合には、例えば、秘密情報の範囲を「本件業務の遂行に関連して相手方から開示を受け又は自らが知得した一切の情報であって、開示の際に相手方が秘密である旨を明示したもの」のようにより狭く規定することが考えられます。また、甲乙の一方のみが秘密情報を開示する場合には、その相手方のみが秘密保持義務を負う片務形式の契約にすることもあります。

　なお、開示を受けた側に秘密保持義務を負わせる必要性が低いか又は秘密保持

義務を負わせることが適当でないような情報を秘密情報から除外するため、例外規定を列挙することが一般的です（第1条第2項参照）。

（2）秘密保持義務（第2条）

　秘密保持契約において最も基本的かつ重要な規定は、秘密情報について、原則として第三者への開示及び目的外利用を禁じる規定です。

　もっとも、本件業務に関わる役職員、顧問の税理士、弁護士等との間で情報を共有することも禁止されてしまっては、目的としていた業務を行うことができない場合があります。そこで、このような第三者（秘密保持契約の当事者である特定非営利活動法人○○及び株式会社◇◇から見れば、これらの者も第三者にあたります）への開示については、開示を受けた者にも同等の秘密保持義務を課すことを条件として、例外的に許容することが一般的です（第2条第2項参照）。また、公的機関等への情報開示についても同様です。

（3）有効期間（第3条）

　秘密保持契約の有効期間は、開示する情報の秘匿性の程度や情報が陳腐化（無価値化）する速さを考慮して決められることが通常です。秘密情報を開示する側である場合、有効期間をできるだけ長くしておく方がよいと考えられがちですが、いたずらに期間を長くすると相手方に実効的な情報管理を期待できなくなることもあります。他方、秘密情報の開示を受ける側にとっては、有効期間を短くした方が情報管理の負担が小さくなりますから、自らの情報管理体制を勘案の上、できるだけ短い有効期間の設定を目指すとよいでしょう。実務上は、業務の終了後1年〜5年程度の期間を定めるものが多いと思われます。

　なお、準拠法、裁判管轄、損害賠償に関する規定などは、秘密保持契約の有効期間満了に伴って効力が消滅してしまうとその実効性を確保できないため、有効期間満了後も効力を存続させることが一般的です（第3条第2項参照）。

（4）情報の返却等（第 4 条）

　契約が終了した場合や秘密情報の開示者からの要求があった場合には秘密情報を返却又は破棄しなければならない、と定めておくことで、その後の情報漏洩リスクを小さくすることができます。また、返却又は破棄のいずれの措置をとるべきかを、秘密情報の開示者が指定できる形とすることも可能です。

（5）事故時の通知と損害賠償（第 5 条、第 6 条）

　万が一情報漏洩等の事故が起きてしまった際に適切な措置がとられるように定めておくことで、事故による損害の拡大を防止することができます（第 5 条参照）。

　また、損害賠償請求に関する規定が契約書上存在しなくとも、事故を起こした者に対して損害賠償請求を行うことはできますが、損害賠償責任を確認的に規定しておくことにより、事故を抑止する効果が期待できます（第 6 条参照）。

3. 秘密保持契約を締結しなかった場合

　秘密保持契約を締結しない場合は一切秘密は守られないのでしょうか。実は、秘密保持契約を締結していなくても、ごく限られた場合には、ある情報の不正な取得等については差止請求や損害賠償請求が認められる場合があります。そのことについて定めているのが不正競争防止法です。

　不正競争防止法第 2 条第 1 項第 7 号は「営業秘密を保有する事業者（以下「営業秘密保有者」という。）からその営業秘密を示された場合において、不正の利益を得る目的で、又はその営業秘密保有者に損害を加える目的で、その営業秘密を使用し、又は開示する行為」を「不正競争」の一類型として定めており、同法はこれにより営業上の利益が侵害された場合には差止請求権（同法第 3 条）、損害賠償請求権（同法第 4 条）等の強力な権限を認めています。しかし、「営業秘密」とは①秘密として管理されていること（秘密管理性）、②生産方法、販売方法その他

の事業活動に有用な技術上又は営業上の情報であること（有用性）、③公然と知られていないもの（非公知性）の要件を満たす必要があります。これらの要件のハードルは高く（具体的には経済産業省が発行している「営業秘密管理指針〔平成31年1月改訂版〕」をご参照ください）、不正競争防止法の保護の対象となる対象の情報は極めて限定されていることに注意する必要があります。

Q NPO 法人が一定の製品やサービスの供給を外部業者に依頼したり、逆に NPO 法人が行政、企業、個人等に対して一定の製品やサービスの供給を行う場合、どのような契約を締結すべきでしょうか。

A 業務委託契約を締結します。その際特に注意が必要な条項について解説します。

1．業務委託契約の締結

　NPO 法人の活動においては、一定の製品やサービスの供給を外部業者に依頼したり、逆に NPO 法人が行政、企業、個人等に対して一定の製品やサービスを供給したりする場合があります。前者の場合は NPO 法人が委託者として、後者の場合は NPO 法人が受託者として、書面により業務委託契約を締結することが、事後的な紛争を避ける上で肝要です。

　もっとも、契約内容によっては、事前に全ての必要事項を契約書に記載することが困難な場合も多いと思われます。そのような場合には、その後予定される業務委託に関する基本的事項を業務委託基本契約において定め、個別の業務委託の発注の際に、当該個別の業務委託の内容を詳細に規定した個別契約を締結する、という運用にすることも考えられます。

基本契約と個別契約

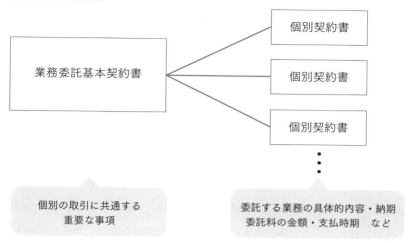

2. 重要な契約事項

　以下では、業務委託契約締結において特に重要な事項を説明します（その多く
は業務委託契約に限らず他の契約類型においても重要です）。業務委託基本契約と個別
契約を別々に締結する場合、以下の事項の主要な点については、業務委託基本契
約においてあらかじめ定めておくことが一般的です。

（1）委託の内容・範囲

　NPO法人が委託者又は受託者のいずれになる場合であっても、委託の内容・
範囲を明確に定めることが、業務委託契約の締結にあたって最も重要です。特に、
調査対象や調査方法の指定が必要な各種コンサルティング契約や、多種多様なシ
ステム形態が予想されるシステム開発委託契約等については、どのような範囲・
品質のサービスを委託したのかについて、当事者間で認識のずれが生じないよう
注意が必要といえるでしょう。

　業務委託契約において委託の内容・範囲が不明確であると、「本来提供すべき

ものよりも劣った品質のサービス・製品が提供された」「依頼された○○のサービスは当初の委託の範囲には含まれていなかったから、追加で対価を支払ってほしい」などと、契約解釈の違いに起因した思わぬクレームを、相手方から受けるおそれがあります。そのため、委託の内容・範囲については、必要に応じて契約書の別紙等（「仕様書」のような表題が付けられることもあります）も用いながら、明確かつ詳細に定める必要があります。

業務委託契約を巡るトラブルの例

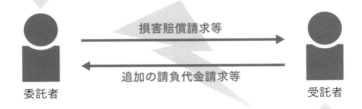

・委託業務の成果物の品質が想定
したものより劣る。
・委託業務に当然含まれるはずの
業務を実施してくれなかった。

損害賠償請求等

追加の請負代金請求等

委託者　　　　　　　　　　　　　　　　　　受託者

・当初予定していなかった業務を
させられたので、追加の費用が
発生した。

（2）対価の支払い

委託内容・範囲の定めの次に重要となるのが、その対価の定めです。業務委託契約は通常一定期間継続し、対価の支払いも数回にわたることが予想されるものですから、①いつ（締め日、支払期日等）、②どのように（現金・手形・銀行振込み等）、③いくら（対価の額・算定方法等）、④何回（一括払い・月額払い・分割払い等）支払うかという点が一義的に明確になるような定めを置きましょう。特に製造委託の場合、①の支払時期について契約上特に定めがなければ、請負の規定である民法

第633条が適用され、目的物の引渡しと同時に対価を支払うものとされる可能性があります。それが不都合であれば、契約であらかじめ支払時期を定めておく必要があります。

（3）再委託

委託業務を遂行するにあたって、受託者が業務を第三者に再委託することもあるため、事案に応じた形で再委託に関する規定を契約に盛り込むことが必要となります。

ア　NPO法人が委託者となる場合

NPO法人が委託者となる場合の業務委託契約においては、再委託を制限する定めを置くことが基本です。具体的には、再委託を原則禁止する、あるいは「再委託には委託者の書面による承諾が必要である」といった条項を置くことにより、受託者の能力を評価して業務を委託したにもかかわらず、あずかり知らぬところで第三者によって委託業務が行われてしまうといった不都合を回避することができます。他方、再委託が当然に想定されるような契約においては、逐一委託者の承諾を必要とするのは煩雑にすぎることから、無条件の再委託を認める条項が置かれる場合もあります。このように、どのような再委託の条項を置くかは、個々の業務委託の性質に即して検討する必要があります。

また、再委託を認める場合には、「受託者と再委託先との委託契約における再委託先の義務は、本契約（注：大元の業務委託契約）における受託者の義務と同等のものとする」といった規定や、「受託者は再委託先が本契約の各条項を遵守するよう監督するものとする」といった規定により、再委託先が受託者と同等の義務を負うこととした上で、再委託先の義務違反については受託者が責任を負う旨規定することが通常です。NPO法人が委託者となった場合、「再委託先が本契約（注：大元の業務委託契約）における受託者の義務に違反した場合には、受託者が

本契約に違反したものとみなす」など、再委託先の行為に関する責任を、受託者の故意・過失の有無を問わず受託者に全て負わせる規定を契約に入れることができれば、再委託によるリスクを最小限にできます。

イ　NPO 法人が受託者となる場合

他方、NPO 法人が受託者となって再委託を行う場合、再委託先の行為により受託者として委託者に対して何らかの責任を負ったとしても、受託者と再委託先との間では再委託先が最終的な責任を負うこととなるよう（例えば、受託者が委託者に 100 万円の損害賠償責任を負った場合には、受託者が再委託先に対して同額以上の損害賠償を請求することができるようにする等）、受託者と再委託先との間の契約は、大元の業務委託契約とミラー（ほぼ同じ内容の契約）にする必要があります。

（4）債務不履行に基づく損害賠償請求

ア　債務不履行

「債務」とは、契約において定められた当事者の義務（作為又は不作為の双方を含みます）をいいます。合意された委託の内容・範囲に従って受託者が委託業務を遂行すること、それに対して受託者が対価を支払うことが、業務委託契

債務不履行の例

債務不履行の種別	具体例
履行遅滞	納期を令和 4 年 2 月 28 日と合意して商品 X の製造を請け負ったが、同日までに商品を納入することができなかった。
履行不能	特定の建物の売買契約を締結したが、引渡し前に建物が焼失してしまい、買主に引き渡すことができなくなった。
不完全履行	納期を令和 4 年 2 月 28 日と合意して商品 X（1000 個）の製造を請け負い、同日までに全量納入したが、このうち 50 個が不良品だった。

約における当事者の最重要債務ではありますが、その他にも、「業務委託において知った情報を第三者に漏洩してはならない」「委託業務に関して第三者からクレームを受けた場合には委託者に通知しなければならない」などの付随的な債務も定められることが通常です。

そして、「債務不履行」とは、契約当事者が債務を契約内容通りに履行しないことを意味し、例えば、履行遅滞（債務の履行が本来の期限より遅れること）、履行不能（債務の履行が不可能になること）、不完全履行（債務の履行はなされたが一部不完全であること）が債務不履行に含まれます。

イ　損害賠償に関する民法の一般原則

契約当事者の一方が契約条項に違反し、債務不履行を生じさせた場合、その不履行が契約その他の債務の発生原因及び取引上の社会通念に照らして当該当事者の責めに帰することができない事由によるものでない限り、当該当事者は、契約で特別な合意をしている場合を除いて、かかる債務不履行に関して損害賠償責任を負うことになります[1]。その場合の「損害」の範囲は、通常生ずべき損害[2]のみならず、特別の事情によって生じた損害のうち、当事者がその事情を予見すべきであった損害[3]も含まれます。例えば、製品の製造委託契約において、委託者が対象製品を自己使用するのではなく転売して利ざやを得る意図であったことを、受託者が予見すべきであった場合には、転売利益も受託者が賠償すべき「損害」とされる可能性があります。

ただし、かかる民法の定めが適用されるのは、当事者間でそれと異なる合意がなされていない場合のみです。多くの契約においては、後述のように民法の定めとは異なる損害賠償の定めが置かれており、その場合には、法外な内容が定められている場合を除き、民法の定めではなく当事者の事前の合意内容に従って、損害賠償額が決定されることとなります。

---

1. 民法第 415 条
2. 民法第 416 条第 1 項
3. 民法第 416 条第 2 項

ウ　遅延損害金の定め

　委託者が業務委託の対価の支払いを遅延した場合（支払債務の履行遅滞）の損害金については、遅延損害金の定めが置かれることが一般的です。

　契約に遅延損害金の定めを置かなければ、法定利率（令和元年4月1日より3％、その後3年ごとに変動）が適用されますが、実際には、企業間の取引契約においては、年14.6％といった高い遅延損害金利率が定められることが多く見受けられます。

（ア）NPO法人が受託者の場合

　NPO法人が受託者となり支払いを受ける側になる場合には、このような高い遅延損害金利率の定めを置くことにより、相手方の支払遅延を抑止することができます[4]。

（イ）NPO法人が委託者の場合

　逆に、NPO法人が委託者となる場合には、法定利率よりも低い遅延損害金利率（年1～2％など）を相手方に提案することが考えられます。ただし、NPO法人が下請代金支払遅延等防止法（以下「下請法」といいます）の「親事業者」に該当し、その相手方が「下請事業者」に該当する場合（後記3⑵参照）において、当該NPO法人が、下請事業者の給付を受領した日から起算して60日以内に下請代金を支払わなかった場合、年14.6％の遅延損害金（遅延利息）を課されることとなります（下請法第4条の2、下請代金支払遅延等防止法第4条の2の規定による遅延利息の率を定める規則）。

エ　違約金の定め

　金銭債務の履行遅滞についてはウで前述した遅延損害金の定めを置くことが一般的ですが、その他の債務の不履行についても、一定の違約金を支払うべき

4.　ただし、委託者が、自己の事業とは無関係に、一消費者の立場として業務委託契約を締結する個人である場合には、消費者契約法の適用を受けることとなり、年14.6％を超える遅延損害金利率の定めは、その超過部分について無効とされることに留意が必要です（消費者契約法第9条第2号）。

旨が契約において定められることがあります。

　具体的には、対象製品・サービスの納期が設定されている業務委託契約においては、「契約で定める納期に遅れた場合は、1日あたり商品の金額の10%の違約金を支払う」といった違約金の規定を設ける例があります。このような規定があることで受託者に納期を守るインセンティブが働きますので、NPO法人が委託者となり製品・サービスの納入を受ける場合には、かかる違約金の定めを置くことも一案です。

　また、債務不履行の場合に限らず、当事者が一定の行為を行うにあたって違約金の支払いが義務付けられることもあります。代表的な例としては、締結から1年以内は一定の違約金を支払わなければ契約を解約できないとする中途解約の制約条項が挙げられます。

　仮に裁判手続で損害賠償請求をすることになった場合、通常は請求する側の当事者が実際の損害の発生や損害額を証明する必要がありますが、あらかじめ定められた違約金を請求する場合には、これらの立証は不要になります。

オ　損害賠償額の上限

　システム関連契約のように、1つの債務不履行により生じる損害額が莫大になり得る契約においては、損害賠償額の上限が定められる（例：業務委託料の総額を上限とする）ことが多くあります。

（ア）NPO法人が受託者の場合

　NPO法人が受託者となり、損害賠償請求をされる側になる可能性が高い場合には、かかる損害賠償額の上限を定めておくことが望ましいといえます。

（イ）NPO法人が委託者の場合

　他方、NPO法人が委託者になるような場合には、最終的に損害賠償額に上

限を設けることについては譲歩せざるを得ない場合であっても、その上限額が不当に低いものにならないよう相手方と交渉する必要があります。

カ　損害発生原因の制限

その他、損害賠償責任の発生原因となる債務不履行を、「故意」あるいは「故意又は重過失」によるものに絞る場合や、「○条の違反に限る／○条の違反を除く」といった形で制限することが考えられます。このような規定は、損害賠償を請求される側に有利ですので、NPO法人が受託者となり、損害賠償を請求されるような立場にある場合には、望ましい規定といえます。他方、NPO法人が委託者となる場合には、受託者に対する損害賠償を制限される規定になりますので、その受入れについては慎重になるべきです。

（5）契約不適合責任に基づく損害賠償請求

ア　民法の一般原則

民法上、債務不履行に基づく損害賠償請求とは別に、売買と請負について、供給される製品が契約によって求められる種類や品質、数量を備えていなかった（＝「契約不適合」がある）場合の売主又は請負人の責任として、契約不適合責任の規定が置かれています（売買について民法第562条〜第568条、請負について民法第636条、第637条）。具体的には、売主又は請負人に帰責事由がなくとも、(a) 売買・請負の目的物に契約不適合があった場合、(b) 買主・注文者（請負における委託者）がその事実を知った時から1年以内[5]にその旨を売主・請負人に通知すれば、(c) 買主・注文者は、履行の追完（売買の場合は代替物または不足分の引き渡し及び修補、請負の場合は修補）の請求、代金・報酬の減額の請求、損害賠償の請求及び契約の解除をすることができるとされています。

5.　ただし、契約相手が営利企業等であることにより契約に商法が適用される場合には、検査後直ちに（直ちに発見することができない契約不適合については、受領後6ヶ月以内に）通知が必要とされます（商法第526条第2項）。

イ　具体的な契約条項

　例として、請負人が自己の材料を用いて制作した物を注文者に供給する製造物供給契約（請負と売買の双方の性質を併せ持つ契約）に関していえば、NPO法人は売主（請負人）よりも買主（注文者）の立場に立つことが多いと思われます。売主（請負人）に有利な規定として、「売主（請負人）は、本件製品について、契約不適合責任を一切負わない」といった規定が契約に置かれることも多々ありますが、買主（注文者）としては、契約不適合責任を一定程度は追及できるよう、かかる条項の修正を要求すべきです。

　具体的には、①契約不適合の性質（例：検査で知ることができなかった契約不適合に限らない旨の規定）、②契約不適合責任の内容（例：契約不適合がある製品が供給された場合には、履行の追完、代金減額、損害賠償及び契約の解除に加え、注文者自ら不適合を治癒することへの協力を請求できるといった規定）、③損害の範囲（例：履行利益も含む旨の規定）、④契約不適合責任の存続期間（例：製品検査終了後2年とするといった規定）に関する修正を求めることが考えられます。

（6）成果物に関する権利の帰属

　NPO法人によっては、他の企業や行政からソフトウェアの開発等を受託する場合もあると思われます。その際、契約上特段の規定がない場合には、NPO法人が開発したソフトウェアにかかるソースコード等の成果物に発生する著作権は、開発したNPO法人にまず帰属するのが原則です。しかし、著作権を委託者・受託者のどちらに帰属させるかを契約で明確にしておかなければ、NPO法人自身による成果物の再利用等に関してトラブルが生じることがあります。

　契約で規定する場合、成果物の著作権の帰属に関する条項は、大まかに分けて（a）受託者に帰属　（b）委託者と受託者の共有　（c）委託者に帰属の3つが考えられます。NPO法人が開発を受託する際に（c）を提示される例も多いですが、事案によっては交渉すべきです。

（c）のように著作権を全部譲渡すると、NPO 法人は当該成果物の自由な使用が制限されます。このとき、当該成果物に NPO 法人の普段の業務で使用する部分や、他のソフトウェア開発にも汎用的に利用できる部分が含まれていた場合等は、その後の業務に大きな支障が生じかねません。そのため、このような事案においては、上記（a）にするよう交渉するか、必要な部分の著作権だけでも NPO 法人に留保するよう、条項を交渉すべきです。NPO 法人に著作権を留保させつつ、委託者に対しては、成果物を必要な範囲内で利用する権利を契約上で許諾する（かつ、その範囲内の利用であれば NPO 法人は著作者人格権を行使しない旨を規定する）ことで、双方が合意できることもあります。

（7）契約期間及び更新

業務委託契約は一定期間の継続が予定されている場合がほとんどと思われます。しかし、契約の当初期間をあまり長期にすると、想定外の事態が生じたため契約期間中に契約を中途解約したいと思っても、契約上、当事者の一方による契約期間中の解約が制限されている場合も多く（（4）エで前述したとおり、中途解約に関する違約金の定めが置かれることがあります）、思うように契約を解消することができないという不都合が生じかねません。他方、NPO 法人が長期にわたる契約継続を積極的に望む場合には、当初の契約期間を長くし、かつ契約を自動更新とすることが望ましいといえます。これらの点を踏まえて、契約期間や更新に関する定めを検討しましょう（契約の更新について、詳細は Q29 参照）。

（8）契約変更に関する定め

当事者間で十分な協議を経た上で書面により締結された契約内容が、その後の口約束等により安易に変更されることがないよう、「本契約は、当事者の書面による合意によってのみ変更することができる」といった規定を、あらかじめ契約に定めておくことが重要です。

また、仮に契約上そのような規定がなかったとしても、裁判等において契約変更がなされた事実を立証するには、当該変更について合意した書面等の客観的な証拠が必要です。そのため、NPO法人側にとって有利な契約変更をする場合には、後日の紛争に備え、相手方と当該変更に関する合意書面を取り交わすことが望ましく、仮にそれが難しい場合であっても、具体的な変更内容や変更経緯が分かるメールのやりとり等の記録を残しておくことが肝要です。

3．その他の注意事項

（1）労働法関係

業務委託契約では、受託者の従業員が、ある程度委託者の意思に基づいて業務を遂行することになります。そのため、労働法上の受託者従業員（労働者）保護は、委託者との関係でも配慮されなければなりません。

ア　NPO法人が委託者の場合

NPO法人の職場において委託業務が遂行される場合には、その業務に従事する者がNPO法人の「労働者」であると認められないよう注意する必要があります。業務に従事する者がNPO法人の「労働者」であると認められると、労働基準法等の労働関係法規の適用があることになり、NPO法人にも各種の義務が生じることになります。

具体的には、個別の仕事の諾否の自由や業務遂行上の指揮監督の有無、服務規律の適用の有無、業務遂行時間・場所の拘束性の有無、機械や器具の費用負担、他人による代替性の有無、専属性、報酬の性質（時間制か出来高制か）等を検討し[6]、当該受託者にNPO法人の指揮命令が及んでいると判断されれば「労働者」性が認められる可能性があります。詳細はQ36をご参照ください。

また、受託者が企業であって、その従業員がNPO法人の職場に赴いて委託業務を遂行するような場合等には、「偽装請負」との指摘を受けないよう、注意が

---

6. 東京地判昭和48年2月6日労判179号74頁（大塚印刷事件）、東京高判平成14年7月11日労判832号13頁（新宿労基署長事件）、東京地判平成16年7月15日労判880号100頁（池袋職安所長事件）、東京地判平成18年3月30日労判918号55頁（新国立劇場運営財団事件）等参照。

必要です[7]。「偽装請負」に該当する場合、受託者が労働者派遣事業主としての許可・届出のない業者である場合には、委託者である NPO 法人は、労働者派遣事業の適正な運営の確保及び派遣労働者の保護等に関する法律（以下「労働者派遣法」といいます）第 24 条の 2 に違反したものとして、指導・勧告等の対象となるおそれがあります[8]。

イ　NPO 法人が受託者の場合

他方、NPO 法人が受託者となる場合であっても、注意が必要です。例えば、委託企業の事業所内等で NPO 法人の従業員に作業させる場合において、前述の「偽装請負」に該当すると判断された場合、従業員を提供した NPO 法人も、必要な許可や届出がなければ刑罰を科される可能性があります。

（2）下請法関係

下請法の「親事業者」に該当する NPO 法人が、「下請事業者」に該当する相手方に対して、製造委託、修理委託、情報成果物作成委託、又は役務提供委託をする場合、同法の規制を受けます[9]。「親事業者」にあたるか否かは、「資本金の額又は出資の総額」によるところ、「資本金」又は「出資」は、「事業に供される資本としてある程度固定的に把握できるもの[10]」と解されています。NPO 法人の会費・寄付金・補助金等が、かかる「資本金」又は「出資」にあたるかという点については現状統一的な見解は無く、個別具体的な判断によらざるを得ません。

---

7. 適法な業務委託契約と偽装請負との区分基準については、「労働者派遣事業と請負により行われる事業との区分に関する基準」（昭和 61 年 4 月 17 日労働省告示第 37 号）参照。同告示によれば、適正な業務委託と判断されるには、受託者が、「自己の雇用する労働者の労働力を自ら直接利用するものであること」（2 条 1 号）、「請け負った業務を自己の業務として当該契約の相手方から独立して処理するものであること」（同条 2 号）のいずれの要件も満たす必要があります。そして、「自己の雇用する労働者の労働力を自ら直接利用するものであること」と判断されるには、「業務の遂行に関する指示その他の管理を自ら行うものであること」「労働時間等に関する指示その他の管理を自ら行うものであること」「企業における秩序の維持、確保等のための指示その他の管理を自ら行うものであること」のいずれにも該当する必要があり、また、「請け負った業務を自己の業務として当該契約の相手方から独立して処理するものであること」と判断されるには、「業務の処理に要する資金につき、すべて自らの責任の下に調達し、かつ、支弁すること」、「業務の処理について、民法、商法その他の法律に規定された事業主としてのすべての責任を負うこと」、「単に肉体的な労働力を提供するものでないこと」のいずれにも該当する必要があります。

そのため、特に資金源が豊富な NPO 法人においては、製造委託、修理委託、情報成果物作成委託、又は役務提供委託をする場合には、下請法違反にならないよう、①下請事業者の給付を受領した日から 60 日以内のできる限り短い期間内の支払期日を定め[11]、②発注した内容を明らかにする書面を交付し[12]、③取引記録を書類として作成し 2 年間は保存する[13] 等の対応をするべきと考えます。また、買いたたき、下請代金の減額、下請代金の支払遅延、受領拒否、不当返品、不当な経済上の利益の提供要請等、同法における禁止行為[14] を行わないよう注意が必要です。

8. 労働者派遣法第 48 条第 1 項、第 49 条の 2 第 1 項
9. 下請法第 2 条
10. 公正取引委員会が公表している「下請取引適正化推進講習会テキスト」（令和 2 年 11 月）18頁において、「『資本金の額又は出資の総額』とは、事業に供される資本としてある程度固定的に把握できるものをいう。例えば、資本金勘定のない一般財団法人及び一般社団法人であれば、貸借対照表上の指定正味財産等の固定的な財産が『資本金の額又は出資の総額』に該当する」とされています。公正取引委員会　https://www.jftc.go.jp/houdou/panfu.html（2021 年 9 月 6日アクセス）
11. 下請法第 2 条の 2
12. 同法第 3 条
13. 同法第 5 条
14. 同法第 4 条

Q ある企業と共同してプロジェクトを進めることに
なりましたが、提示された契約書を見ると、こち
らが考えていた条件と違っていました。どのよう
に対応すればよいですか。

A 契約書を修正する、覚書を締結する、交渉の過程を記録に残
す等の対応が考えられます。譲れない部分を明確にし、どう
しても条件が合わない場合には、他の相手と契約することも
考えましょう。

1. はじめに

　取引を始めたい相手方を見つけ、相手方と交渉して取引条件を具体化し、その
内容を契約書の形に落とし込んでいく一連の過程を、ここでは「契約交渉」とい
います。

　大企業をはじめ、契約に慣れている相手方と契約交渉を行う場合、相手方が普
段使用している雛形や約款に基づいて契約書が作成されるなど、相手方の土俵の
上で契約交渉が進められるケースが多くなります。その際、こちらにとって極端
に不利な案が示されることはあまりないかもしれませんが、思っていた条件と違
うなど対応に困る場面もあるかもしれません。

2. 検討しなければならないこと

　交渉をするにあたっては、必ず、譲れる条件と譲れない条件を整理しておきま

しょう。例えば、代金の最低金額、途中でやめる場合の条件（違約金）等が考えられます。

　譲れない部分を明確にしないまま交渉をすると、相手の条件に引きずられて、自分たちにとってメリットが無い契約になってしまう可能性があるので、十分注意が必要です。

3. 契約書にどう反映させるか

　例えば以下のような場面では、どのように対応すればよいのでしょうか。

①相手方の用意した契約書の内容がこちらの考えに合わないが、相手方は、社内で統一された約款なので修正はできないと言っている場合

　約款とは、一般に、取引を定型的に処理するために不特定多数の相手方を想定してあらかじめ作られた契約条項のことをいいますが、大企業等では、業務の効率化のためにこのような約款が契約書作成の場面でよく利用されています。

　もっとも、こうした約款も絶対に変更できないわけではありません。相手方の約款を検討した上で、やはりこちらの考えに合わないと思われる条項については、まず、相手方にその条項を修正できないのかどうか尋ねてみるべきでしょう。そこでもし、相手方が約款の修正を躊躇する場合には、約款の特約として「覚書」などの書面を別途作成することを提案し、その文案をこちらから示すと交渉が進む場合もあります。例えば、「本件……については、『〇〇』（約款の表題）第〇条の規定は適用しないものとする」旨の覚書を締結すれば、約款の適用を一部排除することができます。

　もしどうしても相手方との間で妥協点が見出せない場合には、無理に契約を締結せず、他の相手との契約の可能性について検討することも必要です。

　なお、民法548条の2第2項は、定型約款の条項のうち、相手方の権利を制限し又は相手方の義務を加重する条項であって信義則（民法1条2項）に反する

条項については、合意しなかったものとみなす旨を規定しています。したがって、約款に基づき契約せざるを得なかった場合でも、民法548条の2第2項に該当するような不利益な条項については、同条項に基づき、後でその効力を争う余地もあります。

②こちらの考えと合わない条項について、相手方の担当者が、法律で決まっているから納得してほしいと説明している場合

　こちらの考えと合わない条項について相手方に説明を求めた際、「法律で決まっている」などと言われた場合にも、すぐに契約に応じるのではなく、法律上の根拠について相手方から十分に説明を受けた上で、いったん持ち帰って専門家に相談することも必要です。

　なぜなら、契約交渉の窓口となる相手方の担当者は法務担当者ではないことが通常ですが、その担当者の勘違いや、早く案件をまとめたいという意識から、専門外の法律事項について誤った発言をしてしまうこともないとはいえないからです。どんな相手でも間違いはあるものだと考えておき、相手方の言葉を安易に判断の根拠としないようにしましょう。

③相手方の損害賠償責任をあらかじめ軽減又は免除する条項が入っている場合

　相手方の契約違反から発生する損害額が大きい場合や、発生し得る損害の額を予測できない場合には、安易に損害賠償責任の軽減や免除を認めるべきではありません。過去の裁判例においても、宿泊客がフロントに預けなかった物品の滅失毀損についてホテルの損害賠償責任を上限15万円に限定する旨のホテルの宿泊約款の規定は、ホテルに故意又は重大な過失がある場合には適用されないと判示したものがあります[1]。したがって、例えば、故意又は重過失がある場合を損害賠償責任の軽減や免除の対象から外すという交渉をすることが考えられます。

　他方、契約の履行過程のシミュレーションを行った上で、実際に損害が生じる

　1.　最判平成15年2月28日集民209号143頁

ことが想定できないのであれば、損害賠償責任を軽減又は免除する条項が入っていても実害がありませんので、その条項を受け入れる方向で妥協することも可能でしょう。

このように、損害賠償責任を軽減又は免除する条項を提示された場合には、損害額（最悪の場合にどの程度の損害が発生し得るか）と損害発生の可能性を試算したうえで慎重に判断することが大切です。

④契約書の言葉の意味が不明確なので、相手方にその意味を尋ねたところ、契約書は修正されないまま口頭のみで説明された場合や、相手方に要望を伝えたところ、実際には要望のとおり対応するので契約書を修正する必要はないと説明された場合

契約書に反映されていない事項があると、契約内容の解釈について当事者間で争いが生じた場合に、契約書なしに契約内容を立証するという困難な作業が発生してしまいます。そのような事態に陥らないようにするために、契約書の不明確な部分について口頭で説明を受けた場合には、まずはその説明内容を契約書に反映させることを強く求めるべきです（Q27 参照）。

しかし、それでも相手方が修正に応じない場合には、相手方との口頭でのやり取りをその場で記録したうえで、その記録に相手方の押印をもらうようにしましょう。また、そのようなやり取り記録の作成が難しい場合には、例えば、後でやり取り内容の確認のメールを送って相手方から返信を受け、それらのメールを保存しておくことで当時のやり取りを記録に残す方法も考えられます。

このようにして契約交渉の記録を残しておけば、将来、契約内容について争いが生じたとしても、契約内容の解釈にあたってそれらの契約交渉の記録が考慮されることになるでしょう。

Q 新しくウェブサービスを開始しようと考えています。ウェブサービスの利用規約を作成する際の注意点があれば教えてください。

A ウェブサービスの利用規約は、トラブルを予防し、生じたトラブルを円滑に解決するという観点から作成することが必要になります。

利用規約を作成する際には他団体の利用規約を参考にすべきですが、他団体の利用規約をそのまま流用してしまうと利用規約が十分に機能しない危険性があります。

1. 利用規約はなぜ必要か

そもそもなぜ利用規約を作成することが必要なのでしょうか。それは「トラブルが生じた際に迅速かつ円滑に対応するツール」として利用規約が有効だからです。

利用規約において、トラブルへの対処方法を定めていた場合には、すぐに対応することができますし、利用規約を根拠として対処をした場合には、トラブルの当事者にとっても納得感のある解決につながる場合が多いです。

一方で、利用規約においてこのような場合の対処方法を定めていなかった場合には、それぞれのユーザーと話し合い等をすることが必要になります。しかし、話し合い等で解決しようとすれば、トラブルが長期化・複雑化する危険性があります。ここでは、ウェブサービスの利用規約を作成する際の注意点に絞って解説

をしますが、多人数が参加するイベントを行う際にも利用規約を作成することでトラブルを迅速かつ円滑に解決することができます。

　利用規約は、それぞれの事業に応じて内容が変わります。類似の事業を営む他団体の利用規約を参考にすることは有用ですが、他団体の利用規約をそのまま流用することは危険です。

2. 利用規約の内容

（サンプル）

　本利用規約には（以下、「本規約」といいます。）は、NPO 法人〇〇（以下「当法人」といいます。）が提供する本サービス（第2条第1号に定義するものをいいます。以下、同じです。）の利用に関する条件を、本サービスを利用するユーザー（第2条第2号に定義するものをいいます。以下、同じです。）と当法人との間で定めるものです。

　本サービスの利用に際しては、本規約の全文をお読みいただいたうえで、本規約に同意いただく必要があります。ユーザーの皆様には、本規約に従って、本サービスをご利用いただきます。

第1条（総則）

1　本規約は、本サービスの利用に関し、ユーザーと当法人に対して適用されます。

2　当法人が運営するウェブサイト上に本サービスに関して個別規定や追加規定を掲載する場合、それらは本規約の一部を構成するものとします。個別規定又は追加規定が本規定と抵触する場合には、当該個別規定又は追加規定が優先されるものとします。

第2条（定義）

本規約において、次の各号に掲げる用語は、各々以下に定める意味を有するものとします。

(1)　「本サービス」

　当法人が提供するすべての製品およびサービスをいいます。

(2)　「ユーザー」

　当法人が運営する本サービスにおいて、当法人所定の方法により、本サービスを利用する者をいいます。

(3)　…

第3条（本規約の変更）

　当法人は必要に応じ、本サービスの目的の範囲内で、本規約を変更できるものとします。本規約を変更する場合、変更後の本規約の施行時期及び内容を当社ウェブサイト上での掲示その他の適切な方法により周知し、またはユーザーに通知します。ただし、法令上ユーザーの同意が必要となるような内容の変更の場合は、当社所定の方法でユーザーの同意を得るものとします。

第4条（禁止事項）

1　当法人は、本サービスに関するユーザーの以下の行為を禁止します。

(1) 法令、裁判所の判決、決定もしくは命令、または法令上拘束力のある行政措置に違反する行為

(2) 公の秩序または善良な風俗に反するおそれのある行為

(3) 他人の権利を侵害する行為

(4) …

2　ユーザーが前項の定めに違反した場合、当法人はユーザーに事前に通知することなく、以下の各号に定める措置の一部または全部を講じ

ることができます。

(1) ユーザーの投稿を削除すること

(2) ユーザーによる本サービスの利用を停止すること

(3) ユーザーのアカウントを削除すること

(4) …

第5条（免責事項）

　当法人は、当法人の故意または重過失に起因する場合を除き、本サービスに起因してお客様に生じたあらゆる損害について一切の責任を負いません。ただし、本サービスに関するユーザーと当法人との間の契約が消費者契約法に定める消費者契約（以下、「消費者契約」といいます。）に該当する場合は、当法人は、当法人の過失（重過失を除きます。）による債務不履行責任または不法行為責任については、逸失利益その他の特別の事情によって生じた損害を賠償する責任を負わず、通常生ずべき損害の範囲内でこれを賠償します。

第6条（準拠法および裁判管轄）

　本規約は日本法に基づき解釈されるものとし、準拠法は日本法とします。本サービスに起因または関連してユーザーと当法人との間に生じた紛争については東京地方裁判所を第一審の専属的合意管轄裁判所とします。

3. 禁止事項について（第4条）

　利用規約において問題への対処方法を定める必要があることから、利用規約作成の際には、提供するサービスとの関係で「何を禁止するか」、「禁止事項に違反

した際にどういうペナルティーを与えるか」ということを定める必要があります。

(1)「何を禁止するか」

　禁止事項の内容は、①NPO法人の利益を守るという視点、②他のユーザーの利益を守るという視点の2つの視点から決める必要があります。

　まず、①に基づく規定としては法令違反行為を禁止するというものや、公序良俗違反行為を禁止するというものが考えられます。ユーザーが法令違反行為を行った場合、NPO法人自体にもレピュテーションリスクが生じるため、自衛のための規定として禁止事項を定める必要があるのです。

　次に、②に基づく規定としては、肖像権、プライバシー権の侵害や誹謗中傷の防止、知的財産権の保護というものが考えられ、それぞれ事業内容に即して定める必要があります。例えば、子育てのための情報交換ツールを運用しているNPO法人であれば、他のユーザーが投稿した子どもの写真等を無断でSNSに投稿すること等を禁止すると明記すべきです。

(2)「どういうペナルティーを与えるか」

　利用規約に禁止事項に違反した場合のペナルティーを定める場合には、違反の程度・違反の内容に応じたペナルティーを与えられるよう規定するべきです。

　違反の程度に応じたペナルティーとしては、軽いものから列挙していくと、ユーザーへの注意、ユーザーの資格の一時停止、ユーザーの資格の永久停止（退会措置）が考えられます。他にも違反ユーザーの投稿資格は停止しつつも、他のユーザーの投稿を閲覧する資格は残存させるという段階的な措置なども考えられます。違反の内容に応じたペナルティーとしては、例えば、ユーザーの投稿を削除するというもの（違反内容を除去するもの）と、ユーザーの資格を停止するというもの（違反ユーザーを排除するもの）という視点に切り分けることができます。違反の程度・違反の内容に応じたペナルティーを与えられるようにすることで、違反行為に対

して柔軟に対応することが可能になります。ペナルティーの設定が不十分だった場合、ペナルティーの内容に対してユーザーの納得が得られず、法的紛争などにつながる可能性もあります。

4. 免責事項（第 5 条）

　トラブルの種類によっては、禁止事項を根拠として対処しただけでは解決できず、ユーザーから訴訟等の法的措置を取られてしまう場合があります。そのような場合に NPO 法人の責任を軽減する規定が免責事項です。ただし、免責事項は定め方によっては、無効となってしまいます。

　NPO 法人も消費者契約法上の「事業者」に該当することから、NPO 法人と個人ユーザーとの契約には消費者契約法が適用されることになります。なお、NPO 法人と団体などの法人との契約については、消費者契約法は適用されません。

　「故意または重過失に起因する場合を除き法人が責任を負わない」という規定であれば有効ですが、この規定よりも NPO 法人にとって有利な条項（例えば「本サービスによりユーザーに損害が生じたとしても、当法人は一切責任を負いません。」）という規定は消費者契約法から無効になり[1]、実際の裁判ではこのような規定に基づいて免責を主張することはできません。

5. 準拠法・裁判管轄（第 6 条）

　免責事項等を定めていたとしても、裁判を提起された場合には、実際の裁判手続きに移行することになります。実際の裁判手続きに移行した際に重要となるのは、裁判の前提としてどの国の法律で判断すべきか、裁判がどこの裁判所で行われるか、という点です。

　たとえば、NPO 法人が東京で活動しているにもかかわらず、裁判を北海道で行うとなった場合、裁判期日のたびに北海道まで移動しなければならず、重大な負担となってしまいます。さらには、海外事業を展開している場合に、海外のユー

1. 消費者契約法第 8 条 1 項 1 号ないし 4 号

ザーとの紛争が生じた場合、準拠法が海外の法律となってしまう危険性まであります。

このような負担を解消するための措置として有益な条項が準拠法・裁判管轄条項です。

準拠法条項とはその契約の法的解釈を行う場合にどの国の法律を基準とするかを決める条項をいいます。また、裁判管轄条項とは、その契約を巡って裁判になった場合に事件を管轄する裁判所を決める条項をいいます。

6. 改正民法の定型約款との関係

2020年4月に民法が改正され、新たに定型約款に関する規定が設けられました。

NPO法人がウェブサービスを提供するために利用規約を作成した場合、その利用規約は民法上の定型約款に該当します[2]。定型約款に該当する以上、トラブルが起きたときに、後から利用規約の内容をNPOに有利な内容に変更することは原則としてできません。そのため、利用規約を制定する段階から、将来生じるトラブルを想定しておく必要があります。

7. 利用規約への「同意」について

利用規約に定めただけで、その内容がユーザーとの契約内容となるわけではありません。利用規約の内容が契約になるためには、利用規約の内容にユーザーが「同意」することが必要です[3]。

同意の具体的な取り方は、民法に規定されていません。利用規約の中には「本サービスの利用を開始した場合には、本サービスの利用規約に同意したものとします。」ということを明記するものもあります。しかし、このような記載ではユーザーが本当に利用規約に同意をしたのかが明らかではないため、ユーザーに利用規約を一読させたうえで、「同意」というボタンをクリックさせるような設計にする必要があります。

2. 民法第548条の2第1項柱書
3. 民法第548条の2第1項第1号

8.「プライバシーポリシー」「特定商取引法に基づく表記」との関係

　利用規約を定めるのみではなく、事業内容によっては「プライバシーポリシー」や「特定商取引法に基づく表記」を定める必要があります。

　「プライバシーポリシー」とは、NPO が獲得した個人情報の活用方針のことを指します。（詳細はコラム「プライバシーポリシーってなんだろう？」をご参照ください。）

　「特定商取引法に基づく表記」とは、特定商取引法という法律[4]に基づいて表示しなければならない事由であり、ネットショップ事業等を営む場合には一定事項の表示が必要となります。

　「特定商取引法に基づく表示」については、ユーザーの同意は不要です。一方で「プライバシーポリシー」については、ユーザーの同意が必要とされています[5]。定型約款に対する同意と「プライバシーポリシー」に対する同意は、性質が異なると考えられています。よく、利用規約の中に「プライバシーポリシーに同意したものとする」等の条項を入れる例が見られますが、一括して同意を取得することは控え、それぞれ別々に「同意」ボタンを設置する等の対応をすることが望ましいと考えられます。ただし、欧州のユーザーの個人情報を取得する場合には、利用規約とは別に個人情報に関する同意も別途得なければなりません（GDPR（General Data Protection Regulation：一般データ保護規則）7 条）。

4.　特定商取引法第 11 条
5.　個人情報保護法第 16 条第 1 項

Chapter 5

スタッフとの
トラブルを防ぐ

同じ志を持って集まってくれたスタッフとのトラブル
は避けたいものです。具体的には、どのようなことに
気を付けるべきでしょうか。

Q 法人の設立にあたって必要となる人事労務関連の手続や書類としては、どのようなものがありますか。

A NPO法人設立そのものにあたって必要となる人事労務関連の手続や書類はありませんが、従業員を雇用するのであれば、労働基準法上、労働条件を示す労働条件通知書の作成が最低限必要となります。また、従業員の管理のために労働者名簿、賃金台帳等の作成も義務付けられています。さらに、従業員を雇用する際には、原則として健康診断を受診させることが必要であることにも留意が必要です。

場合によっては、就業規則、時間外労働に関する労使協定が必要になることもあります。

労災保険、雇用保険、厚生年金保険及び健康保険の加入手続の要否も、必ず確認してください。

1. NPO法人における労働法規等の適用

NPO法人が人を雇用する場合には、NPO法人に特別に適用される法律、ルールはなく、株式会社、一般社団法人等の法人と同様に、労働基準法、労働安全衛生法等の労働法規が適用されます。

また、雇用に伴い、労災保険、雇用保険、厚生年金保険及び健康保険に関する手続が必要となります。

2. 労働基準法上必要な書類、手続

(1) 労働条件通知書・労働契約書

　労働基準法上、従業員（正社員、パート、アルバイトを問いません）を雇用する場合には、雇用主は、労働基準法で定められた事項を従業員に対して明示することが必要であり、NPO法人もその例外ではありません。

　明示することが必要である事項は、以下の通りです[1]。

　　①労働契約の期間
　　②期間の定めのある労働契約を更新する場合の基準
　　③就業の場所・従事すべき業務
　　④始業・終業の時刻、所定労働時間を超える労働（早出・残業等）の有無、
　　　休憩時間、休日、休暇、労働者を2組以上に分けて就業させる場合
　　　における就業時転換に関する事項
　　⑤賃金の決定、計算・支払の方法、賃金の締切り・支払の時期
　　⑥退職に関する事項（解雇の事由を含みます）
　　⑦昇給に関する事項

　上記のうち①から⑥については書面（直接の交付が原則ですが、労働者の希望があれば、ファクシミリ又は電子メール等で送信することも可能です）[2]で明示することが必要です。さらに、以下の事項について定める場合も従業員への明示が必要です。

　　⑧退職手当
　　⑨臨時に支払われる賃金、賞与等、最低賃金に関する事項
　　⑩労働者に負担させる食費、作業用品等に関する事項
　　⑪安全及び衛生に関する事項
　　⑫職業訓練に関する事項

1.　労働基準法第15条、同法施行規則第5条
2.　同法施行規則5条4項

⑬災害補償及び業務外の傷病扶助に関する事項

⑭表彰及び制裁に関する事項

⑮休職に関する事項

　また、採用する従業員が有期雇用労働者又は短時間労働者（パートタイマー）の場合には、上記に加えて、以下の点を明示する必要があるほか、雇用管理の改善措置の内容を説明しなければなりません。

⑯昇給の有無

⑰退職手当の有無

⑱賞与の有無

⑲相談窓口

　さらに、有期雇用労働者又はパートタイマーから求めがあった場合には、通常の労働者と有期雇用労働者又はパートタイマーとの間の待遇の相違の内容及び理由等も説明しなければなりません[3]。

　実務的には、厚生労働省が提供している様式に基づく労働条件通知書[4]を従業員に交付して[5]、労働条件の明示義務を果たしている例が多くみられ、NPO法人が従業員を採用する場合にもこの方法によることが簡便です。

　NPO法人から労働条件通知書を従業員に単に交付するのではなく、双方が署名又は記名押印する契約書の形式で、労働契約書を締結することも可能です。この場合にも、上記の労働基準法で定められた書面で明示すべき労働条件について記載することが必要になります。

---

3. 短時間労働者及び有期雇用労働者の雇用管理の改善等に関する法律（パート有期法）6条、14条

4. 厚生労働省のウェブサイト（https://www.mhlw.go.jp/bunya/roudoukijun/roudoujouken01/、2022年1月7日アクセス）参照

5. 使用者が労働条件を明示することを目的として作成されるもので、従業員側の署名や記名押印を求めない形式になっています。

（2）就業規則

　常時 10 人以上の労働者を使用している事業場では、一定の労働条件を記載した就業規則を作成しなければなりません[6]。

　就業規則は、常時 10 人以上の労働者を使用していない場合には、作成する必要がありませんが、従業員の労働条件が画一的である場合には、就業規則を作成することで職場の秩序を保ち、労働条件の安定と経営の安定に役立つという面があるともいわれています。もっとも、いったん就業規則で定めた労働条件を従業員に不利に変更することには原則として個別の労働者の同意を要し、また就業規則に定める労働条件より従業員にとって不利な労働条件は個別の従業員との間の労働契約でその旨の合意があったとしても無効とされますので、就業規則の作成義務がない場合には、就業規則を作成するかどうか、またその場合の労働条件をどうするかについて慎重に検討する必要があります。少なくとも、経営や労働条件についての見通しができるまでは、あえて作成するメリットは少ないと思われます。

（3）時間外労働に関する協定

　労働基準法に定められている法定労働時間（1 日 8 時間、1 週 40 時間）を超えて時間外労働をさせる場合や法定休日（1 週間に 1 日）に労働させる場合は、あらかじめ、労働者代表との間で労使協定（いわゆる「36（「さぶろく」、又は「さんろく」）協定」）を締結し、所轄の労働基準監督署長に届け出なければなりません[7,8]。

　従業員を雇用した場合、どうしても時間外又は休日に働いてもらう必要が生ずる場合がありますが、上記の労使協定を締結していないとそのような時間外・休日労働をさせることはできません。残業が発生する可能性があるのであれば、あらかじめ上記の労使協定を締結することを忘れないようにする必要があります。

6．労働基準法第 89 条、第 90 条
7．同法第 36 条
8．厚生労働省のウェブサイト（https://www.mhlw.go.jp/bunya/roudoukijun/roudoujouken01/、2022 年 1 月 7 日アクセス）に書式が掲載されていますので、参考にしてください。

（4）賃金台帳等の作成

　事業場ごとに各従業員の労働者名簿[9]、賃金台帳[10]を作成し、労働基準法所定の事項[11]を記入する必要があります。また、労働日数、労働時間数等を把握するための出勤簿も備え置く必要があります（労働時間の適正な把握のために使用者が講ずべき措置に関する基準）。

3．健康診断の受診

　事業主は、原則として、従業員（一定の要件を満たすパート・アルバイトを含みます）[12]に対して雇入れ時及び年1回の健康診断を行う義務があります[13]。ただし、雇入れ前3ヶ月以内に健康診断を受け、診断結果の証明書を提出すれば、当該健診項目に相当する項目について雇い入れ時の健康診断は省略することができます。また、事業者は健康診断を行ったときは、健康診断個人票を作成し、これを原則として5年間保存する必要があります[14]。

　このように、NPO法人を設立して、従業員を雇い入れる場合には、労働安全衛生法に定める健康診断を行うか、診断結果の証明書の提出を受ける必要があります。

4．労働者災害補償保険・雇用保険

（1）労働保険の加入の要否

　　NPO法人を設立した際に、加入の要否を確認すべきものとして労働保険があ

---

9. 労働基準法第107条
10. 同法第108条
11. 賃金台帳の記載事項は、①氏名②性別③賃金計算期間④労働日数⑤労働時間数⑥時間外、休日労働時間数及び深夜労働の時間⑦基本給、手当その他賃金の種類ごとにその額⑧賃金控除の額です。労働者名簿の記載事項は、①氏名②生年月日③履歴④性別⑤住所⑥従事する業務の種類（常時30人未満の事業場では不要）⑦雇入れの年月日⑧退職の年月日及びその事由（退職の事由が解雇の場合はその理由）⑨死亡の年月日及びその原因です。いずれも前掲の厚生労働省のウェブサイトに書式が掲載されています。
12. パート・アルバイトについては、雇用期間の定めがないか、雇用期間の定めはあっても契約更新により1年以上使用される予定であるか、契約の更新により1年以上引続き使用されている者のいずれかに該当し、かつ1週間の所定労働時間が同種の業務に従事する通常の労働者の4分の3以上であるときは、健康診断を実施する必要があります（平19年10月1日基発1001016号）。
13. 労働安全衛生法第66条第1項、労働安全衛生規則第43条、第44条
14. 労働安全衛生規則第51条

ります。労働保険とは、労働者災害補償保険（一般に「労災保険」といいます）と
雇用保険とを総称した用語で、制度としては別個の制度ですが、保険料の納付等
については一体のものとして取り扱われています。

労災保険は、原則として労働者を1人でも雇っていれば適用事業とされ、加
入義務が生じます。したがって、NPO法人で従業員（パートタイマー、アルバイト
を含みます。また、理事長以外の理事については適用対象となる可能性があります）を1
人でも雇用していれば、業種・規模の如何を問わず労災保険の適用事業となり[15]、
事業主は成立（加入）手続を行い、保険料を納付しなければなりません[16]。

他方、雇用保険については、原則として、①1週間の所定労働時間が20時間
以上であること、②31日以上の雇用の見込みがあること、の要件を満たす従業
員（理事長以外の理事については適用対象となる可能性があります）がいる場合には当
該従業員を被保険者として雇用保険に加入する義務があります[17,18]。

（2）手続

ア　保険関係成立届

労災保険の適用事業となった場合は、10日以内に、労働保険の保険関係成
立届を所轄の労働基準監督署に提出しなければなりません[19]。

イ　雇用保険適用事業所設置届、雇用保険被保険者資格取得届

雇用保険の適用事業となった場合は、設置の日から10日以内に雇用保険適
用事業所設置届を[20]、資格取得の事実があった日の翌月10日までに雇用保険
被保険者資格取得届を所轄の公共職業安定所に提出する必要があります[21]。

---

15. 労働者災害補償保険法第3条第1項
16. 農林水産の一部の事業は除きます。
17. 雇用保険法第5条、第6条
18. 同居の親族、大学等の昼間学生等の取扱いについては例外があります。
19. 労働保険の保険料の徴収等に関する法律第3条、第4条の2第1項
20. 同法第4条、第4条の2第1項
21. 雇用保険法第7条、同法施行規則第6条

ウ　概算保険料申告書の提出と概算保険料の納付

　労働保険関係が成立した日から 50 日以内に、その年度分の労働保険料（保険関係が成立した日からその年度の末日までに労働者に支払う賃金の総額の見込額に保険料率を乗じて得た額）の概算保険料申告書を所轄の労働基準監督署、所轄の労働局又は金融機関に提出し、概算保険料を納付する必要があります[22]。

5. 厚生年金保険・健康保険

（1）厚生年金保険及び健康保険の加入義務

　常時従業員（事業主のみの場合を含みます）を使用する法人事業所は、厚生年金保険及び健康保険の加入が法律で義務付けられており[23]、臨時に使用される者や一部のパートタイマーを除き、70 歳未満の従業員は、国籍や性別、年金の受給の有無にかかわらず、厚生年金保険の被保険者となります[24]。

　パートタイマーについては、平成 28 年 10 月 1 日施行の改正厚生年金保険法及び改正健康保険法により、これまで必ずしも明確ではなかった適用基準が明確化され、1 週の所定労働時間及び 1 月の所定労働時間が同一の事業所に使用される通常の労働者の 4 分の 3 以上に該当する場合には、厚生年金、健康保険の被保険者とされることとなりました。

　したがって、NPO 法人を設立し、上記の要件に該当する理事又は従業員がいる場合には、厚生年金保険及び健康保険に加入することが必要になります。

（2）手続

　厚生年金保険及び健康保険の適用事業になった場合、事業所が従業員を採用した場合等、新たに健康保険及び厚生年金保険に加入すべき者が生じた場合には、当該事実発生から 5 日以内に事業主は、所定の「被保険者資格取得届」を日本年金機構へ提出しなければなりません[25]。

---

22. 労働保険の保険料の徴収等に関する法律第 15 条
23. 厚生年金保険法第 6 条第 1 項第 2 号、健康保険法第 3 条第 3 項第 2 号
24. 厚生年金保険法第 9 条
25. 厚生年金保険法第 27 条、同法施行規則第 13 条第 1 項、第 15 条第 1 項、健康保険法第 48 条、同法施行規則第 19 条、第 24 条

保険料については、年金事務所から送付される保険料納入告知額通知書等に記載された保険料額を支払います。

6.「労働者」に該当しない場合

　NPO法人の業務に携わる人には、NPO法人との間に雇用契約がある従業員のほか、業務委託としてNPO法人の業務を受託する人や、ボランティア、インターンなど様々な人々が存在します。労働基準法上の「労働者」[26] に該当しない業務委託先、ボランティア、インターンを活用する場合には、法律上、特定の文書の作成や届出等の手続は義務付けられていませんが、NPO法人と当該業務委託先等の間の権利義務を明確化し、また、労働者に該当しないことを明らかにするためにも、書面で権利義務関係を明示した契約書や誓約書を取り交わすことが重要です。なお、「労働者」に該当するか否かは、名称や契約の形式で判断されるのではなく、実態で判断されることに留意してください（労働者性の判断については、Q36を参照）。

労働者採用時に必要な書面、手続

	書面の名称	提出先	作成・提出期限
労働基準法関連	労働条件通知書	従業員	雇入れ時
	時間外労働・休日労働に関する協定届	労働基準監督署	有効期間開始前まで
	労働者名簿※1	なし	雇入れ時
	賃金台帳※1	なし	雇入れ時
	出勤簿※1	なし	雇入れ時
労働保険関連	保険関係成立届	労働基準監督署	保険関係が成立した日から10日以内
	雇用保険適用事業所設置届	公共職業安定所	適用事業となった日から10日以内
	雇用保険被保険者資格取得届	公共職業安定所	保険関係が成立した日の翌月10日まで
	概算保険料申告書	労働局、労働基準監督署、金融機関のいずれか	保険関係が成立した日から50日以内
社会保険関連	健康保険・厚生年金保険被保険者資格取得届	年金事務所（日本年金機構）	事実発生から5日以内

※1　雇用保険被保険者資格取得届に添付する書面としても必要。

Q （1）雇用契約を締結せずに当法人の業務をお願いし、また、その見返りとして当法人から、交通費の他、謝礼程度の金銭を支給しているスタッフ（有償ボランティア）がいます。このスタッフに対し、少なくとも最低賃金額を支払わなければならないのでしょうか。

（2）大学生のインターンを受け入れることになりました。気をつけるべきポイントを教えてください。

A （1）いわゆる有償ボランティアは、労働基準法等の規制を受ける「労働者」ではないと一般に理解されていますが、「労働者」か否かの境目は非常に微妙であり、注意が必要です。仮に「労働者」と判断される場合は、最低賃金額以上の賃金の支払いが必要になります。

（2）インターンを貴法人の中で「労働者」として扱わないでよいようにしたい場合、その実態が、労働ではなく研修であるようにする必要があります。

1. NPO 法人での働き方

NPO 法人の通常業務への関与の仕方は、

①正規雇用の職員（以下「正規職員」といいます）

②非正規雇用の職員（以下「非正規職員」といいます）

③無償ボランティア

④有償ボランティア

⑤その他（インターンや業務委託等）

の5つに大別できます。

　どのような形でNPO法人の業務に関わるかによって、NPO法人と参加する方の法律関係も異なってきます。そのため、NPO法人と当該NPO法人の業務に参加したいと考えている方の双方の意図・目的をよく確認した上で、双方の納得が得られ、かつ、実態を反映する法律関係を形成することが重要です。

　特に、NPO法人への参加者が、法律上の「労働者」に該当すると労働基準法などが適用されることとなりますので、ここでは各参加形態の法律問題について述べる前提として、まず「労働者」という概念について概観します。

　一般に、「労働者」とは、使用者に使用され、その対価としての賃金を受ける者をいいます[1]。そして、「労働者」に該当するか否かは、以下の①、②のような事情が存在するかといった点から判断されます。

①指揮命令関係が及んでいること（使用従属性の存在）

（a）個別の仕事の諾否の自由の有無

　具体的な仕事を断ることができない（具体的な仕事を断ると制裁が課される）場合には指揮命令関係が及んでいると認められやすくなります。

（b）業務遂行上の指揮監督の有無

　業務内容・遂行方法について具体的な指揮監督を受けている場合には指揮命令関係が及んでいると認められやすくなります。

　　1.　労働契約法第2条第1項、労働基準法第9条

（c）勤務時間・場所の拘束性の有無

　勤務時間や勤務場所について拘束がある場合には、指揮命令関係が及んでいると認められやすくなります。

（d）他人による代替性の有無

　本人に代わって他の者が労務を提供することや補助者を使うことが許容されている場合、指揮命令関係が及んでいないと判断されやすくなります。

②対価としての賃金も支払われていること

　賃金に対価性が認められることが必要なのであって、最低賃金法の定める最低賃金額以上のものである必要はないことに注意が必要です。

　したがって、あるスタッフについて、上記①、②のような事情が存在する場合、当該スタッフは、仮にNPO法人が労働者として扱っていなくても、労働基準法における「労働者」と判断されることになります。

2．各参加形態

（1）職員（正規・非正規）

ア　概要

　ここでは、(i) 正規職員は、株式会社でいうところのフルタイムの正社員、(ii) 非正規職員はいわゆる契約社員、パートタイム、アルバイトなどの非正社員といった程度に考えてください。

　正規・非正規の職員は、一般的に、使用者であるNPO法人の指揮命令を受けて労働し（使用従属性）、労働の対価としての「賃金」を受領する者であることから、労働基準法における「労働者」性が認められ、労働基準法のみならず労働契約法その他の関係する労働関係法規の適用があり、スタッフとの間の

契約に労働関係法規による制限がかかります。具体的には、就業時間（1日、1週間の労働時間の制限等）、賃金（時間外・休日・深夜における労働に対する割増賃金等）、休暇・休日（週休、年休等）、雇用の終了（解雇制限等）等の規制があります。また、雇用形態に応じて、各種社会保険・労働保険の適用もあります。

イ　正規職員と非正規職員の違い

　正規職員と非正規職員は、労基法上の「労働者」にあたるという点では共通しますが、個別・具体的な法規制の適用においては違いが生じます。この点は、一般的な株式会社における正社員・非正社員の違いと同じに考えていただいて結構です。

　なお、非正規雇用といっても様々な雇用形態があり、雇用関係の実態に応じて適用される規制も異なる可能性があることに注意が必要です。労基法以外で特に重要な規制としては、近時の法改正により、1週間の所定労働時間が正規職員の所定労働時間に比べて短い短時間労働者（パートタイマー）に加え、雇用期間が定められている有期雇用労働者についても適用されるようになった、短時間労働者及び有期雇用労働者の雇用管理の改善等に関する法律（以下「パート有期法」といいます）が挙げられます。

ウ　同一労働同一賃金について

　近時、正規職員と非正規職員との間の不合理な待遇差を解消しようとする動きが強まっています。例えば、パート有期法では、有期雇用労働者が適用対象となったほか、非正規職員に「正規職員との待遇差の内容や理由」等について事業主に説明を求める権利が与えられるなど、労働者に対する待遇に関する説明義務も強化されています。また、政府は、「短時間・有期雇用労働者及び派遣労働者に対する不合理な待遇の禁止等に関する指針」を定め、どのような待遇差が、法律上禁止されている「不合理な待遇差」に当たるのかについて、具

体例を公表しています。

（2）ボランティア（無償・有償）

ア　無償ボランティア

　一般的に、ボランティアとは、金銭的な対価や法的義務付けなく、その人の家庭外の者のために提供される仕事を行う人を指すとされています。

　無償ボランティアはこの典型で、NPO 法人の業務に関与するものの、対価の受領がない形態です。なお、交通費等の実費を受け取る場合であっても、基本的には無償ボランティアに属すると考えて良いでしょう。

イ　有償ボランティア

（ア）有償ボランティアとは

　有償ボランティアは、明確な定義はありませんが、NPO 法人に一定の業務を提供し、「対価」として金銭等の給付を受け取るものと考えられています。

　有償ボランティアには、(i) タダで何かをしてもらうことは申し訳ない、優秀な人材を確保したい一方で、資金難であることも多く見られる NPO 法人側の要請と、(ii) ボランティアはしたいけれど自らの能力を提供する以上何らかの対価を受領したい、利益を得ることまでは想定していないもののボランティアの参加によって赤字になることは回避したい、などといったボランティア側の要請とがマッチしたものです。

　有償ボランティアは、使用者による拘束が労働者に対するものより弱く使用従属性が認められないことや、労働と見合った対価である「賃金」の受領まではないなどの理由から、「労働者」ではないと一般に理解されています。なお、有償ボランティアが労働者とは認められない場合、労働者災害補償保険の対象とはならないため、事故が起こった場合でも同保険からの給付を受けることはできず、自身が加入する健康保険等からの受給を検討することになります。

（イ）有償ボランティアの「労働者」性

　もっとも、有償ボランティアについては、対価の受領を伴うことから、実態として「労働者」と異ならないのではないか、労働関係法規の潜脱ではないかとの指摘もあるところです。

　この点は、NPO法人が問題となるスタッフを、労働者ではなく有償ボランティアとして扱ったとしても、有償ボランティアの実態を見たときに「労働者」としての要件を満たす場合は、当該有償ボランティアも「労働者」と判断されます。仮に、有償ボランティアとして扱っていたスタッフが「労働者」であると判断される場合は、当該スタッフに対して労働基準法等の労働関係法規の適用があることになり、NPO法人にも使用者としての各種の義務が生じることになります。

　現状、有償ボランティアが労働者にあたるかといった点が直接争点となった判例・裁判例は見当たりませんが、NPO法人やボランティアへの意識が高まっている昨今の情勢からすれば、今後、有償ボランティアとして参加する方も増えることが予想され、問題化する可能性があります。

　以上を踏まえ、予定される有償ボランティアの実態として、通常の労働者と同視されることのないよう、十分に注意し、ボランティアとしての意義を発揮できるように制度設計することが必要です。また、当該ボランティアの実態に注意を払うこともさることながら、契約書の文言にも注意を払うべきでしょう。例えば、「勤務」「就業時間」「給与」といった労働者性を認めるような記載は避け、「ボランティア活動」「活動時間」「謝礼」などの文言を用いることが考えられます（ただし、あくまでも実態が問題であり、これらの言葉を使えば確実に労働者性を避けられるわけではないことにご注意ください）。

（3）その他の類型について

ア　インターンについて

　インターン（又はインターンシップ）とは、一般的に、「学生が企業等におい
て実習・研修的な就業体験をする制度のこと」を指すとされており[2]、「労働者」
ではないものとして扱われています。ただし、インターンであっても、実態と
して、「労働者」であると評価されるような場合は、「労働者」にあたるとして
労働基準法の適用がなされることになります。

　具体的には、有償ボランティアにおける「労働者」性の検討の場合と同様、
仕事の諾否の自由等の観点から、通常の労働者と同様の指揮命令が及んでおり、
対価としての金銭も支払われているなどの事実があれば、当該インターンも「労
働者」性が認められることになります。なお、政府がまとめた「インターンシッ
プの推進に当たっての基本的考え方」においても、「インターンシップの実施
にあたり、受け入れる企業等と学生の間に使用従属関係等があると認められる
場合など、労働関係法令が適用される場合もあることに留意する必要」がある
とされています。実際、学生にインターンシップをさせていた農業生産法人に
対して労働基準監督署が是正勧告を出した例もあります。

　以上から、インターンの採用にあたっても、有償ボランティアの場合と同様
に、予定されるインターンの実態として、通常の労働者と同視されることのな
いよう、十分に注意し、研修としての意義を発揮できるように制度設計すると
ともに、契約書の文言にも注意することが必要です。

　なお、有償ボランティアの場合と同様、インターンが「労働者」にあたらな
い場合は、労災保険の給付はありません。

イ　その他の契約関係について

　その他の契約関係としては、委託・請負等がよくみられますが、このような
類型については、基本的に契約の定めに応じた権利関係が生じることになりま

2.　文部科学省、厚生労働省、及び経済産業省による平成 9 年（1997 年）9 月 18 日付（平成 26 年（2014
　　年）4 月 8 日一部改正）「インターンシップの推進に当たっての基本的考え方」

す。ただし、実態に応じて、「労働者」性が問題になり得ることは、有償ボランティアやインターンの場合と同じです。また、NPO法人の規模や委託等する業務内容によっては、下請法が問題になり得ます。下請法の適用に関する詳細はQ32をご参照ください。

3. まとめ

Q（1）のケースについては、ご質問の対象であるスタッフは、貴法人に雇用されていないものの、金銭の支払いを受けており、いわゆる有償ボランティアにあたると考えられます。この有償ボランティアの方が担当している仕事の実態が従業員と一切異なることがない（すなわち、使用従属性が認められる）のであれば、労働基準法等における「労働者」として判断される可能性が高いといえます。この点は、このような有償ボランティアの方に対して、最低賃金法を下回る給与の支給しか行っていなかったとしても、「対価」としての支払いがありさえすれば、このスタッフは「労働者」と認められる可能性が大いにあります。そして、「労働者」と認められる場合、貴法人は、右スタッフに対し、最低賃金法が定める最低賃金額以上の賃金の支払いをすることが必要になるとともに、貴法人において、有償ボランティアの業務や待遇をどのように設計すべきかを改めて見直すことが必要になってくるかと思います。

Q（2）のケースについて、採用予定のインターンの実態が「労働者」であると認められる場合、インターンに対しても労働関係法規の適用があることになります。そのため、インターンの採用にあたっては、（i）前提となる貴法人内での制度設計において、あくまで職業体験に留まる形での扱いとするか、（ii）インターンを労働者と同様に扱い、貴法人におけるインターンの待遇を労働関係法規の規制に則った形にするかのいずれかの対応を採ることが必要です。

従業員等の種類	実費以外の金銭の支払いがあるか	労働法上の「労働者」にあたり得るか	備考
正規職員	○	○	いわゆる正社員と類似
非正規職員	○	○	雇用形態の実態に応じ、適用される法律に注意
無償ボランティア	×	×	交通費等の実費を受け取る場合であっても、通常は無償と判断される
有償ボランティア	○	△（契約の定めによる）	
その他（インターンや業務委託等）	△（契約の定めによる）	△（契約の定めによる）	業務委託や請負の場合、下請法が問題になる場合もある

Q ある企業の優秀な従業員の方が、当法人に転職したいと希望しているのですが、退社前に当法人の就業条件などについて説明してもよいでしょうか。引き抜きだと言われて訴えられることはないでしょうか。

A 従業員には転職の自由があり、単に転職を勧誘したことが違法とされることはありませんので、就業条件の説明を行うことは可能です。ただし、例えば、その営業基盤に重大な支障を与える形で競合先から多数の従業員を一斉に引き抜くなど、単なる転職の勧誘を超えて、社会的相当性を逸脱して行われた場合には違法となる場合があることに注意が必要です。

また、転職者から前職における営業秘密の開示を受けるなどすると、NPO 法人が不正競争防止法違反の責任を負う可能性があり、そのようなことが生じないように留意する必要があります。

1．従業員の引き抜きの違法性

（1）転職の自由

　期間の定めのない労働契約においては、従業員には、辞職の自由があり、また新たな就職先との間で雇用契約を締結することも自由です。従業員には、労働関

係上の「職業選択の自由[1]」の一つとして、「転職の自由」が認められています。また、従業員が、在職している会社に対して競業避止義務を負担していない場合、競合する事業を営む企業に転職することも自由であり、このような従業員の転職が違法となることはありません。

　他方、法人等で働いている従業員を他の法人が自社に転職するように働きかける行為も、原則として自由です。この点について、個人の転職の自由という観点を重視し、「企業間における従業員の引抜行為の是非の問題は、個人の転職の自由の保障と企業の利益の保護という二つの要請をいかに調整するかという問題でもあるが、個人の転職の自由は最大限に保障されなければならないから、従業員の引抜行為のうち単なる転職の勧誘に留まるものは違法とはいえ」ないとした裁判例があります[2]。

（2）引き抜きが違法となる場合

　上記（1）のとおり、従業員には転職の自由があり、「単なる転職の勧誘」については、違法とされることはありません。しかし、引き抜きは無制限に許されるものではなく、これが社会的相当性を逸脱して行われた場合には違法として不法行為に基づく損害賠償責任[3]を負う可能性があります[4]。

　どのような場合に社会的相当性を逸脱しているといえるかは、その事案において現れた種々の要素を総合的に考慮して判断されることになります。例えば、引き抜きの対象となった人数の多寡、対象者の前職における地位・役職の重要性、引き抜きから転職までの間の期間、当該引き抜きによる前職の経営への影響、勧誘にあたり前職について経営状態が悪いなどのネガティブな情報を流したか否か、といったことが判断の要素となります。英会話教材の販売会社の取締役が周到な計画のもと24人の営業部員を引き抜き競合会社に移籍させた事案では、引き抜きは社会的相当性を逸脱したものとして、取締役と競合他社について共同不法行

---

1. 憲法第 22 条第 1 項
2. 東京地判平成 3 年 2 月 25 日労判 588 号 74 頁（ラクソン事件）
3. 民法第 709 条
4. 前掲ラクソン事件、大阪地判平成 12 年 9 月 22 日労判 794 号 37 頁（ジャクパコーポレーション事件）、大阪地判平成 14 年 9 月 11 日労判 840 号 62 頁（フレックスジャパン・アドバンテック事件）

為が成立し、損害賠償責任があると判断されています（注2 ラクソン事件）。

　もっとも、裁判で争われた上記の各事案は、いずれも引き抜きの対象者が所属する会社等の元従業員が引き抜きに関与していた事案であり、全くの第三者が勧誘する場合には、社内の事情を知り得ず、また、当該会社との間で何らの法律上の関係もないため、「社会的相当性を逸脱」していると判断される可能性は、限定されているものと思われます。

　質問の事例のように、社員側から NPO 法人に転職したい旨の希望がなされた場合に、NPO 法人側から就業条件等について説明することは、単なる転職の勧誘に過ぎず、違法となることはないものと考えられます。

2．転職の勧誘、中途採用にあたり留意すべき事項

（1）従業員個人が損害賠償責任を負う場合

　従業員を勧誘するにあたっては、転職する従業員個人が在職中の会社から損害賠償請求等がされることがないように留意する必要があります。

①　予告期間に関する違反

　従業員には、転職の自由がありますが、転職の時期については注意が必要です。従業員と在籍中の会社との間の雇用契約が期間の定めのある契約である場合には、期間満了前の退職は原則として「やむを得ない事由」があるときに「直ちに契約の解除をする」ことができるにとどまり[5]、理論的には期間満了前に在職中の会社の同意を得ずに一方的に退職して転職した場合には、雇用契約の債務不履行としてそれにより転職前の会社に生じた損害を賠償する義務を負う可能性があります。また、従業員は退職するためには原則として2週間の予告期間を必要とし[6]、また、就業規則や労働契約により2週間を超える予告期間が合理的な範囲で定められている場合には、確立した見解はないものの、その期間の満了前に退職した場合には、同様に損害賠償義務を負う可能性があります。

5．民法第 628 条
6．同法第 627 条第 1 項

② 競業避止義務に関する違反

　従業員が転職前の会社との間で競業避止に関する合意をしている場合には、当該義務違反により従業員が損害賠償責任を負う可能性があり、NPO 法人への転職が競業避止義務にも違反しないことが必要です。もっとも、競業避止義務は、職業選択の自由を制限するものであることから、退職後の業務の内容、元使用者が競業行為を禁止する必要性、労働者の従前の地位・職務内容、競業行為禁止の期間や地理的範囲、金銭の支払いなど代償措置の有無や内容、義務違反に対して元使用者が取る措置の程度、などを判断材料に、合理的な範囲内でのみ有効性が認められます[7]。

③ 秘密保持義務に関する違反

　従業員が転職前の会社との間で当該会社の秘密について第三者に漏洩しないこと及び自己又は第三者のために使用しないこと等を内容とする秘密保持に関する合意をしている場合には、従業員が、NPO 法人への転職後、当該秘密保持義務に違反して転職前の会社の秘密情報を利用すると、当該義務違反として損害賠償責任を負う可能性があります。

　また、特に秘密保持契約を締結していない場合であっても、転職者が在職していた会社での「営業秘密[8]」を不正の利益を得る目的で使用するなどした場合には、不正競争防止法違反となり、損害賠償義務を負う可能性があります[9]。

（2）NPO 法人が責任を負う場合

　転職者を受け入れる NPO 法人の立場では、転職者が特定の情報を NPO 法人に持ち込むことによって、NPO 法人が不正競争防止法に基づく損害賠償義務を負う可能性があることに注意することが必要です。不正競争防止法では、営業秘

---

7. 奈良地判昭和 45 年 10 月 23 日判時 624 号 78 頁（フォセコ・ジャパン・リミテッド事件）
8. 不正競争防止法の「営業秘密」とは「秘密として管理されている生産方法、販売方法その他の事業活動に有用な技術上又は営業上の情報であって、公然と知られていないもの」とされており、①秘密管理、②有用性、③非公知性の 3 要件を充たす必要があります（不正競争防止法第 2 条第 6 項）。
9. 同法第 2 条第 1 項第 7 号、第 4 条、第 9 条

密について、不正開示行為（不正の競業その他の不正の利益を得る目的又は営業秘密の保有者に損害を加える目的で営業秘密を開示する行為又は秘密を守る法律上の義務に違反して秘密を開示する行為）であること、もしくは不正開示行為が介在したことを知って、もしくは重過失により知らないで営業秘密を取得する行為又はその取得した営業秘密を使用又は開示する行為が禁止されています[10, 11]。

　これによれば、NPO法人が転職者が前職の会社との関係で秘密保持義務を負っていることを知りながら、又は重大な過失によりこれを知らずに、営業秘密の開示を受けた場合には、情報の開示を受けたNPO法人について不正競争防止法違反となり、損害賠償責任を負う可能性があります[12, 13]。

　その他、不正競争防止法上の「不正競争」にあたらない行為であっても、NPO法人が営業秘密を入手した方法、使用した方法等の悪質性によっては、不法行為責任を負う可能性があります。

3. まとめ

　NPO法人として、上記1（2）のとおり、引き抜き行為そのものが不法行為にならないように留意する必要があり、また、当然のことですが、NPO法人としては、転職者から、前職における営業秘密（例えば、顧客データ）の開示を受けたり、当該営業秘密を使用させてはならないのであり、他社の営業秘密を利用することを目的とする採用活動を行わないことが必要です。

　また、転職者が転職前の会社に対する義務違反をしたことによりトラブルに巻き込まれることを避ける必要があり、転職者から、転職前の会社からどのような義務が課されているかの確認を行うことが必要です。具体的には、転職者が前職で負っていた秘密保持義務や競業避止義務の内容を契約書等を提出させて確認することが考えられます。もっとも、それ自体が秘密保持義務違反になる場合や、

---

10. 不正競争防止法第2条第1項第8号
11. その他の営業秘密に関する不正競争の類型については不正競争防止法第2条第4号ないし9号に規定されています。
12. 同法第2条第1項第8号、第4条、第9条
13. そのほか、①差止請求権（同法第3条）、②信用回復措置請求権（同法第14条）の行使をされる恐れがあります。

転職者が契約書等を保有しておらず、義務の有無・内容の確認ができない場合もありますので、「他社の営業秘密を、その承諾なしに自社内に開示あるいは使用させないこと」「自社で就業するにあたり、不都合が生じる競業避止義務がないこと」等を規定した誓約書を転入者から取得することが考えられます[14]。このような誓約書を取得していれば、万一、NPO 法人が転職者から前職における営業秘密の開示を受けてしまった場合であっても、NPO 法人には重過失がなく不正競争防止法上の責任を負わないとの主張の一助となると考えられます。

14. 経済産業省「秘密情報の保護ハンドブック〜企業価値向上に向けて」（平成 28 年 2 月）108-112 頁参照。

38 スタッフの解雇・契約終了

Q 勤務態度が悪く、職員や外部の人からの評判もよくないスタッフがいます。このスタッフにやめてもらいたいのですが、どうしたらよいでしょうか。

A 問題となっているスタッフの法的な立場によって対応が異なるため、まずはどのような立場の方か検討されるのが良いでしょう。立場に応じて、合意又は契約の解除（解雇）による契約の終了によることが考えられます。

1．NPO 法人のスタッフの地位

詳細は、Q36 に委ねますが、NPO 法人の通常業務への関与の仕方は、

①正規雇用の職員（以下「正規職員」といいます）

②非正規雇用の職員（以下「非正規職員」といいます）

③無償ボランティア

④有償ボランティア

⑤その他（インターンや業務委託等）

の 5 つに大別できます。

対象となるスタッフの地位が、法的にどのようなものととらえられるかによって、契約の終了にあたってどのような方法をとるべきかについても異なってきますので、以下、分類の上、紹介いたします。

2．正規職員・非正規職員の場合について

（1）概要

　正規職員及び非正規職員は、一般に、いわゆる労働基準法上の「労働者」に該当するものとされているところ、このような人たちにやめてもらう方法としては、株式会社の従業員に対する対応と同じです。すなわち、①合意退職及び退職勧奨、②解雇、並びに③期間満了による終了（契約の更新拒絶）の3種類が考えられます。

（2）合意退職

　合意退職は、使用者と労働者の合意によって労働関係を終了させる方法です。また、合意解約に至るまでの方法として、会社側が積極的に当該労働者の退職を促すことを特に区別して、退職勧奨といいます。

　合意退職は双方の合意に基づくものであるものの、後になって、元労働者から「事実上は解雇だった（合意を締結するよう強制された）」などと言われ、紛争になる可能性もあるものです。そのため、退職勧奨の進め方には、注意が必要です。例えば、対象となる労働者が退職勧奨に消極的な意思を表明したとしても、直ちに説明や説得を中止しなければならないものではなく、使用者から退職することのメリットを説明することや退職勧奨に応じるか否かについて検討を求めることなどは、その説明や説得が、社会通念上相当と認められる範囲を逸脱した態様でなされたものでない限り、事実上の解雇と判断される可能性は低いものと考えられます。しかしながら、他方で、対象労働者が退職に応じない旨の意思を強く持ち、かつ、その旨を使用者に対して明示しているにもかかわらず、使用者が執拗に退職を要求し、退職しない場合に不当な不利益を課す場合等は、当該労働者の退職につき事実上の解雇と判断されたり、状況によっては不法行為が成立する可能性もあります。

　また、使用者の立場からは、労働者の合意退職にあたり、書面によって合意退職する旨を定めるとともに、検討のための期間を付与し、合意書の作成日、署名

等を従業員に自ら記入してもらうなど、労働者の自由な意思により合意退職したことを記録として残しておくことも必要となります。

　合意退職にあたっては、未払賃金の額及び支払方法、退職金の額及び支払方法、並びに NPO 法人が従業員に貸与していたものなどの NPO 法人への返却方法といった、NPO 法人と従業員との間の権利関係の清算についても明確にしておくことが必要です。

　後述するとおり、一般に有効に解雇することのハードルは高く、また有効に解雇できる場合であっても、解雇が無効として争われることをあらかじめ防止するために、可能な限り、合意退職によることを目指すべきです。

（3）解雇

　一方的な雇用契約の解除となります。解雇が有効とされるためには、解雇に「客観的に合理的な理由」があり、「社会通念上相当である」ことが必要であるとされています[1]。

　具体的には、対象となる従業員が就業規則等に定める解雇事由に該当し、当該従業員を解雇する必要性があること、具体的な労働者の行為に比して、解雇という手段をとることが会社の対応として重過ぎないことが必要となり、そのため、解雇のハードルはかなり高いといわれています。個別の事案によりますが、例えば、単に、従業員の態度が悪く、勤務態度不良なだけでは解雇が有効とされることは難しく、前述の状態が長期間続き、また、繰り返し注意を行ってもなんら改善の兆しがみられないなどの限られた場合に解雇は可能となります。

　解雇にあたっては、原則として、30 日前の解雇予告通知又は予告手当てが必要となります（解雇予告手当）[2]。

　なお、労働者と有期雇用契約を締結している場合、契約期間の途中で解約（解雇）するには「やむを得ない事由」がなければならないと定められています[3]。ここで言う「やむを得ない事由」は、上述した「客観的に合理的な理由」があり「社

---

1. 労働契約法第 16 条
2. 労働基準法第 20 条
　3. 労働契約法第 17 条 1 項

会通念上相当である」場合よりもさらに限定的であると理解されていることに注意が必要です。

（4）期間満了による終了（契約の更新拒絶）

有期雇用契約の場合に検討されるものです。労働者との契約期間が満了し、かつ、雇用契約を更新しない場合は、期間の満了により、当該従業員との雇用契約が解消されることになります。

なお、有期雇用契約であっても、過去に反復して更新が繰り返されたことがあるものであって、契約期間の満了時に当該契約を更新せずに終了させることが、期間の定めのない労働契約を締結している労働者に解雇の意思表示をすることと社会通念上同視できる場合や、期間の定めのある雇用契約が期間の定めのない雇用契約と実質上同視できる場合や実質上同視できない場合であっても、労働者が契約期間の満了時に契約が更新されるものと期待することについて合理的な理由がある場合等には、契約の更新の拒絶は、当該雇用契約の実態に応じて、解雇を行う場合と類似の制限がかかる場合があり、注意が必要です[4]。

2．無償ボランティア・有償ボランティアの場合

（1）無償ボランティア

NPO法人側から金員を支払う必要のあるものではなく、基本的には来てもらわないようにするだけで足ります。ただし、契約の定めがあれば当該契約の定めに従います。また、対象となる無償ボランティアの方にNPO法人の業務に従事してもらうことについて、大学や会社との間での契約などに基づく場合は、別途考慮が必要になるため、当該大学や企業との間の契約についてもあわせて確認することが必要になります。

4．労働契約法第19条参照

（2）有償ボランティア

　一般的に、有償ボランティアは、労働基準法上の「労働者」とは解釈されないと考えられるところ、このような有償ボランティアに対しては、合意による契約解除の他、契約の定めにより、基本的には、①期間の終了を待つ又は②解除・解約事由があれば解除・解約することを検討する必要があります。

　解除・解約事由の有無は、従業員との間で争いになりやすい事項ですので、慎重に検討する必要があります。

3. その他の場合

　その他（インターンや業務委託等）の場合においても、基本的には有償ボランティアの場合と同様、契約の定めに応じて、対処していくことになります。

4. まとめ

　ご質問のケースにおいては、まず、当該スタッフの法的な立場がどのような状態にあるか、という点を確認する必要があります。その際に、合意解約ができればよいですが、合意解約ができないような場合において、当該スタッフが実質的に労働者として判断される恐れがないか、労働者として判断された場合に解雇までできるかなどの検討が必要となります。

従業員等の種類	契約関係終了のオプション		
	合意による終了	一方的解除・解約	期間満了（契約の定めがある場合）
正規職員	◯	解雇（労働契約法第16条）	◯（ただし、労働契約法第19条の制限あり）
非正規職員	◯	解雇（労働契約法第16条、17条1項）	◯（ただし、労働契約法第19条の制限あり）
無償ボランティア	◯	◯（契約の定めがあればそれに従う）	◯
有償ボランティア	◯	◯（契約の定めがあればそれに従う）	◯
その他（インターン等）	◯	◯（契約の定めがあればそれに従う）	◯

Chapter 6

ノウハウや
知的財産を守る

社会を動かす事業を行うためには、自分たちのノウハ
ウやブランド（知的財産権）を他の人に使ってもらう
と同時にそれらを守っていくことも重要です。

Q 知的財産を権利化するにはどのような手続が必要ですか。どのくらいの時間とコストがかかりますか。

A 知的財産を権利化するためには、様々な手続があります。権利の保護対象に応じて、主に特許法、実用新案法、意匠法そして商標法に基づく手続が考えられます。各出願手続の内容や要する時間とコストは異なりますので、以下解説をご参照ください。また、上記保護の対象とはならないノウハウやビジネスモデルそれ自体は、ライセンス契約の締結等により保護することとなります。

1. 特許権

（1）概要

特許法は、発明の保護及び利用を図ることにより、発明を奨励し、産業の発達に寄与することを目的としています。なお、特許権の存続期間は出願日から20年です[1]。

（2）保護の対象

特許法は発明を保護対象としており、発明とは「自然法則を利用した技術的思想の創作のうち高度のもの」と規定されています[2]。特許となる発明は、医薬品、機械、エレクトロニクスなど様々です。特許を受けるには、特許法上の発明に該

---

1. 特許法第 67 条第 1 項
2. 同法第 2 条第 1 項

当する必要があるほか、従来技術と比較して新規性、進歩性等が要件とされます。

（3）手続（出願〜登録）

ア　プロセス

　特許を取得するには、大まかにいうと、特許出願⇒方式審査⇒出願公開⇒出願審査請求⇒実体審査⇒登録といった手続が必要になります。登録により、特許権が発生します。出願の際には、①願書に、②明細書③特許請求の範囲④必要な図面⑤要約書を添付の上、特許庁長官に提出しなければなりません[3]。

イ　出願料・出願審査請求手数料・特許料（2021年2月1日現在）

　出願の際には、出願料を納付しなければなりません。また、実体審査の手続に入るためには、別途、出願審査請求手数料がかかります。さらに、登録時には、特許料（3年分一括納付）を納付しなければなりません。

- 出願料　　　　　14,000円
- 出願審査請求　　138,000円＋（請求項の数×4,000円）
- 特許料（1年目〜3年目）

	基本部分	請求項毎
1年目〜3年目	毎年 2,100円	請求項の数×200円
4年目〜6年目	毎年 6,400円	請求項の数×500円
7年目〜9年目	毎年 19,300円	請求項の数×1,500円
10年目〜25年目	毎年 55,400円	請求項の数×4,300円

ウ 手続期間

　特許出願の場合には、出願から3年以内に出願審査請求をする必要があり、この手続をしなければ特許庁での審査を受けることができません。したがって、特許されるまでの期間は出願審査請求をいつ行うかによります。なお、出願審

査請求から権利化までの期間は、平均で 14.3 ヶ月（2019 年度）となっています[4]。また、特許庁では、発明の技術分野ごとに各審査部に振り分けますので、出願が多い技術分野では審査待ちの日数が長くなる傾向にあります。

（4）NPO 法人との関係

　非営利活動を行う NPO 法人等は、一般的に、研究開発等を行うことは少なく、特許を取得することは少ないと考えられますが、特許権は知的財産権の基本的な権利であり、概要を把握しておいて損はないと考えられます。また、例えば、土壌汚染等の環境問題に取り組む NPO 法人が従来技術に比較して有用な環境技術を開発した場合などは、NPO 法人においても特許出願をすることが望ましいこともあるかもしれません。その場合には、弁理士・弁護士に相談することをお勧めいたします。

2. 実用新案権

（1）概要

　実用新案法は、考案の早期権利化を保護するために、考案の内容に関して実体審査を行わないのが特徴です。なお、実用新案権の存続期間は出願日から 10 年です[5]。

（2）保護の対象

　実用新案法は「物品の形状、構造又は組合せに係る考案[6]」を保護対象としています。「考案」とは、「自然法則を利用した技術的思想の創作[7]」をいいます。実用新案は、手続、コストなどが特許権より簡素なものとなっており、より権利取得が容易となっています。

---

4. 特許庁「特許行政年次報告書 2020 年版」3 頁　https://www.jpo.go.jp/resources/report/nenji/2020/document/index/honpenall.pdf（2021 年 2 月 1 日アクセス）
5. 実用新案法第 15 条
6. 同法第 1 条
7. 同法第 2 条第 1 項

（3）手続（出願〜設定登録）

ア　プロセス

　実用新案権は、出願⇒審査⇒登録といった手続を経て、登録により権利が発生します。実用新案の場合には、審査が基礎的要件・方式審査のみであり実質審査がなく、出願公開や審査請求といったプロセスもないため、特許より簡素な手続となっています。

イ　出願料・登録料（2021 年 2 月 1 日現在）

　出願の際に、出願手数料と登録料（第 1 年分〜第 3 年分までの分）の合算額を納付しなければなりません[8]。

● 出願料　14,000 円

● 登録料

	基本部分	請求項毎
1 年目〜 3 年目	毎年 2,100 円	請求項の数× 100 円
4 年目〜 6 年目	毎年 6,100 円	請求項の数× 300 円
7 年目〜 10 年目	毎年 18,100 円	請求項の数× 900 円

ウ　手続期間

　基礎的要件及び方式要件を満たしている実用新案登録出願は、出願から約 4 ヶ月ほどで設定の登録がされます。設定登録後、約 4 週間で実用新案公報が発行されます[9]。

（4）NPO 法人との関係

　実用新案は、手続やコストが特許権より簡素なものとなっており、より権利取得が容易となっています。また、比較的小規模な研究開発の結果生じた製品などにおいて取得することが多く、多額の研究開発費用を要しないことから、NPO

8.　実用新案法第 32 条第 1 項
9.　発明推進協会『産業財産権標準テキスト（特許編）』186 頁（発明推進協会、2013）

法人においても取得可能性が比較的存する権利ともいえるかもしれません。

3. 意匠権

（1）概要

　意匠法は、新しく創作した意匠の保護と利用を図ることにより、意匠の創作を奨励し、産業の発達を促進しようとするものです。工業上利用できるものが対象となり、量産化されないものは登録されません。なお、意匠権の存続期間は登録日から25年です[10]。

（2）保護の対象

　意匠とは、物品の形状、模様若しくは色彩又はこれらの結合であって、視覚を通じて美感を起こさせるもの[11]をいい、これらが意匠法の保護対象となります。一般的に意匠とは、物品の形状、模様、色彩等に関するデザインをいいます。要するに、発明や考案が、「自然法則を利用した技術的思想の創作」であるのに対し、意匠は「視覚を通じて美感を起こさせる」という観点から創作性を把握するものであり、意匠権は特許権や実用新案権と保護対象が異なります。

（3）手続（出願～設定登録）

ア　プロセス

　意匠権を取得するには、出願⇒審査⇒登録といった手続を経ることになります。審査には、形式審査の他に実質審査があります。意匠権は登録により権利が発生します。出願の際には、①願書に、②図面（図面に代えて、写真、ひな形、見本を提出する場合もあります）を添付の上、特許庁長官に提出しなければなりません[12]。

10. 意匠法第21条第1項
11. 同法第2条第1項
12. 同法第6条第1項、第2項

イ　出願料・登録料（2021 年 2 月 1 日現在）

　意匠出願における出願手数料と登録料は以下のとおりです。最初の 1 年分の登録料は、意匠登録をすべき旨の査定又は審決の謄本の送達があつた日から 30 日以内に納付しなければなりません[13]。

- 出願料　16,000 円

- 登録料[14]

	登録料
1 年目〜 3 年目	毎年 8,500 円
4 年目〜 25 年目	毎年 16,900 円

ウ　手続期間

　意匠登録出願は、特許よりも短期間で結論が出る場合が多く、半年から 1 年程度が目安となります。なお、出願から権利化までの期間は、平均 6.8 ヶ月（2019 年度）となっています[15]。

（4）NPO 法人との関係

　意匠権はデザインの創作を保護するものであることから、NPO 法人においては、権利取得をする機会は多くはないと考えられますが、このような権利が存在することを頭の片隅に入れておいてもよいかもしれません。

4．商標権

（1）概要

　商標法は、商標の使用をする者の業務上の信用の維持を図ることを直接の目的としています。なお、商標権の存続期間は登録日から 10 年です[16]。ただし、10 年を経過した後も、更新することで権利を存続させることができます[17]。一般に、商標の機能は、識別機能、出所表示機能、品質・質保証機能、宣伝広告機能があ

13. 意匠法第 43 条第 1 項
14. 同法第 42 条第 1 項
15. 前掲注 4、20 頁
16. 商標法第 19 条第 1 項
17. 同法第 19 条第 2 項

るとされています。

（2）保護の対象

商標とは、「文字、図形、記号、立体的形状若しくは色彩又はこれらの結合、音その他政令で定めるもの」であって、業として商品又は役務について使用する標章をいいます[18]。商標登録出願においては、商品及び役務の区分を指定して出願しなければなりません。1つの出願で、複数の区分を指定して出願することもできますが、出願に関する費用は区分数に応じて高くなります。

（3）手続（出願～設定登録）

ア　プロセス

商標権を取得するには、出願⇒審査⇒登録といった手続を経ることになります。審査には、方式審査の他に実質審査があります。例えば、普通に用いられる標章や、慣用的な標章は保護されません。商標権は登録により権利が発生します。出願の際には、願書に必要な書面を添付して、特許庁長官に提出しなければなりません[19]。

イ　出願料・登録料（2021 年 2 月 1 日現在）

商標出願における出願手数料と登録料は以下のとおりです。登録料は、商標登録をすべき旨の査定又は審決の謄本の送達があった日から 30 日以内に納付しなければなりません[20]。

- ●出願料　3,400 円＋（区分の数× 8,600 円）
- ●設定登録料

	登録料
一括納付の場合	区分の数× 28,200 円
分割納付の場合	区分の数× 16,400 円× 2 回[21]

18. 商標法第 2 条第 1 項
19. 同法第 5 条第 1 項
20. 同法第 41 条第 1 項

ウ　手続期間

　商標登録出願は、特許よりも短期間で結論が出る場合が多いものの、出願数の増加を原因として近年は審査期間が延びているため、1年程度が目安となります。なお、出願から権利化までの期間は、平均 10.9 ヶ月（2019 年度）となっています[22]。

（4）NPO 法人との関係

　前述のとおり、商標の機能には、識別機能、出所表示機能、品質・質保証機能、宣伝広告機能があるとされており、このような機能は、NPO 法人にも必要・有用と考えられます。例えば、より識別力のあるマークや図形をデザインし、その商標を NPO 法人が提供するサービスを表すものとして利用すること（ホームページやパンフレットに掲載する、ステッカーを作成するなど）が考えられます。商標は NPO 法人の認知度・信用度を高めるうえで有用なツールといえるでしょう。

	特許	実用新案	意匠	商標
保護対象	発明 自然法則を利用した技術的思想の創作のうちの高度なもの	考案 自然法則を利用した技術的思想の創作で物品の形状、構造又は組合せに係るもの	意匠 物品の形状、模様若しくは色彩又はこれらの結合であって、視覚を通じて美感を起こさせるもの	商標 文字、図形、記号、立体的形状若しくは色彩又はこれらの結合、音その他政令で定めるものであって、業として商品又は役務について使用する標章
実体審査	あり	なし	あり	あり
権利存続期間	出願日から20年	出願日から10年	登録日から25年	登録日から10年

---

21. 同法第 41 条の 2。2 回目の支払は、商標権の存続期間の満了から 5 年前以内に納付する必要があります。

22. 前掲注 4、30 頁

5．ノウハウ等

　非常にビジネス的に価値がある知識、情報であっても、前述の権利化をすることができないものがあります。例えば、ノウハウやビジネスモデルなどは、その典型例と言えるでしょう。その場合は、法律に基づき「権利」を実現するのではなく、ライセンス契約等によって対応することがあります。

　なお、一定の要件を満たした場合、不正競争防止法により、保護される場合もあります。

6．著作権〜産業財産権との比較〜

　知的財産権は、主に産業財産権と著作権に分類することができます（その他に半導体集積回路の回路配置に関する法律、種苗法、不正競争防止法で保護される権利・利益もありますがここでは割愛します）。これまで述べてきた特許権、実用新案権、意匠権、商標権は、いずれも産業財産権に含まれます。著作権については Q40 をご参照ください。

　産業財産権と著作権の主な違いを挙げると、以下のとおりになります。

（1）目的・所管

　産業財産権は、新しい技術、新しいデザイン、ネーミングなどについて独占権を与え、模倣防止のために保護し、研究開発へのインセンティブを付与し、取引上の信用を維持することによって、産業の発展を図ることを目的にしています[23]。

　これに対し、著作権は、文化的所産の公正な利用に留意しつつ、著作者等の権利の保護を図り、文化の発展に寄与することを目的としています[24]。

　また、産業財産権は経済産業省の外局である特許庁が所管しているのに対し、著作権は文部科学省の外局である文化庁が所管しています。

---

23. 特許庁「産業財産権について」https://www.jpo.go.jp/system/patent/gaiyo/seidogaiyo/chizai01.html（2021 年 2 月 1 日アクセス）
24. 著作権法第 1 条

（2）保護対象

　産業財産権においては、発明や考案といったアイデアや、意匠といった物品のデザイン、商標として業務上の信用が保護の対象となっています。

　一方で、著作権の保護対象は著作物であり、著作物とは「思想又は感情を創作的に表現したものであって、文芸、学術、美術又は音楽の範囲に属するもの[25]」をいいます。

（3）権利化の手続

　産業財産権（特許権、実用新案権、意匠権、商標権）はこれまで述べてきたとおり、出願、審査、登録といった手続を経て初めて権利が生じます。一方で、著作権は、創作が完成すれば自動的に発生し、原則として著作者の死後 70 年存続します。

Q デザインが得意なアルバイトスタッフに、当法人のイメージキャラクターのデザインを作成してもらいました。デザインは、当法人の名義で公開される予定です。今後このキャラクターのデザインを利用する上で、何に注意すればよいでしょうか。また、ボランティアスタッフにお願いした場合とで違いはありますか。

A 著作権が誰に帰属しているのかを注意する必要があります。著作権法の定める職務著作の要件を満たす場合、NPO法人に著作権が帰属しますが、そうでない場合には、作成者であるアルバイトスタッフに著作権が帰属するため契約による対応が必要です。ボランティアスタッフについては、アルバイトスタッフと同様に考えられることが多いと考えられます。

　当該デザインを作成したアルバイトスタッフが著作者としてデザインの著作権を有しますが、本問の事例では、職務著作の要件を満たす可能性が高いと思われます。職務著作が成立する場合、NPO法人は、デザインをそのパンフレットやホームページに掲載することができます。

　逆に、職務著作の要件が満たされない場合、契約の中で、製作されるキャラクターデザインの著作権をNPO法人に譲渡する、又はNPO法人に使用許諾する旨を定めない限り、NPO法人は、デザインをそのパンフレットやホームページ

に掲載できません。

　イメージキャラクターのデザインを NPO 法人がパンフレットやホームページに掲載するためには、NPO 法人に当該デザインの著作権があるか、著作権を有する第三者から掲載の許諾を得ることが必要です。その解説の前提として、著作物、著作権及び著作者について解説し、その後、職務著作を解説します。

1．著作物、著作者及び著作権とは

　（1）ある表現が著作権の対象となるためには、その表現が著作物であることが必要です。著作物とは、「思想又は感情を創作的に表現したものであって、文芸、学術、美術又は音楽の範囲に属するもの」をいいます[1]。ある表現が著作物にあたるためには、ある表現が個性的、独創的であることまでは必要なく、ある表現に表現者の考えや気持ちが表れていればよいと考えてください。著作物の具体例としては、小説、動画、コンピュータープログラム等があり、多種多様です。

　本問では、デザインの詳細は明らかではありませんが、通常、デザインが表現者の考え等が表現されたものであるため、デザインは、著作物にあたります。

　（2）ある表現が著作物にあたる場合、その著作物を表現した者は、「著作物を創作する者」として、著作者となります[2]。著作者は、創作した著作物に対する著作権を自動的に取得します。

　本問では、デザインを創作したのは、NPO 法人のアルバイトスタッフ及びボランティアスタッフです。したがって、デザインの著作者は、これらのスタッフになります。

　（3）著作者が取得する著作権とは、著作物に対する独占的な権利であり、具体的な内容は以下の表のとおりとなります。ある著作物に著作権が認められる場合、著作者に無断でその著作物をコピーしたり、インターネットに掲載したりするこ

1．著作権法第 2 条第 1 項
2．同法第 2 条第 1 項第 2 号

とは許されません。

権利名	具体例
複製権	コピー、録音、録画する
演奏権・上演権	曲を演奏する、劇を上演する
上映権	映画をモニターで映写する
公衆送信権	著作物をインターネットにアップロードする
口述権	本を朗読する
展示権	絵を展示する
頒布権	映画の複製物を譲渡、貸与する
譲渡権	映画以外の著作物を譲渡する
貸与権	映画以外の著作物を貸与する
翻訳権・翻案権等	著作物を翻訳、翻案等する

　本問では、原則として、デザインの著作権を NPO 法人のアルバイトスタッフ及びボランティアスタッフが持ちます。そのため、これらのスタッフからの著作権の許諾・譲渡や後述する職務著作が成立しない限り、NPO 法人がデザインを自由にそのパンフレットやホームページに掲載することは、これらのスタッフの複製権、公衆送信権を侵害します。

2．職務著作

　（1）ある著作物を創作した者は、原則として、著作者としてその著作物に対する著作権を取得します。ただし、職務著作が成立する場合、ある表現を創作した者を使用する法人等は、創作者に対価等を支払うことなく、自動的に著作者となることができます。

（2）職務著作が成立するためには、①法人等の発意に基づいて②法人等の業務に従事する者が③職務上作成する著作物で④法人等名義で公表される著作物は、⑤契約、就業規則等に特段の定めのないことが必要です。

（3）本問では、アルバイトスタッフ及びボランティアスタッフでは①〜⑤の要件が満たされますので、両者との関係でNPO法人に職務著作が成立します。

①法人等の発意に基づくとは、著作物作成の意思が直接又は間接に使用者の判断にかかっていることをいいます。本問において、デザインは、NPO法人のイメージキャラクターとして作成されたものであり、NPO法人の意思にかかって作成されたものといえます。したがって、デザインは、法人等の発意に基づいて作成されたといえます。

②法人等の業務に従事する者とは、法人等に雇用される者その他法人等の指揮監督の下に著作物の創作に従事している者をいいます。必ずしも法人等との間で雇用関係にある者に限られません。本問では、NPO法人のアルバイトスタッフは、法人の指揮監督のもと、デザインを創作したといえるため、アルバイトスタッフは、法人の業務に従事する者にあたる可能性が高いと言えます。

また、ボランティアスタッフについて検討すると、ボランティアスタッフはNPO法人から金銭等を受け取っていないとしても、法人の指示に基づき、デザインを制作したのですから、ボランティアスタッフも法人の業務に従事する者にあたる可能性が高いといえます。

③職務上作成する著作物であることが必要です。これは、その著作物

の作成が従業者の直接の職務内容としてなされたことを要するとされています。本問では、デザインは、アルバイトスタッフがNPO法人の指示に基づき作成したものですので、デザインは、「職務上作成された著作物」といえます。

④法人等名義で公表されるとは、実際に法人等の名義で公表されたものだけでなく、公表される予定のものも含まれます。本問では、デザインは、NPO法人名義で公表される予定ですから、デザインは、法人等名義で公表されるものといえます。

⑤著作物作成のときに契約等に特段の定めがないことが必要です。本問では、事案の詳細が不明ですが、NPO法人とアルバイトスタッフ及びボランティアスタッフとの間にデザインの著作者をスタッフとする契約等に特段の定めがない限り、NPO法人に職務著作が成立します。

　以上から、アルバイトスタッフ及びボランティアスタッフとの間においてNPO法人に職務著作が成立する可能性が高いと思われます。職務著作が成立する場合、NPO法人は、デザインをそのパンフレットやホームページに掲載することができます。

Q ある団体が、私たちの運営する NPO 法人と似たような名称を使って、似た活動や、募金活動を行っていることがわかりました。私たちの活動と混同されるおそれがあるのでやめさせたいのですが。

A NPO 法人が団体の名称を商標として登録しているかどうかで対応が異なります。商標登録をしている場合には、活動の中止や損害賠償を求めることができる場合があります。商標登録をしていない場合も、同じことができる場合がありますが、法人の名称が世間で非常によく知られている場合などに限定されますので活動自体をやめさせることは難しいかもしれません。

なお、NPO 法人が認定 NPO 法人である場合、他の団体が不正の目的をもって認定 NPO 法人と誤認される名称・商号を使用することは刑事罰の対象になります。

1．商標登録をしている場合

（1）商標権とは？

「コカ・コーラ」や「トヨタ」など、世の中には様々な「ブランド」があります。企業はＣＭ等の宣伝活動を通じて自社のブランドを有名にして、自社の商品やサービスを他社のものから差別化し、有利に販売しようとしています。このような商品・サービスの名称やロゴマークは、商標として特許庁に登録することが

できます。

　NPO 法人の活動であっても、継続して他人のためにサービスを提供している場合には、そのサービスについて商標を登録できる場合があります。例えば、募金活動を行う NPO 法人の中には、指定するサービスの分野を「募金」として、団体の名称・ロゴを商標登録している事例が存在します。

（2）商標権があると何ができるのか？

　登録された商標と同一又は類似の商標を、登録時に指定した商品・サービスと同一又は類似した分野において、他者が無断で使用した場合には、商標権の侵害になります。この場合、商標権者は侵害者に対して、商標の使用の差止めや、侵害を防止する措置、使用によって生じた損害の賠償を請求することが可能です[1]。

　質問の事例について、商標権者である NPO 法人がサービスの分野を「募金」として商標登録をしている場合、当該 NPO 法人は、登録商標と似た名称で募金活動をしている他団体に対して、募金活動の中止、登録商標と類似した名称が記載されたパンフレット等の廃棄、商標使用料相当の損害金等の支払いを請求することができると考えられます。

（3）類似しているかどうかの判断

　他の団体が全く同じ名称で活動をしていることはあまりなく、類似の名称で活動をしている場合が多いと思われます。

　例えば、仮にサービス分野が「募金」として指定された「BLPN」という登録商標が存在したとして、全く関係の無い団体が「BLPN 東京」という名称を使用して募金活動をした場合、登録商標と類似した商標の使用に該当するのでしょうか。

　前述のとおり、商標権は、登録商標と類似する商標にも及びます。そして、商

　　1. 商標法第 36 条、民法第 709 条

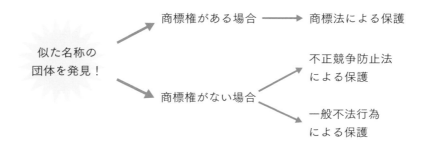

標が類似しているかどうかは、商標の外観、称呼及び観念を総合的に考察し、当該商品・サービスの需要者から見て誤認混同を生じるかどうかという観点から判断されます。

「BLPN」と「BLPN東京」では、BLPNという名称が共通しており、募金や寄付をしようとする人から見ると、上部団体・下部団体といった何らかの関係がありそうな印象を与えてしまいます。したがって、商標が類似していると判断される可能性が高いと考えられます。

2. 商標登録をしていない場合

(1) 不正競争防止法による保護

商標登録をしていない場合であっても、①他人の商品等表示として需要者の間に広く認識されているものと同一若しくは類似の商品等表示を使用等し他人の商品又は営業と混同を生じさせる行為、②自己の商品等表示として他人の著名な商品等表示と同一若しくは類似のものを使用等する行為は、「不正競争行為」として、不正競争防止法上、差止めや損害賠償の対象となる可能性があります[2]。

しかし、上記①の不正競争行為については、「需要者の間に広く認識されていること」「混同のおそれ」を、上記②の不正競争行為については「著名な商品等

表示であること」を、それぞれ請求する側が立証する必要があります。また、損害賠償を求める場合には相手の故意又は過失を請求者側で立証する必要があり、商標登録をしている場合と比較すると、請求者側の負担が重いと言えます。

（2）一般不法行為による保護

「不正競争行為」に該当しない場合であっても、他の団体の名前を騙って寄付を集める詐欺のような行為や、他団体のイメージダウンを図る目的で同一の名称を使用する行為等の極端な場合には、一般不法行為として実際に生じた損害の賠償を請求することも考えられます。

また、他の団体の行為が、詐欺罪[3]や信用毀損罪[4]といった刑事罰の対象となり得る場合には、被害者による刑事告訴が可能です。

3. 認定 NPO 法人の場合

何人も、不正の目的をもって、他の認定 NPO 法人であると誤認されるおそれのある名称又は商号を使用してはならないとされています[5]。

また、これに違反して誤認されるおそれのある名称等を使用した者は、50 万円以下の罰金に処せられます[6]。

したがって、NPO 法人が認定 NPO 法人である場合、誤認されるような名称を使用している他の団体に対して、刑事罰に問われる可能性があることを指摘し、使用の中止を求めることができます。

---

3. 刑法第 246 条第 1 項
4. 同法第 233 条
5. NPO 法第 50 条第 2 項
6. 同法第 78 条第 3 号

42 個人情報の取り扱い

Q 個人の支援者が多数いるので、支援者の皆さんに寄付をお願いしたいと思っています。過去に登録されている支援者のメールアドレスにメールを送ってもよいでしょうか。また、個人情報を取得・管理する際の留意点についても教えてください。

A 支援者がメールアドレスを登録した際に貴団体が明示した目的に寄付の依頼が含まれているかどうかによります。

支援者の個人情報を直接書面又は電磁的方法により取得した場合は、取得する前に当該目的を明示していなければならず、取得前に明示した利用目的に寄付の依頼が含まれていなければ、当該目的を変更しない限り、メールアドレスにメールを送ることは認められません。

ただし、本人から個人情報を書面等により直接取得したわけではない場合(第三者から提供を受けた場合、本人が公開している情報を取得した場合等)は、「寄付の依頼」という利用目的を公表していれば、寄付の依頼メールを送ることが可能です。

1. NPO 法人が扱う個人情報

(1) 個人情報とは

「個人情報」とは、生存する個人に関する情報であって、「当該情報に含まれる

氏名、生年月日その他の記述等により特定の個人を識別することができるもの（他の情報と容易に照合することができ、それにより特定の個人を識別することができることとなるものを含む）[1]」及び「個人識別符号[2] が含まれるもの」[3] をいいます。

　メールアドレスだけでも、名前と所属が分かるものであれば、名前と所属により特定の個人を識別できるので個人情報に該当します。例えば、taro.yamada@blp-network.jp というメールアドレスであれば、「blp-network に所属しているヤマダタロウ氏」というように特定ができるので、個人情報に該当します。また、メールアドレスだけで特定の個人が識別することができなくても、他の情報と照合することで特定の個人が識別できる場合も個人情報に該当することになります。例えば、abc012345@blp-network.jp のように、その文字列からだけでは特定個人の情報であるか否かの区別がつかないメールアドレスであっても他の情報と容易に照合することによって特定の個人を識別できる場合は、個人情報に該当します。

　NPO 法人は、その活動の過程において、以下のような個人情報を取得することが多いと考えられます。

①寄付者に関する個人情報
②ボランティアに関する個人情報
③職員に関する個人情報
④職員の応募者に関する個人情報
⑤イベント・セミナーの参加者に関する個人情報
⑥メルマガ登録者に関する個人情報
⑦運営するプログラムの参加者に関する個人情報
⑧協賛企業の担当者に関する個人情報

（2）個人情報のライフサイクル
　個人情報は、ⅰ取得され、ⅱ管理・加工され、ⅲ利用され、ⅳ処分されるとい

---

1. 個人情報保護法第 2 条第 1 項第 1 号
2. 同法第 2 条第 2 項、同法施行令第 1 条
3. 同法第 2 条第 1 項第 2 号

うライフサイクルを経ます。

個人情報のライフサイクル（②ボランティアに関する個人情報）
　ⅰ ボランティアの希望者がNPO法人のホームページを訪れ、ボランティアの応募フォームから氏名、連絡先等の個人情報を登録する
　ⅱ 団体は登録された情報を出力して一覧表を作成したり、データベースにしたりして管理する
　ⅲ 支援が必要な場合等に団体から当該ボランティアに連絡をとる
　ⅳ ボランティアが登録の抹消を希望した場合には当該個人情報を削除する

　ⅰ～ⅳの各段階で特にどのようなことに留意すべきか、2.以下において説明します。

（3）個人情報保護法の適用

　個人情報保護法の規制対象となる「個人情報取扱事業者」とは、個人情報データベース[4]等を事業活動に利用している者をいいます[5]。ただし、個人情報取扱事業者でない場合であっても、個人情報の不適切な取扱いにより当該個人の権利を侵害した場合には、民事責任に問われる可能性がある点にご留意ください。

---

4. 個人情報保護法第2条第4項、同法施行令第3条、個人情報保護法ガイドライン（通則編）2-4
5. 個人情報保護法第2条第5項

2. 個人情報の取得（ⅰの段階）

（1）分類

ア　直接取得型と間接取得型

　個人情報を取得する際、「本人との間で契約を締結することに伴って契約書その他の書面（電子的方式、磁気的方式その他人の知覚によっては認識することができない方式で作られる記録を含む。以下同じ）に記載された当該本人の個人情報を取得する場合その他本人から直接書面に記載された当該本人の個人情報を取得する場合」（直接取得型）[6]か、そうでない方法で取得する場合（間接取得型）かによって、利用目的を示す方法が異なります。

イ　各情報の傾向

　1に掲げた情報のうち、①〜⑦については、本人がNPO法人のホームページの応募フォームに入力したり、申込用紙に記入したりする方法により個人情報を取得することが多く、基本的に直接取得型に該当することが多いと考えられます。

　他方で、例えば、⑦について、あらかじめ自治体や企業あるいは他のNPO法人等がプログラムの参加者を募り、そこで取得された個人情報の提供を受けるような場合には、直接取得型には該当せず、間接取得型に該当することになります。

（2）直接取得型に該当する場合

　直接取得型に該当する場合、個人情報取扱事業者は、「あらかじめ、本人に対し、その利用目的を明示しなければならない[7]」とされています。

　「利用目的を明示」とは、本人に対し、その利用目的を明確に示すことをいい、事業の性質及び個人情報の取扱状況に応じ、内容が本人に認識される合理的かつ適切な方法による必要があります[8]。

6.　個人情報保護法第18条第2項本文
7.　同法第18条第2項本文
8.　個人情報保護法ガイドライン（通則編）3-2-4

具体的な方法としては、利用目的を明記した契約書その他の書面を相手方である本人に手渡し又は送付することのみならず、本人がアクセスしたNPO法人のウェブ画面上や本人の端末装置上にその利用目的を明記することなどが考えられます。例えば、寄付やボランティア応募のフォームの画面において、利用目的が明記された個人情報規約等を掲載したり、あらかじめホームページに掲載してあるプライバシーポリシーを引用したりする等の対応が考えられます。

（3）間接取得型に該当する場合

間接取得型に該当する場合は、直接取得型と異なり、あらかじめ利用目的を公表しておくか、個人情報の取得後、速やかに、その利用目的を本人に通知し又は公表することで足ります[9]。

「公表」とは、広く一般に自己の意思を知らせること（不特定多数の人々が知ることができるように発表すること）をいいます[10]。具体的には、NPO法人のウェブ画面中のトップページから1回程度の操作で到達できる場所への掲載、NPO法人の事務所内におけるポスター等の掲示、パンフレット等の備置き・配布等が考えられます。また、「本人に通知し」とは、本人に直接知らしめることをいいます[11]。その方法は、事業の性質及び個人情報の取扱状況に応じ、内容が本人に認識される合理的かつ適切な方法によらなければなりません。例えば、ちらし等の文書を直接渡すことや、電子メールで当該目的を記載の上本人に送付することが考えられます。

（4）目的の明示等が必要ない場合

なお、「取得の状況からみて利用目的が明らかであると認められる場合」等には、明示や公表をする必要がありません[12]。例えば、名刺を協賛又は提携企業の担当者から受領する場合（⑧の情報）等は、直接本人から、氏名・所属・肩書・連絡

---

9. 個人情報保護法第18条第1項
10. 個人情報保護法ガイドライン（通則編）2-11
11. 個人情報保護法ガイドライン（通則編）2-10
12. 個人情報保護法第18条第4項第4号

先等の個人情報を取得することになり、直接取得型に該当する可能性が高いと考えられますが、その利用目的が今後の連絡のための場合には、利用目的を示す必要はありません[13]。

3. 個人情報の加工・管理（ⅱの段階）

（1）個人情報の加工・管理に関する注意点

1. で述べたように、取得したデータを、NPO法人内で利用するために、別途エクセルのファイルや紙媒体のリスト等を作成することも少なくないと考えられます。また、元のデータから加工した情報を複数の担当者が持つことも多いため、情報が拡散する危険が高く、また、メールでのやりとりが行われる場合、誤送信等による情報漏えいのリスクも高まります。このように、同一人物の個人情報に関し、複数人が異なる形態で保管する場合には、最も正確な情報はどの情報かを明確にし、個人情報としての正確性を保たなければなりません[14]。

（2）具体的対応

個人情報取扱事業者には、個人情報を安全に管理する責任があります[15]。

個人情報を加工及び管理する過程のリスクを低減するためには、「個人情報」の利用目的、取得経路、NPO法人内での取扱経路（取扱部署）、保管（一時保管も含む）場所、保管形態（電子媒体、紙等）、保管期間、廃棄方法等について明らかにして、保有個人情報管理表を作成してリスト化することなどが考えられます。また、個人情報の流れを把握するには、フローチャートで整理することで、整理がしやすくなります[16]。

4. 個人情報の利用（ⅲの段階）

（1）個人情報の利用の範囲

個人情報取扱事業者は、法令に基づく一定の例外的な場合を除き、あらかじめ

---

13. 個人情報保護法ガイドライン（通則編）3-2-5
14. 個人情報保護法第19条、個人情報保護法ガイドライン（通則編）3-3-1
15. 同法第20条
16. その他の管理方法につき、個人情報保護法ガイドライン（通則編）8「講ずべき安全管理措置の内容」

同意を得ないで、特定された利用目的の達成に必要な範囲を超えて、個人情報を取り扱ってはいけません[17]。

　また、個人データ[18]を第三者に提供する場合にも、原則として、本人の同意が必要となります[19]。加えて、提供の年月日や提供の相手方などの第三者提供に関する事実を記録して、一定期間保存する必要があります[20]。

　ただし、利用目的の達成に必要な範囲内において個人データの取扱いの全部又は一部を委託する場合、合併その他の事由で事業が承継されるのに伴って個人データが承継される場合、又は一定の事項につき本人に通知又は容易に知り得る状態にしたうえで特定の者と共同利用する場合は、「第三者」に提供したことにはあたらず[21]、そのような手続は不要となります。

（2）利用目的の特定

　また、利用目的はできる限り特定されていなければなりません[22]。「事業活動に用いるため」「提供するサービス向上のため」「マーケティング活動に用いるため」などでは、十分特定したことにはなりません。例えば、「○○事業における商品の発送、関連するアフターサービス、新商品・サービスに関する情報のお知らせのために利用いたします」などと、最終的にどのような目的で個人情報を利用するかをできる限り具体的に特定する必要があります[23]。

（3）設例の場合

　設例の場合、「個人の支援者」がたくさんいるということですが、「個人の支援者」の個人情報を取得する際に 2. の分類に従って各手続において示された目的に、「寄付を依頼すること」等と明示されているかどうかにより、個人の支援者に対し、メールで寄付をお願いできるかどうかが変わってきます。

17. 個人情報保護法第 16 条
18. 同法第 2 条第 6 項
19. 同法第 23 条第 1 項
20. 同法第 25 条
21. 同法第 23 条第 5 項
22. 同法第 15 条第 1 項
23. 個人情報保護法ガイドライン（通則編） 3-1-1

もし、寄付の依頼という目的が明示されていない場合には、利用目的の変更が必要になります。

　そして、既存の事業に対する寄付の依頼を行うことが、「変更前の利用目的と関連性を有すると合理的に認められる範囲[24]」であれば、変更された利用目的を本人に通知・公表（「公表」の意味については、2.（3）参照）することで、「個人の支援者」の個人情報を利用して寄付の依頼を行うことも適法になります。

　なお、「変更前の利用目的と関連性を有すると合理的に認められる範囲」については、「変更後の利用目的が変更前の利用目的からみて、社会通念上、本人が通常予期し得る限度と客観的に認められる範囲内」[25]とされております。具体例として、「当社が提供する新商品・サービスに関する情報のお知らせ」という利用目的について、「既存の関連商品・サービスに関する情報のお知らせ」を追加する場合は認められますが[26]、「会員カード等の盗難・不正利用発覚時の連絡のため」という利用目的について、新たに「当社が提供する商品・サービスに関する情報のお知らせ」を行う場合[27]は認められません。

5. 個人情報の処分（ivの段階）

　不要な個人情報を保持していることで個人情報の漏えいのリスク等が高まるため、不要になった個人情報は、最終的には処分すべきです。そのため、個人情報取扱事業者には、個人データの消去の努力義務が課せられております[28]。なお、「個人データの消去」とは、当該個人データを個人データとして使えなくすることであり、当該データを削除することのほか、当該データから特定の個人を識別できないようにすること等を含みます[29]。

　個人情報を処分することは意外と忘れられがちであるため、どの個人情報に関

24. 個人情報保護法第 15 条第 2 項
25. 個人情報保護法ガイドライン（通則編）3-1-2
26.「個人情報の保護に関する法律についてのガイドライン」及び「個人データの漏えい等の事案が発生した場合等の対応について」に関する Q&A　Q2-8
27.「個人情報の保護に関する法律についてのガイドライン」及び「個人データの漏えい等の事案が発生した場合等の対応について」に関する Q&A　Q2-9
28. 個人情報保護法第 19 条
29. 個人情報保護法ガイドライン（通則編）3-3-1

して、誰が、いつ、どのように処分するか等につき整理し、3.（2）に記載のリストに明記し、遵守を図っていくことが望ましいと考えられます。

処分の方法としては、ソフトウェアなどにより不要となった個人データを完全に消去するほか、個人データが記録された媒体をシュレッダー等により、物理的に破壊又は削除すること等が考えられます[30]。

6. 個人情報の管理体制を整備していくにあたって

個人情報保護委員会のホームページ[31] が大変参考になります。

ここでは、様々なガイドライン等を確認することができますので、個人情報の管理体制を整備していく際、まずは「個人情報保護法ガイドライン（通則編）」を確認した後、必要に応じて、それぞれ自分のNPO法人の事業の分野のガイドラインを確認するようにしましょう。他にも、このホームページ上では、AIを利用したチャットボット[32] が利用でき、個人情報保護に関する簡単な相談ができます。

ガイドライン等を確認した後は、プライバシーポリシーや内部規則・マニュアルの制定、個人情報の管理責任者の選任など、実際の管理体制の整備に移ります（プライバシーポリシーの詳細につき、本書コラム「プライバシーポリシーってなんだろう？」ご参照）。

また、ISO認証やプライバシーマークの取得も、個人情報保護の有効な手段です。

これらを利用して、個人情報を適切に活用し、リスクを最小限にしていきましょう。

30. 個人情報保護法ガイドライン（通則編）8-5
31. https://www.ppc.go.jp/personalinfo/legal/（2022年1月7日アクセス）
32. https://2020chat.ppc.go.jp/（2022年1月7日アクセス）

Q NPO 法人で運営しているプロジェクトにおいて協力を得ている提携企業から、プロジェクトで得られたデータを分析したいので提供してほしいと頼まれました。そのデータの中にはプロジェクトの参加者に関する個人情報が含まれているのですが、提携企業に提供することはできるのでしょうか。

A プロジェクトの参加申込書などで予め本人の同意を得れば提供することができます。また、提携企業との間で個人情報を共同利用すること等について、予め本人に通知又は公表していれば提供が認められる可能性があります。さらに、個人を識別できない匿名加工情報に加工することによっても、本人の同意を得ずに提携企業への提供を行うことが可能になります。

1．個人データの第三者提供

（1）個人データの第三者に対する提供が認められる場合

　個人情報保護法は、個人データの第三者に対する提供が認められる場合として、以下のアからエの場合を規定しています。

　　ア　本人の同意がある場合[1]

イ　法令に基づく場合等 [2]

　法令に基づく場合、生命・身体の保護などの必要があって本人の同意を得ることが困難である場合、国や地方公共団体等の事務の遂行に支障がある場合です。

ウ　オプトアウトによる場合 [3]

　要配慮個人情報を除く個人データについて、オプトアウトの手続（本人の求めにより第三者提供を停止する手続）を取ることとして、個人情報保護委員会への届出、本人への事前の通知等の必要な要件を充足している場合です。

エ　「第三者」にあたらない場合 [4]

　以下のそれぞれの場合、「第三者」に対する個人データの提供にはあたらず、本人の事前の同意を得ることなく提供が認められます。

　①委託先への提供

　②合併等に伴う提供

　③共同利用（共同利用する個人データの項目、共同利用する者の範囲、利用目的、個人データの管理責任者をあらかじめ本人に通知又は容易に知りうる状態に置いている場合）

（2）第三者提供に際しての記録の作成・保存義務

　個人データを第三者に提供する場合、個人情報の提供元には、当該個人データを提供した年月日、提供先の氏名・名称、本人の氏名等の記録を作成し、一定期間保存するという保存義務が課されます [5]。

　但し、上記（1）のイの場合（法令に基づく場合等）、及び、エの場合（「第三者」にあたらない場合）は、このような記録の作成義務は課されません [6]。

2.　個人情報保護法第 23 条第 1 項第 1 号乃至第 4 号
3.　同法第 23 条第 2 項
4.　同法第 23 条第 5 項第 1 号乃至第 3 号
5.　同法第 25 条第 1 項、同法施行規則第 12 条、第 13 条、第 14 条
6.　同法第 25 条第 1 項但書

（3）設例の場合

　設例の場合も、プロジェクトの参加申込書などで予め本人の同意を得れば、提携企業への個人データの提供は認められます。この場合は、記録の作成・保存義務が課されるので留意が必要です。

　また、個人データの提供先は、NPO 法人がプロジェクトで提携している企業ということですので、予め、プロジェクトの参加申込書などで、当該提携企業にプロジェクトで取得した個人データを提供する旨、提供する個人データの項目、提携企業名、利用目的、管理責任者を記載して本人に通知することにより、上記エ③の「共同利用」として、本人の同意なく個人データの提供が認められる場合があると考えられます。この場合は、記録の作成・保存義務は課されません。

参加申込書の記載例

【本人の同意を得る場合】

私は、貴法人が、本プロジェクトにおける貴法人の提携先である A 社に対して、貴法人が取得した私の個人情報を提供することに同意します。

【第三者提供の場合】

当法人は、以下の範囲内で、参加者から取得した個人データを、本プロジェクトにおいて提携している A 社と共同して利用いたします。

（1）共同して利用される個人データの項目

　　　参加者の氏名、住所、生年月日

（2）共同して利用する者の範囲

　　　A 社

（3）共同して利用する者の目的

　　　本プロジェクトの効果の分析のため

（4）当該個人データの管理について責任を有する者の名称

　　　当法人

２．匿名加工情報

（1）匿名加工情報とは

匿名加工情報とは、特定の個人を識別することができないように個人情報を加工して得られる個人に関する情報であって、当該個人情報を復元することができないようにしたものをいいます[7]。

個人データの第三者への提供は、上記１で述べたとおり、本人の同意がある場合などの一定の場合に限定されます。しかし、膨大な数の個人情報を有する事業者が、第三者提供のために全ての個人の同意を得ていては事業のニーズに対応できません。そこで、個人情報保護法は、特定の個人を識別することができないように個人情報を加工した情報については、個人の権利利益侵害の恐れがないことから、一定の条件の下で、本人の同意を得ることなく自由な流通や利活用を認めています。

（2）匿名加工情報の作成・加工において要求される基準

匿名加工情報は、①特定の個人を識別することができないように個人情報を加工して得られる個人に関する情報であって、②当該個人情報を復元することができないようにしたものをいいます。したがって、匿名加工情報を作成するときには、特定の個人を識別すること、及び、その作成に用いられる個人情報を復元することができないように、当該個人情報を加工する必要があります[8]。

例えば、住所、氏名、生年月日が含まれる個人情報であれば、以下のような加工をすることが考えられます。

i　氏名の削除

ii　住所の削除、または、「●県在住」への置き換え

iii　生年月日の削除、または、月と日にちを削除して生年への置き換え

7.　個人情報保護法第 2 条第 9 項
8.　同法第 36 条第 1 項

（3）作成及び第三者提供の際の公表等

　匿名加工情報を作成したときは、遅滞なく、インターネットなどの適切な方法により、当該匿名加工情報に含まれる個人に関する情報の項目を公表しなければなりません[9]。また、作成した匿名加工情報を第三者に提供するときも、予め、インターネットなどの適切な方法により、当該匿名加工情報に含まれる個人に関する情報の項目及びその提供の方法について公表しなければなりません[10]。公表の方法としては、NPO法人のプライバシーポリシーに記載することが考えられます。また、匿名加工情報の提供を受ける第三者にも個人情報保護法に基づき一定の義務が課されるため[11]、第三者に提供する際には、当該第三者に対して、提供される情報が匿名加工情報であることを明示しなければなりません[12]。

（4）加工に関する情報の漏洩防止措置

　匿名加工情報を作成したときは、その作成に用いた個人情報から削除した記述や加工方法の情報の漏洩を防止するために、安全管理措置を講じなければなりません[13]。これらの加工に関する情報が判明すれば、作成の元となった個人情報の復元が容易になってしまうからです。具体的には、情報の取扱責任者を定める、取り扱いに関する規程類を整備する、第三者への漏洩を防止する措置を講ずるなどの必要があります[14]。

（5）識別行為の禁止

　匿名加工情報を作成した場合、作成の元となった個人情報を特定するために、匿名加工情報を他の情報と照合してはなりません[15]。例えば、匿名加工情報を作成の元となった個人情報と照合する行為がこれにあたります。匿名加工情報は、特定の個人が識別されないことを理由として情報の自由な流通と利活用を認める

9.　個人情報保護法第36条第3項
10. 同法第36条第4項
11. 同法第37条乃至第39条
12. 同法第36条第4項
13. 同法第36条第2項
14. 同法施行規則第20条
15. 同法第36条第5項

ものですので、匿名加工情報を作成した後に、本人を識別する行為は禁止されています。

（6）安全管理措置（努力義務）

　匿名加工情報を作成したときは、当該匿名加工情報の安全管理措置や、苦情の処理に必要な措置を講じ、かつ、当該措置の内容を公表するよう努めなければなりません[16]。苦情の処理に必要な措置としては、苦情窓口を設置することが、措置内容の公表方法としては、プライバシーポリシーに記載することが、それぞれ考えられます。

　上記(3)では、加工に関する情報の安全管理措置について説明しましたが、ここでの安全管理措置は、匿名加工情報自体についての措置です。もっとも、匿名加工情報は、個人情報と異なり、漏洩や不正提供があったとしても直ちに個人の権利利益が侵害されるものではないため、匿名加工情報の安全管理措置は努力義務とされています。

（7）設例の場合

　設例においては、例えば、NPO法人が実施したプログラムの参加者に対して実施したアンケート結果を提供する際に、参加者の氏名、住所、生年月日等を復元できない形で加工した情報が、匿名加工情報に該当すると考えられ、本人の同意なく、第三者に提供することが認められます。但し、このような匿名加工情報を作成し第三者に提供する場合は、上記（2）から（6）で述べた義務を遵守する必要があるので留意が必要です。

Q 十分注意をしていたのに、個人情報が漏えいして
しまいました。どう対処すべきでしょうか。

A 被害の回復・拡大防止を最優先事項とし、必要な判断・対応
を迅速かつ適切に行う必要があります。具体的な対応として
は、①漏えいの原因・範囲など事実関係の把握を行うととも
に、②原状回復・被害拡大防止措置の実施、③本人への通知、
④公表、⑤主務大臣への報告、⑥被害者対応、⑦詳細調査、
⑧責任追及、⑨再発防止策の策定・実施などが重要となりま
す。

1. はじめに

　多くの人々の信頼から成り立っている NPO 法人にとって、管理している個人
情報が漏えいすることは、多くの方に多大な迷惑・損害を与えてしまうだけでな
く、信用・評判の低下に直結するため、団体の存続に関わる重大な「危機」とい
えます。従って、以下のような必要な判断と措置を迅速かつ適切に行っていく必
要があります[1]。

2. 事実関係の把握

　個人情報が漏えいした場合又は漏えいした疑いがある場合、まず重要なことは、
漏えいの事実又はその疑いについて迅速に事実関係を調査し把握することです。
実際に個人情報が漏えいしていた場合には、（後述するように）その被害の回復や

---

1. 個人情報保護委員会も「個人データの漏えい等の事案が発生した場合等の対応について」と題
する告示（平成 29 年個人情報保護委員会告示第 1 号）において、個人情報の漏えいが発生し
た場合の望ましい対応について定めていますので、ご参照ください。

拡大の防止、本人への通知や公表、再発防止策や関係者の責任追及など様々な対応を検討することになりますが、その検討にあたっては、前提となる事実関係を正確に把握している必要があります。この段階での事実認識を誤ると、その後の判断・対応に悪い影響を及ぼすことがあります。

　具体的には、以下のような項目について調査します。初期段階では全容の把握が困難な場合が少なくありませんが、その場合でも、把握できる限界と把握できない理由を認識しておくことが重要です。

①漏えい（又はその疑い）が発覚した端緒（外部通報、内部告発、内部調査、名簿の持込みなど）
②実際に漏えいしたのかどうか、その疑いにとどまるのか（どの程度の可能性があるのか）
③漏えいした（又はその疑いのある）個人情報の内容・件数・規模
④漏えいした個人情報がどの範囲まで拡散しているか、さらに拡散する可能性があるか
⑤漏えいの原因（当方の落ち度、悪意者の関与、人的ミス、ウイルスなど）
⑥漏えいしてからどのくらいの時間が経過しているか
⑦被害回復・再発防止の可能性

　なお、この段階では、漏えいが法人内外に広く知れ渡っていないため、人数を限定し徹底した情報管理の下で、迅速に調査を行う必要があります。組織の中の誰又はどの部署が調査を行うかも事前に決めておくと良いでしょう。

3. 原状回復・被害拡大防止措置の実施

　漏えいが発覚した場合には、可能な限り、漏えいした個人情報の回収とさらなる拡散・流通の防止に努める必要があります。具体的には、事案に応じ、紛失し

た資料の捜索、漏えい先への回収依頼、ウェブサイト掲載情報の削除要請などを迅速に実施します。コピーが可能であることから一度漏えいした情報を全て回収することは事実上困難であり、また、漏えいの事実を告げることで悪意者による拡散・流通が逆に促されてしまうというリスクもあり得ますが、だからといって「全く何もしない」のではなく、できることを適切・迅速に行うことが重要です。

4. 本人への通知

　漏えい又はその疑いが発覚した場合、本人に通知することは、早急に本人に事実関係や謝意を伝え誠意を示すという意味があるのはもちろんですが、本人に不正利用などの可能性を認識し警戒してもらうことで二次被害を防止するためにも重要です。「本人に伝えたらクレームを受けるかもしれない」という躊躇はあり得ません。また、「まだ流出の可能性があるだけだから」という理由で通知をしないという判断も適切ではありません。

　通知する内容としては、その時点で把握している事実関係、謝意、二次被害への注意喚起、今後の対応方針（連絡窓口の設置なども含みます）などを検討しますが、この時点で断定できる事実はなるべく明確に、まだ流動的で確定できない事実はそのことが分かるように（つまり、今後変更の可能性があることも示唆して）、記載することが重要です。

5. 公表

　本人への通知だけでは全ての被害者（又は被害を受けた可能性のある方）に連絡が行き届かない可能性がある場合、本人への通知に加えて、ウェブサイトへの掲載や記者発表・新聞等の媒体への掲載などを行うかどうかを検討します。

　本人への通知と異なり、広範囲に事態が知れわたることになるため躊躇しがちですが、二次被害の防止という目的に加え、類似事案の発生を回避したり、NPO 法人として真摯に対応していることをアピールし周囲に安心感を与えたり

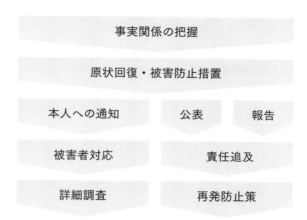

するメリットも考えられます。他方で、公表後は多くの問い合わせが予想されるため、そのための対応部署を設け想定Ｑ＆Ａを用意するなどの体制整備をあらかじめ行っておくことが重要になります。

6. 個人情報保護委員会への報告

「個人データの漏えい等の事案が発生した場合等の対応について」と題する告示[2]は、個人データ等の漏えいがあった場合、個人情報保護委員会に対し、事実関係及び再発防止策等を速やかに報告するよう努めなければならないと定めています。同告示の定めは、あくまで努力義務であり、法的義務ではありません。また、①実質的に個人データ等が外部に漏えいしていないと判断される場合（例えば、漏えいした個人データについて高度な暗号化による秘匿措置がなされている場合）、又は、②メールや FAX 等の誤送信等のうち軽微な場合（例えば、メールの宛名及び送信者名以外に個人データが含まれていない場合）は、報告を要しないとされています。

なお、特定個人情報（マイナンバー）の漏えいについては、「事業者における特

定個人情報の漏えい事案等が発生した場合の対応について」と題する告示[3]におい て、個人データの漏えい事案の場合と同様に報告は原則として努力義務とされ ていますが、重大事態に該当する事案またはそのおそれのある事案が発覚した場 合は、直ちに個人情報保護委員会に報告することが法的に義務付けられています。 したがって、特定個人情報を含む漏えい事案では、留意が必要となります。

7. 被害者対応

　個人情報漏えいによって被害を被った方への対応も迅速かつ適切に行う必要が あります。誠実に謝罪することのほか、経済的・精神的被害が生じている場合に は賠償を行うことも検討します。この対応を誤ると、必要以上の責任を負ってし まったり、クレームに発展したりすることもありますので、必要に応じて弁護士 に相談しながら、慎重に進める必要があります。

　なお、最近は、漏えいした又は漏えいした可能性のある方に対して一律に金券 などを交付することが少なくありませんが、被害感情の緩和・信頼回復などのメ リットが期待できるものの、その方法やタイミング、金額設定などを誤るとさら なるクレームを誘発するリスクもあるため、同様に慎重な対応が必要です。

8. 詳細調査

　初動的な対応がある程度完了したタイミングで、事故の原因の究明、責任の所 在確認、関係者の処分、再発防止策の検討・実行などを行うために必要な詳細調 査を行います。事案によっては、社内調査委員会を設けたり、弁護士やコンサル タントなどの外部専門家を起用したりすることも検討します。また、被害の程度 や世間に与えたインパクトなどを考慮し、調査結果を公表することも検討します。

9. 責任追及

　漏えいに関する責任の所在を明らかにし、然るべき経済的補填などを行うため、

漏えいの原因となった又は漏えいに関与した関係者に対して、必要に応じて責任追及を行います。

漏えい事故の帰責原因が NPO 法人の従業員にある場合、当人に対する損害賠償請求のほか就業規則に基づく処分も検討することになります。NPO 法人の役員（理事・監事）の場合には、就業規則の適用がありませんが、降格や任意の報酬返上などを求めることもあり得ます。

外部委託先のミスや外部からの不正アクセスなど漏えいの原因が外部の者にある場合、同人に対する損害賠償請求や差止めの請求などを検討します。外部委託先の場合には契約の解除も可能となる場合があり得ます。

また、漏えい行為が、データベース等不正提供罪（個人情報保護法 84 条）に該当する場合や、不正競争防止法や不正アクセス禁止法などの法律に違反する場合には、刑事事件として警察への告訴も検討することになります。

10. 再発防止策の実施

事故の全容が明らかになったところで、同じ事故が二度と生じないように、再発防止策を策定し、それを直ちに実施することが重要です。

例えば、情報管理について職員の責任と権限を明確に定め、情報管理に対する規程や手順書などを整備運用し、その実施状況を確認する、適切な監督者や監督の体制を定め、個人情報取扱規程など諸規程を整備する、個々の職員との秘密保持契約の締結や個人情報管理に関する教育・訓練等を行う、個人情報を金庫など安全な方法で管理したり、入退館（室）を管理したりする、システムへのアクセス制御、不正ソフトウェア対策、情報システムの監視などを行うなどがあります。

また、起こってしまった事故の反省を活かし、万が一、同じような事故が生じた場合にはより迅速かつ適切な対応ができるように、緊急時の体制や行動フロー、連絡網など危機管理計画（コンティンジェンシー・プラン）として策定するとともに、これらに基づいた訓練を繰り返し実施することも重要となります。

11. おわりに

　NPO法人では、十分な研修を経ていないボランティアに依存していたり、私用のパソコンの使用を容認していたり、人材不足で管理体制が十分に整備されていなかったりなど、個人情報の漏えいリスクが相対的に高まっている場合があります。個人情報漏えいのリスクをもう一度洗い直し、できる限り、漏えい事故が起こらない環境を整備することが必要です。

　そして、万が一、個人情報の漏えいを行ってしまった場合、そのような「危機的」局面においても、事態から目を背けず、適切な判断と行動を行うことが重要です。そのためにも、日頃から十分な準備と訓練を行うことが必要であり、また、もし自分のミスで漏えいが起こっても、それを隠そうとせず迅速かつ適切に行動する意識を、組織内で醸成することが重要です。

Chapter 7

トラブルに
対処する

事業を行っていれば、ときにトラブルが生じたり紛争
になってしまったりすることもあります。そんなもし
もの場合は、どのように対応すれば良いでしょうか。

Q NPO法人の創業者兼理事であるメンバー3名の間で新規事業への進出を巡って対立が起きてしまいました。私は新規事業への進出に反対ですが、賛成派の理事が反対の意見を無視して強引に理事会で決議をしてしまいました。今後どのように対応するのがよいでしょうか。

A 定款で現在の団体の意思決定の仕組みを確認し、意思決定のルールに従った解決を目指しましょう。
意思決定の手続等に問題がある場合、意思決定をした機関（社員総会又は理事会）の決議の効力を争うことも考えられます。

　ここでは次のような状況を想定します。創業者兼理事であるメンバー3名の間で起きた対立は、現状の定款の範囲内ではあるもののこれまで取り組んでいなかった新規事業への進出の是非を巡るものだとします。メンバーの1人であるあなたは新規事業に反対ですが、他の2人は賛成しています。このNPO法人では新規事業への進出は理事会で決定する事項となっていますが、あなたを含めた3人の他に、まだ争いについて知らない2人の理事（合計5人の理事）がいるとします。どう対処すべきか、以下説明していきます。

1．意思決定の仕組みの確認

　まず、最新の定款を確認して、あなたの団体の意思決定の仕組みがどうなって

いるかを確認することが重要です。

　先ほど「このNPO法人では新規事業への進出は理事会で決定する事項となってい」る、と仮定しましたが、NPO法人において社員総会又は理事会のそれぞれが何の事項について意思決定をする権限を有しているかは、NPO法に反しない限りにおいて各法人の定款により定めることができますので、NPO法と定款を見て確認する必要があります。

　仮に、インターネット上で一般に入手できる定款のひな形をほぼそのまま利用したような場合、今回問題とされている新規事業への進出について、定款上、明確に社員総会又は理事会のどちらが決定するか書かれていないケースが多いと思われます。その上、社員総会の決議事項として、「その他運営に関する重要事項」が挙げられ、他方で、理事会の決議事項として、「その他総会の決議を要しない業務の執行に関する事項」等が挙げられているケースも多くみられ、このような場合、定款を見ても、新規事業への進出が、社員総会又は理事会どちらの権限かすぐには分かりません。

　したがって、上記のような場合には、定款上、新規事業への進出が総会又は理事会のどちらの権限とされているのかを解釈する必要がありますが、その際には、定款の文言だけを見るのではなく、新規事業の内容、当該法人への財務上・事業上のインパクトの大きさ、及び重要な事項について過去に意思決定をした際の状況（例えば、過去に社員総会又は理事会のどちらが、どのような事項について決議したか）等、あなたの団体に関する様々な事情を考慮して判断することが必要になります。なお、新規事業が定款で定めた目的・事業の範囲外のものである場合には定款変更を伴うため、社員総会での決議が必須です。

　また、新規事業への進出の可否の議論を行う前提として、法人内で新規事業への進出の可否を決定する機関はどこなのかについて、他の理事メンバーとの間で共通の理解を持つことが重要だと思います。まずはこの点の議論から始めてはいかがでしょうか。なお、この段階で意見が割れるようであれば、法的な紛争とし

て根が深く、弁護士等の法律の専門家に相談した方が良いと思います。

　以下の説明では、定款を確認した結果、新規事業への進出は理事会の権限で決定できることが明らかになった場合を前提とします。

2．新規事業進出についての理事会での審議

（1）審議のプロセス

　定款上、新規事業への進出が理事会の決議事項となっているのであれば、定款に定めた理事会の開催方法を守った上で、理事会の決議によることとなります。なお、NPO法には、「理事会」についての規定はありませんので、理事会の開催方法等の理事会に関するルールは、基本的には、定款に書かれていることが全てとなります。そして、定款上は、「理事会の議事は、理事総数の過半数をもって決する」となっている例が多くみられ、各理事の決議は、創業者であるか外部アドバイザーとして就任した理事であるかを問わず、理事会においては皆同じ1票を持つことになります。したがって、新規事業への進出の適否について理事会で決定する場合は、あなたの団体の全ての理事に、理事会での審議に参加してもらうことが、法的にも、また、団体としての適切な意思決定のあり方という観点からも望ましいでしょう（そのため、逆を言えば、このような意思決定に関する議論への関与を望まない方に理事をお願いするべきではありません）。

（2）理事会での審議の方法に問題がある場合

　まず、訴訟を提起するよりも、話し合いや交渉等により創業者兼理事の3名の間での対立の解消を図っていくべきです。訴訟等を提起してしまえば対立が一層激化し、後に関係を修復するということはかなり困難になってしまうからです。

　話し合い等によっても創業者兼理事の3名の間での対立が解消せず、理事会決議が手続上不備のある形で強行された場合には、法的手続の可能性を検討することになります。このとき理事会決議の方法に問題がある又は決議自体が存在し

理事 A　　理事 B　　　　　　　理事 C

取り得る手段① 理事会での審議（話し合い）

取り得る手段② 理事会決議の無効確認訴訟

理事会決議

無効確認

ない等として決議の有効性を争う場合には、決議の無効や不存在を確認する訴え
を起こすことが考えられます。具体的には、理事会が物理的に開催されていない
ケースや、実際に理事会が開催されたものの、あなただけが理事会の開催を知ら
されずに理事会に出席できなかったケースが挙げられます。

　既に説明した通り、NPO 法には、理事会に関する規定がなく、したがって、
理事会の決議についての無効・不存在確認の訴えについての規定はありません。
しかしながら、理事会の決議についての無効・不存在確認の訴えについて定めの
ない別の法人（NPO 法人以外の法人）の理事会の決議の無効確認訴訟が可能とさ

れた例も存在することから（私立学校における理事会の決議[1]のように、理事会決議の無効・不存在確認の訴えについて法律上の規定がない団体の意思決定も無効確認訴訟が可能とされた例があります）、明文の規定がなくても、NPO 法人の理事会決議について、その無効・不存在確認の訴えが可能であると考えられます。

（3）訴訟の提起が認められるか

　このように、制度上、無効・不存在確認の訴えが提起できる場合であっても、無効・不存在確認の訴えは、いわゆる「確認の訴え」という類型に属し、一般に、判決をもって法律関係等の存否を確定（確認）することがその法律関係等に関する紛争を解決し、当事者の法律上の地位ないし利益が害される危険を取り除くために必要、適切である場合に限り、訴えを起こすことが認められるものとされています（このように、具体的なケースにおいて、訴えを起こすことが紛争解決のために必要かつ適切であることを「訴えの利益がある」といいます）。なお、その訴えが裁判所によって理由があると認められるか（例えば、当該理事会の決議が「無効」と判断されるか）はまた別の問題です。

　NPO 法人の意思決定機関である理事会の決議は、法人の対内及び対外関係における種々の法律関係の基礎をなすものであると考えられます。新規事業への進出に関する決議については、その規模次第では、当該決議に基づいて行われる新規事業から派生する法律関係について、連鎖的に紛争が生じることが想定されますので、決議を行った理事会の決議自体の効力を確定することが、紛争の抜本的解決のために適切かつ有効であることもあり得ます。

　したがって、新規事業への進出に関する理事会決議に対する無効・不存在確認の訴えについて、訴えの利益が認められ、訴訟の提起が可能なケースもあると考えられます。

　訴えの利益が認められる場合には、裁判所において、理事会の決議の存否や有効性について審理されることとなります。

　　1．最判昭和 47 年 11 月 9 日民集 26 巻 9 号 1513 頁

プライバシーポリシーってなんだろう？

　突然ですが、読者の皆さんは、「プライバシーポリシーってなんだろう」、「ウェブサイトの規約などで見かけるなぁ」、「自分たちも準備した方がいいのかな」、などと感じたことはありませんでしょうか。

　プライバシーポリシーは、個人情報の取扱い方針のことですが、実は、プライバシーポリシーについて、日本では、法律上の定義も、これを定める義務もありません。

　ですが、準備しておけばいろいろと便利なものです。特に、プライバシーポリシーのなかには法的に重要な意味をもつ項目もあります。そこで、プライバシーポリシーに書いておいた方がよい項目や留意点をご紹介します。

　なお、以下の説明は、NPO が個人情報の取扱事業者にあたることを前提とし、個人情報により特定される個人を「本人」といいます。

1．個人情報の利用目的

　何に使われるかわからないと、安心して個人情報を提供できません。そのため、個人情報保護の中心的なルールとして、個人情報を何のために利用するのかを、あらかじめ明らかにしておくか、そうでない場合は、個人情報の取得後速やかに、「その利用目的を、本人に通知し、又は公表」（個人情報保護法第 18 条第 1 項）する必要があります。

　この目的は、できる限り特定する必要があります（個人情報保護法第 15 条第 1 項）。あいまいな目的では、やはり何に使われるかわかりませんし、本人にとって予想外の使われ方をするおそれもあります。ですので、NPO としては、活動内容に合わせて、想定される利用目的を、なるべく具体的

にプライバシーポリシーに盛り込んでおきます。具体的には、「ボランティアやアンケートのお願い」、「寄附の依頼」、「サービスやイベントの案内」などでしょうか。

このようにプライバシーポリシーにおいて個人情報の利用目的を記載し、ホームページにおいて1回程度の操作で到達できる場所へ掲載（よくトップページの一番下にプライバシーポリシーへのリンクが掲載されていますね。）しておくことで「あらかじめその利用目的を公表」したことになり、本人への個人情報の利用目的の通知は不要になります。

また、イベントや寄付等の申込フォームにおいて個人情報を取得する場合には、「あらかじめ、本人に対し、その利用目的を明示」しなければなりませんが（同法第18条第2項）、プライバシーポリシーを定め、そのリンクをフォーム内に掲載することで「明示」したことになります。

つまり、プライバシーポリシーに適切に個人情報の利用目的を記載し、リンクを適切に記載することで、一定の場合に本人への個人情報の利用目的の通知が不要になったり、利用目的を明示する際にも、リンクを記載するだけで足りる等のメリットがあります。

2．共同利用

最近は、コンソーシアム形式等、複数のNPOが連携して活動することもあるかと思います。このような場合、情報共有の一環として、個人情報の共有を図りたいところです。一方、このような情報共有は、本人からすると、誰が自身の個人情報を保有しているのか不明になり、不安になります。

そのため、共同利用する旨及び対象となる個人情報、共同利用者の範囲などを定め、あらかじめ、本人に通知し、又は本人が容易に知り得る状態に置いておく必要があります（個人情報保護法第23条第5項第3号）。そこで、プライバシーポリシーにおいてこれらの内容を記載し、ホームページにお

いて、本人が分かりやすい場所（例：ホームページのトップページから1回程度の操作で到達できる場所等）に継続的に掲載することで、「本人が容易に知り得る状態」に置いたという義務を果たしたことになり、個人情報の共同利用が可能になります。

3．連絡先

本人は、法律上、NPO に対して、自身の情報の開示・訂正・利用停止等の請求、苦情の申し出などすることが認められております。

そのため、個人情報に関する問い合わせ窓口と、これらの請求の手続きについて定めておきます。法律上は、「手続を定めることができる」としか定められておらず（個人情報保護法第32条）、問い合わせ窓口と、これらの請求の手続きについて定めておくことは、団体の義務ではありません。しかし、このような窓口を定めることは、団体が行うべき「安全管理措置」（個人情報保護法20条）や、努力義務である苦情の処理体制の整備（個人情報保護法35条）として有効です。

4．外国の規制対応

NPO が日本国外でサービス提供する場合、外国の個人情報保護に関する規制への対応が必要になります。例えば、Q34 でも紹介した EU の GDPR では、プライバシーポリシーに記載すべき事項が定められておりますので、これに沿って作成する必要があります。

国際的企業のプライバシーポリシーには、このような規制に対応したものがあり、非常に参考になります。ただし、実際にこのようなプライバシーポリシーを作成する際には、外国の法制度の専門家に相談して対応するのが無難です。

5．クッキー等の取得について

　最近は、ウェブサイトの訪問者のクッキー等を取得して、寄付者やボランティアの募集等に活用することもあるかと思います。そして、そのことについてプライバシーポリシーに定めているNPOも少なくありません。2021年6月現在は、個人情報保護法上、クッキー等のみでは個人を特定することが困難であることから、「個人情報」には該当しませんので、当該記載はNPOが自主的に掲載していることになります。

　しかし、2022年4月1日から、改正個人情報保護法によりこれらのデータも「個人関連情報」として規制の対象となる予定です。特に、提供先において個人を特定できる場合には本人の同意が必要になります。これらについてプライバシーポリシーを定めている場合には変更等が必要ないか確認をしましょう。

6．その他

　NPO内部での個人情報保護の具体的な取り組みなどを記載すると、本人は安心できます。

　どこまで具体的に書くかはNPOの活動内容にもよりますが、

・個人情報保護の責任者の明示

・情報セキュリティ対策

・プライバシーマークなどの外部認証の取得

などが挙げられます。

Q 当法人の職員が万引きで警察に逮捕されたとの連絡が入りました。当法人も責任を負うことになりますか。また、どのように対処すればよいでしょうか。

A NPO 法人自体は、その職員等の私生活上の行為については基本的には法的責任を負いませんが、その場合であっても法人のレピュテーション（社会的な信用）などが問題になり得ます。また、当該職員等の処遇も含め、適切に対処することが必要となります。

1. 職員等の私生活上の行為と団体の責任

　NPO 法人の職員やその他のスタッフ（以下「職員等」といいます）が第三者に損害をもたらした場合、NPO 法人が責任を負うか否かは、それが NPO 法人の業務に従事している中で行われたものなのか、それとも私生活上のものとして行われたものなのか、という点に応じて異なりますので、まずはこの点を検討するのが良いでしょう。

（1）業務上の行為による場合

　問題となる行為が、職員等の業務上の行為によって行われた場合、NPO 法人は当該職員等の使用者としての責任を負うことがあります。具体的には、当該職員等の業務上の行為が違法なものとされ、これによって第三者に損害が生じた場合、当該職員等を「使用」していた NPO 法人は、原則として、当該職員等と

315

連帯して責任を負うことになります（使用者責任、民法第 715 条第 1 項本文）。なお、業務上の行為か否かについて、NPO 法人の業務上の行為とは考えていなかった場合でも、NPO 法人の名称や NPO 法人の職員等であることが記載された名刺を利用等したときは、行為の性質にもよりますが、NPO 法人が使用者責任を負うおそれがある点に注意が必要です。

（2）私生活上の行為による場合

　他方で、問題となる行為が職員等の私生活上の行為である場合については、NPO 法人は基本的には法的責任を負いません。ただし、下記に述べるとおり、そのような職員等を雇用していたことなどを理由に NPO 法人の評判に悪影響が及ぶなど事実上の責任を負うことが考えられます。

2．事実上のリスク

（1）NPO 法人にもたらしうる影響

　職員等が起こした行為について、例えば、それが刑事罰に至るような重大なものである場合、マスコミによる報道やインターネット上での掲示板等で批判がなされる可能性があり、その結果、報道や社会的な批判の矛先が NPO 法人に向かう可能性があります。特に、当該職員等が行った行為が、NPO 法人の理念に反するような場合（例：女性や子どもの人権の保護を目的とする NPO 法人の職員等による痴漢行為）、NPO 法人の信用に致命的な影響を与えかねません。NPO 法人は、公益的な活動を行う団体であることから、信用の失墜は、NPO 法人の活動継続自体を不可能にするおそれがあり、特に注意が必要です。

（2）対応方法

　では、実際に、職員等の私生活上の不祥事が起こってしまった場合には、どのように対処すべきでしょうか。一般的には、以下の対応が考えられます。

ア　事実確認

　NPO法人が内部・外部における対応を行うにあたっては、できる限り正確な事実の把握が重要となってきます。

　具体的には、いつ、どこで、誰に（何に）対して、当該職員等がどのような行動をし、それによってどのような被害が生じたのか、を確認することが必要です。なお、NPO法人としては、下記の対応や後に当該職員等や被害者、その他関係者とNPO法人との間での紛争や責任問題が生じる可能性があることから、関係する資料や下記の対応を行ったことに関する記録を整理し、また、必要に応じて文書化するなどして情報を整理・保存しておくことが重要です。

イ　外部対応

　外部対応としては、NPO法人への直接の問い合わせや事件の規模によっては報道への対応が必要となります。また、刑事事件であれば、警察や被害者への対応も必要となる可能性があります。

（ア）問い合わせや報道等への対応

　NPO法人への直接問い合わせや報道への対応については、団体内部でもどのように対応するかを意思統一すること、また、事実確認のできていないことを推測で外部に発信しないことなどが重要となってきます。不用意な発言や対応は、NPO法人に対するさらなる批判を招きかねませんので、これらを避けるよう注意が必要です。また、当該職員等についての情報を安易に開示することは、当該職員等のプライバシーや名誉の観点から問題があり、注意が必要です。

（イ）警察等の捜査機関への対応

　当該職員等を雇用していたということになると、警察等から参考人として、NPO法人の他の職員等が事情を聞かれることもあり得ます。事件の内容によっては、あらかじめ情報を整理しておくことも有用です。

NPO の責任は？

業務上の不祥事の場合
➡ 使用者として法的責任を負う
　 可能性あり

私生活上の不祥事の場合
➡ 法的責任は原則負わないが、
　 信用失墜など事実上のリスクあり

私生活上の不祥事への対応方法は？

内部・外部への対応
➡ 事実の確認、資料の整理、
　 問い合わせ等への対応、
　 捜査機関対応、被害者対応

問題を起こした職員等への対応
➡ 事実上の指導のほか、
　 懲戒権の行使も可能な場合あり

（ウ）被害者への対応

　被害者からNPO法人に対しクレームが来ることも予想されます。この場合は、基本的には（ア）と同様の対応が求められますが、被害者の方との間に不要なトラブルを生じさせないよう、より慎重な対応が求められます。

　さらに、NPO法人としては、当該職員等に対する処分を検討する必要があり、こちらについては以下（3）で詳述します。

（3）問題を起こした職員等への対応

　問題を起こした職員等に対する対応はどのようなものが考えられるでしょうか。

　仮に、当該職員等がNPO法人の業務に従事している中でこのような問題を起こした場合、NPO法人としては、この職員等が起こした問題や態様の程度に応じて、事実上の指導から、懲戒権の行使まで様々な対応を行うことが考えられます。

　では、NPO法人は、問題行為を起こした職員等に対して、この問題行為が私

生活上の行為であっても、各種の懲戒処分を行うことができるのでしょうか。というのも、本来使用者の有する懲戒権は、職場における秩序の維持や回復を目的とするものであり、他方で、私生活上の行為は、一見すると使用者の懲戒権の対象から外れるもの、すなわち懲戒権の対象外ではないかとも考えられるからです。

しかしながら、この点については、営利企業についてですが、判例・裁判例において、職場外の従業員等の行為であっても、企業秩序維持のために懲戒の対象とすることは許されるものと考えられています[1]。これは、当該職員等の私生活上の行為であっても、企業の社会的評価が毀損される場合や事業活動に支障を来すことが想定されるからです。そして、NPO法人の活動について見ても、社会的評価の維持は、NPO法人の存立ないし事業の運営に当然不可欠であるため、上記の判例の理屈は同様に当てはまるものと考えられます。

したがって、問題となる職員等の私生活上の行為が、職員等が所属するNPO法人の評判や秩序維持に影響を及ぼす場合には、NPO法人は事実上の指導のみならず、懲戒権を行使するという対応をとることが可能になるものと考えられます。なお、懲戒権を行使する場合には、就業規則上の根拠が必要となるため、あらかじめ法人の秩序に悪影響を及ぼす私生活上の行為についても懲戒権の対象となるよう定めておくことが必要となります。また、懲戒権の行使にあたっては、当該懲戒権行使が、合理的な必要性をもち、当該職員等に対する処分の内容として相当かということを検討する必要があり、例えば、多数ある懲戒処分の中でどのような処分を採るべきかについては慎重な検討が必要です。この点は、判例・裁判例でも多く争われており、例えば、当該事案において住居侵入罪として処罰されたことが懲戒解雇事由にあたらないとされた事案[2]やわいせつ図画公然陳列罪等で罰金に処せられた従業員に対する懲戒解雇が無効とされた事案[3]等も存在します。

1. 最判昭和49年3月15日判時733号23頁
2. 最判昭和45年7月28日判時603号95頁
3. 大津地判平成25年3月5日公刊物未登載

3. まとめ

　ご質問のケースについては、まずは何が起こったのか、関係者から話を聴取するなどして事実を確認されるのがよいでしょう。その上で、又は事実確認と並行して、外部・内部における対応方針を決定し、それぞれ適切に対応していくこと、特に貴法人に二次的な被害が生じないよう、また、被害が生じてしまった場合はこれが拡大しないよう対応することが重要です。

　さらに、後に当該職員等や被害者、その他関係者との間での紛争や責任問題が生じる可能性があるため、関連する記録を整理・保存しておくことが重要です。

Q インターネットの掲示板で、当 NPO 法人を名指しで「慈善事業を行っているように見せかけているが、実態は、善良な人達を騙して金を巻き上げている」などと当団体への誹謗中傷の書込みがされています。どのように対処すればよいですか。

 実際に書込みを行った者、掲示板を管理している者に対して、記載の削除・訂正を求める請求と損害賠償請求をするといった対応が考えられます。

1. はじめに

インターネット上では、思いもよらぬことから誹謗中傷がなされることがあります。すなわち、NPO 法人の外部・内部において目立ったトラブルがない場合であっても、NPO 法人の信用にかかわる誹謗中傷がなされる可能性は否定できません。NPO 法人が活動していくためには、信用やイメージが非常に重要であり、このような誹謗中傷がなされた場合、被害の拡大の防止と信用の回復を図るための早急な対応が必要となります。

本稿では、インターネット上で、NPO 法人に対する誹謗中傷の書込みがなされてしまった場合に、NPO 法人がどのような対応をすればよいかについて説明します。

2．誹謗中傷の書込みを見つけた場合

（1）事実確認

　書込みの存在を知った NPO 法人としては、まずは、どのような書込みがどこでなされているかを確認するなど、事実を把握する必要があります。具体的には、問題となっている書込みが表示されている URL、URL 内での該当部分、書込みの日時、及び書込みを行った主体等の把握が必要となります。

　加えて、今後の対応に備え、当該書込みのスクリーンショット（URL と書込み内容全体が確認できるスクリーンショット）を保存するなど、証拠化を行うこともあわせて必要となります。

（2）法的に問題となる書込みとは

ア　概要

　わが国の法制度の下において、事実を摘示することや意見を述べること自体は、個々人の表現の自由として許されているため、ある団体や個人に向けて行われた批判的な書込みの全てが法的に許されなくなるものではありません。

　では、法的に問題になる書込みとはどのようなものでしょうか。

　この点について、大きくは、①名誉を毀損するもの、②プライバシーを侵害するもの、及び③個人の名誉感情等の人格権を侵害するものに分かれます。本稿では、ご質問に直接関係する NPO 法人の名誉を毀損する書込みに絞って議論を進めたいと思います。

イ　名誉毀損の構造

（ア）民事及び刑事における名誉毀損

　名誉毀損は、民事・刑事の両方で問題になる行為です。しかしながら、どのような行為が名誉毀損にあたるかを定めている刑法[1]と異なり、民法やその他の私法にはそのような定めがありません。もっとも、名誉毀損によって、民事

　　　1．刑法第 230 条第 1 項、刑法 230 条の 2 参照

上不法行為が成立する場合と、刑法上名誉毀損罪が成立する場合とは、概ね重なり合うものと考えられるため、以下では刑法上の要件を中心に説明いたします。

（イ）名誉毀損にあたる行為

　一般的に、名誉を毀損する行為は、「公然と事実を摘示し、人の名誉を毀損」する行為であるとされています[2]。具体的には（a）「不特定多数が知り得る状況（人づてに名誉毀損行為の内容が広まる可能性がある場合も含まれます）」（公然性）において、（b）「具体的な事実を示して」（事実の摘示）、（c）法人を含む他人（人の）の社会的評価を低下させる行為（名誉を毀損）を指します。

　インターネット上の掲示板において、NPO 法人について具体的な事実を摘示して行う誹謗中傷の書込みは、不特定多数人がアクセスできる状況下（また、一般的に、このような書込みを見た人から拡散する可能性も高いといえます）での書込みであって（a）「公然」と行われるものといえます。加えて、具体的な事実を摘示して NPO 法人に対して行われる誹謗中傷であることから（b）「事実を摘示し」、（c）「人の名誉を毀損」するものといえます。

（ウ）名誉毀損が成立しない場合

　なお、形式的には名誉を毀損する書込みであっても、例えば、報道機関による犯罪の発生を伝える報道等、「公共の利害に関する事実」について、「その目的が専ら公益を図ることにあったと認める場合」において、報道された事実の内容が、真実であるか「真実であると誤信し、その誤信したことについて、確実な資料、根拠に照らし相当の理由があるときは」名誉毀損の罪は成立しないものとされています[3]。

　民法には上記のような明文の例外的な定めはありませんが、同様の事情が存在する場合には、形式的には名誉を毀損する行為があったとしても不法行為が

2.　刑法第 230 条第 1 項参照
3.　同法第 230 条の 2、最大判昭和 44 年 6 月 25 日判時 559 号 25 頁参照

成立しないものとされています[4]。

　実際の名誉毀損に関する法的手続では、しばしばこの点からの反論がなされ、争点となることが多く見られます。

（3）とるべき対応の種類

　では、NPO 法人の信用を毀損するような違法な誹謗中傷の書込みがなされた場合、NPO 法人としてはどのような対応を取るべきでしょうか。

　大きくは、実際に書込みを行った者に対して行う請求又は書込みが行われた掲示板を管理している者に対して行う請求の 2 つが考えられます。

　実際に書込みを行った者に対しては、①書込みの削除・訂正（以下「削除等」といいます）や謝罪広告を求める、②損害賠償請求[5]を行う、といった直接的な請求の他、③刑事事件として立件されるように警察等に働きかけることが考えられます。他方で、掲示板を管理している者に対しても、①削除等を求めること、②損害賠償請求を行うこと、が考えられます。

　さらに、これらの方法に加え、④ NPO 法人から積極的に情報を発信することも考えられます。

　以下では、これらの方法について、実際に書込みを行った者に対する請求、掲示板の管理者に対する請求の順に説明します。

（4）実際に書込みを行った者に対する請求

ア　書込みを行った者の特定

　　上述のとおり、実際に書込みを行った者に対しては、①削除等を求める、②損害賠償請求を行うことが考えられますが、書込みを行った者が誰であるかわからない場合が往々にしてあります。そのような場合は、掲示板の管理者（コンテンツプロバイダ）や書込みを行った者が利用した通信会社等（経由プロバイダ）に対し、発信者情報の開示請求を行うことが考えられます[6]。

---

4. 最判昭和 41 年 6 月 23 日判時 453 号 29 頁参照
5. 民法第 709 条
6. 特定電気通信役務提供者の損害賠償責任の制限及び発信者情報の開示に関する法律（以下「プロバイダ責任制限法」といいます）第 4 条第 1 項

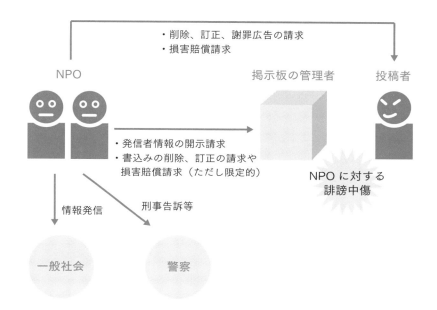

　かかる請求を行うにあたっては、一般的には、まず、コンテンツプロバイダ
に対する発信者情報の開示請求を行い、書込みを行った者の IP アドレスや書
込みの日時等の情報を取得した上で、これらの情報を利用し、書込みを行った
者の経由プロバイダをつきとめることが必要となります。さらに、経由プロバ
イダに対して書込みを行った者の氏名等の開示を請求し、書込みを行った者を
特定するといった手順を踏むことが、書込みを行った者を特定するための方法
として考えられます。

　なお、プロバイダ（特に経由プロバイダ）が発信者を特定するために必要な通
信ログを保存している期間は３ヶ月から６ヶ月程度と短いことが多く、通信
ログが消去されると書込みを行った者の特定が著しく困難又は不可能となるた
め、問題となる書込みを発見した場合には早期に手続に着手するとともに、発

信者情報の開示請求を行うにあたっては、種々の仮処分手続を並行して利用することも必要になります。

　以上の手続により書込みを行った者を特定した場合（又は、実名での投稿等のケースで初めから特定している場合）、NPO 法人としては、以下述べる通り削除等を求めることや損害賠償請求を行っていくことになります。

イ　削除等や謝罪広告による解決

（ア）任意の対応

　書込みを行った者において書込みの削除等が可能な場合、損害賠償請求とあわせて、又はこれに代えて、当該書込みを行った者に対して書込みの削除等を求めることが考えられます。

　書込みを行った者が任意に対応する見込みが低い場合や匿名掲示板等で書込みを行った者が自らこれを削除することができない場合には、書込みの削除等を実現するためには、裁判手続を利用する必要があります。

（イ）裁判による削除等や謝罪広告掲載の請求が認められる場合

　裁判による削除等や謝罪広告掲載の請求は、違法な名誉毀損があったという点のみでは必ずしも認められず、名誉毀損の態様や削除が容易であるか否かといった諸要素を考慮し、個別の事案ごとの解決が図られることになるものと考えられます。

　例えば、市議会議員が市議会での一般質問の内容及びこれに基づく議員の見解を広報誌及びウェブサイトに掲載した記事が、当該訴訟における原告の社会的評価を低下させるものと判断された事例において、裁判所が、謝罪広告の掲載及びウェブサイトからの記載の削除等の請求を認めた、という事例があります[7]。

　また、社会的評価を低下させる言動がなされたというものではありませんが、

閲覧謄写許可申請事件の結果入手した取締役会議事録等を自己の運営するウェブサイトにおいて掲載し、会社が損害賠償のみならず差止めの請求を求めた事案において、裁判所は、この取締役会議事録等の掲載・公開が、当該会社の信用を毀損するものであることは認めつつも、文書の公開の差止請求については、会社が被った損害について「金銭に換算することができ、その換算の結果等の事情に鑑みれば、……事後の金銭賠償によっても回復し得る程度のものであると認められ、その性質上、これを差し止めなければ事後の金銭賠償によっては回復が不可能、著しく困難になる程度の重大な損害を被るおそれがあるとは認め難い」として、「人格権としての名誉、情報プライバシーが毀損されたことに基づいて……差止めを求めることはできない」と判断した事案もあります[8]。

　書き込まれた情報は、そのままにしておくと人の手によって拡散し、さらに被害が拡大する性質をもっているため、NPO法人としてはなるべく早期に削除等を実現する必要があります。この点、通常の訴訟手続によっては、相応の時間がかかってしまいかねないため、より迅速な手続である民事保全法上の仮処分手続を利用することも解決方法の一つとして検討すべきであると言えます。

　なお、書込みの削除を求める仮処分手続は、後述の通り、掲示板の管理者を相手方として申し立てることができますので、書込みを行った者を特定するための仮処分手続と同時に申し立てることを検討すると良いでしょう。

ウ　金銭的な解決（損害賠償請求）

　ある者が行った書込みが名誉を毀損する違法なものと認められ、かつ、これによってNPO法人に損害が発生した場合には、当該書込みを行った者に対して、NPO法人が被った被害の損害賠償請求を行うことが考えられます。

　書込みを行った者が任意に損害賠償請求に応じることは少なく、訴訟提起が必要になるケースが多い印象です。

エ　刑事事件としての立件を求めること

　民事上の責任追及に加え、名誉を毀損する行為は刑罰の対象となるものです[9]。そのため、書込みの態様等にもよりますが、名誉を毀損する書込みが行われた場合は、刑事告訴を行うことも手段の一つとしては考えられます[10]。この場合においては、警察や検察で詳細に事情を聞かれることが予想されますので、NPO法人において、あらかじめどのような書込みがなされたかなどの事実関係や書込みに関する資料を整理しておくとスムーズでしょう。

（5）掲示板の管理者に対する請求

　以上は、実際に誹謗中傷の書き込みを行った者に対する請求ですが、NPO法人は掲示板の管理者に対しても、一定の請求を行うことができます。具体的には、書込みを行った者に対して行う請求と同様、削除の請求や損害賠償請求を行うことが考えられます。

　ただし、掲示板管理者は、実際に書込みを行った者とは異なる立場に置かれていることに注意が必要です。すなわち、掲示板管理者は違法な書込みがなされた掲示板を管理していたにすぎず、自ら進んで被害者の権利侵害を行ったわけではないため、当該書込みが不法に人の名誉を棄損するものか否かについての判断が難しい場合が多いものと考えられます。加えて、掲示板管理者は、不用意に掲示板への書込みの削除に応じてしまうと、今度は書き込んだ者から責任追及をされる恐れも存在する状況にもあり、悩ましい立場にいることも事実です。すなわち、違法な書込みの一次的な責任は当該書込みを行った者が負い、掲示板管理者の責任はあくまで二次的なものと位置づけられるものといえます。法律上も、プロバイダ責任制限法がそのような立場にいる管理者の法的責任について、当該管理者を「特定電気通信役務提供者[11]」と位置付け、当該管理者の法律関係を調整しています。

9.　刑法第230条
10.　刑事訴訟法第241条第1項
11.　プロバイダ責任制限法第2条第3号

ア　削除による解決

（ア）請求の方法

削除の請求は、それぞれのホームページに掲載されている連絡先窓口を通じての連絡やプロバイダ責任制限法ガイドライン等検討協議会による「プロバイダ責任制限法名誉毀損・プライバシー関係ガイドライン」に従った削除の請求といった任意の請求の他、裁判による請求が考えられます。

任意の請求については、早急かつ比較的容易にアプローチすることができる方法ではありますが、必ずしも削除に応じてもらえるとは限らないという問題があります。裁判による請求については、裁判所によって請求が認められれば、強制力をもって実現できるという点で、実効性が高いものといえます。

なお、任意の請求・裁判による請求いずれの場合であっても、請求を受けた掲示板管理者等のコンテンツプロバイダは、書込みを行った者に対して削除請求があった旨とその内容を明らかにしたうえで削除に応じることの可否等についての意見照会をするのが通常です[12]。従いまして、コンテンツプロバイダに対して削除請求をする場合には、削除請求をしている事実が書込みを行った者に知られることによる影響を慎重に考慮する必要があります。

（イ）裁判（仮処分手続）による請求

掲示板管理者に対して書込みの削除を求める裁判手続としては、通常の訴訟による方法と民事保全法に基づく仮処分手続による方法がありますが、通常の訴訟手続では判決言渡までに長期間を要してしまい、その間に書込みによる損害が拡大してしまう可能性が高いため、仮処分手続を選択するのが一般的です。

近年、インターネット上の書込みの削除をはじめとするインターネット関係の仮処分手続の申立件数は大幅に増加しており、これに伴って裁判所における手続も効率化・迅速化が図られています。通常の訴訟と比較すると、迅速に裁判所の判断が示されることが期待できることから、インターネット上の誹謗中

---

12. プロバイダ責任制限法 3 条 2 項 2 号参照。なお、匿名掲示板など、コンテンツプロバイダが書込みを行った者の連絡先を全く把握していない場合には意見照会はなされない。

傷を解決する手段として積極的に利用されています。

イ　金銭的な解決（損害賠償請求）

　名誉毀損等に該当する書込みがなされ、掲示板管理者がこれを放置していた場合であっても、掲示板管理者は、実際に書き込んだ者と異なり、原則として責任を負わないとされています。例外的に、①書込みの削除等が技術的に可能な場合であって、かつ、掲示板管理者が②（i）当該書込みによって、他人の権利が侵害されていることを知っていたとき、又は（ii）当該書込みを知っており、これにより他人の権利が侵害されていることを知ることができたと認めるに足りる相当の理由があるときに限って当該書込みを放置したことについての責任を負うものとされており[13]、掲示板管理者の責任はかなり限定されています。すなわち、掲示板管理者に対する損害賠償請求は、直接書込みを行った者に対する請求の場合と比べて、損害賠償請求が認められるためのハードルが高いといえます。

　なお、仮に、掲示板管理者が該当する書込みを削除した場合、反対に、掲示板管理者が書込みを行った者に対して損害賠償責任を負う可能性が生じることになります。すなわち、掲示板管理者は、自らが行った書込みの削除が、名誉毀損等を防ぐために必要な限度において行われたものであって、かつ、他人の権利が侵害されていると信じるに足りる相当の理由があったときなどに限って、損害賠償責任を負わないとされており[14]、同条第1項の規定（すなわち、書込みを削除しなかった場合）と比較して、責任を負うか否かの判断につき原則と例外が逆転した形になっています。

（6）積極的に情報を発信すること

　誹謗中傷の書込みが真実と異なる場合等、NPO法人としても何かしら言い分がある場合、上記の措置に加え、NPO法人自身のホームページなどを用い、当

13. プロバイダ責任制限法第3条第1項
14. 同法第3条第2項

該書込みが真実と異なるなどの情報を積極的に発信することも考えられます。ただ、対応の仕方によっては、さらなる批判・誹謗中傷を招きかねません。そのため、積極的な情報発信を行う場合は、どのような情報を、いつ、どのような形で発信するかを慎重に検討することが必要でしょう。

3. まとめ

　インターネット上において、貴法人に対する誹謗中傷の書込みがなされていることを見つけた場合には、まずは事実を把握するとともに、書込みに関する情報を整理することが重要です。

　その上で、誹謗中傷の書込みの内容、書込みがなされた媒体の性質、書込みを行った者に関する情報の有無などに応じて、上述した各種の手段のうちいずれを採るべきか検討し、貴法人にとって最も望ましい解決となるよう対処方法を選択していくこととなります。

インターネット上の権利侵害を巡る近年の動向

1．インターネット上の権利侵害

　SNS をはじめとするインターネット上の投稿は、時として団体や個人の権利・利益を害し、団体や個人に重大な影響を及ぼします。特にインターネット上の誹謗中傷については、これにより大変痛ましい結果が生じてしまったニュースを目にする機会が増えたと感じている方も多いのではないでしょうか。

　インターネット上の投稿による権利侵害への主な対応としては、Q47 でご紹介した通り、投稿の削除を求める方法と、投稿の発信者を特定して責任追及をする方法が挙げられます。しかしながら、特に発信者特定の手続については、時間的制約（通信会社における通信ログ保存期間が数ヶ月程度であること）と手続負担（手続費用・手続に要する期間）という点で、高いハードルがあります。

　このような状況を踏まえ、近時、発信者特定のための手続（発信者情報開示手続）について法令改正等が進んでいますので、ここでは発信者情報開示手続を巡る最新の動向を紹介します。

2．開示請求対象の拡大

　2020 年の総務省令改正により、発信者情報開示手続における開示請求の対象として、新たに「電話番号」が追加されました。

　この改正により、サイト管理者または経由プロバイダに対して「発信者の電話番号」の開示を請求できるようになりました。具体的にはサイト管理者等に対して訴訟を提起して電話番号の開示を請求することとなりま

す。サイト管理者等から発信者の電話番号の開示を受けることができた場合、開示された電話番号をもとに、携帯電話会社等に照会（具体的には弁護士会を通じた照会手続が想定されています）をすることにより、契約者の氏名住所を特定する、という形が想定されています。

　電話番号から発信者を特定する手続については、IPアドレスの開示を受けたうえで経由プロバイダに対して訴訟提起をして発信者を特定するという従来の手続と比較して、手続に要する時間を短縮する効果はさほど期待できないと考えられています。

　しかし、例えば投稿から時間が経過しており従来の手続では通信ログ保存期間との関係で特定が困難なケースでは、電話番号から発信者を特定するという選択肢が設けられたことには意義があると考えられます。

　特にリソースが限られているNPOにおいて、インターネット上の権利侵害を即時に発見して数ヶ月という時間的制約の中で開示請求手続を講じることは困難です。重大な権利侵害については、投稿から時間が経過していても開示手続により発信者を特定することが必要なケースもありますので、電話番号から発信者を特定する選択肢が設けられたことはNPOにとっても有益であると思います。

3. 新たな発信者情報開示手続の創設

（1）プロバイダ責任制限法の2021年改正

　発信者情報開示手続は、プロバイダ責任制限法（「特定電気通信役務提供者の損害賠償責任の制限及び発信者情報の開示に関する法律」）に基づき行われますが、上記1のような課題を踏まえ、2021年に同法が改正されました。

　改正事項は多岐にわたりますが、なかでも「発信者情報開示命令制度」の創設が従前の手続を大きく変更・改善するものと期待されています。なお、2021年に改正されたプロバイダ責任制限法は2022年秋には施行予定であ

り、このタイミングで「発信者情報開示命令制度」もスタートすることと
なります。

(2) 発信者情報開示命令制度

　新たに創設された発信者情報開示命令制度は、①サイト管理者に対して
IPアドレスの開示を求める手続と②接続プロバイダに対して契約者情報の
開示を求める手続、という2段階の手続を一体化することを目的に創設さ
れた、新しい裁判手続（非訟手続）です。

　具体的な手続については、施行に向けて検討中とされている部分もあり
ますが、この新制度により、これまで最短でも1年近く要するのが通常で
あった手続が、数ヶ月（具体的には約6ヶ月以内）に短縮されることが期待
されています。

4. 最後に

　インターネット上の権利侵害に関する法的手続については、今まさに議
論が蓄積されている途上にあります。ここで言及した制度改正についても、
その一環で実施されたものと位置付けられますが、今後も実務運用を踏ま
えた見直しや新たな制度の検討などが進められていくと思いますので、法
令改正等の動向を注視しておくと良いでしょう。

48 ハラスメント（セクハラ・マタハラ・パワハラ）への対応

Q NPO 法人としては、従業員間のハラスメント（いわゆるセクハラ、マタハラ、パワハラ）を防止するためにどのような対策をとればよいでしょうか？法律上何か義務付けられているような対策はありますか？

A NPO 法人が従業員を雇用する場合には、事業主として、法令上、セクハラ、マタハラ、パワハラを防止するための措置（方針の明確化及びその周知・啓発、相談に応じ、適切に対応するために必要な体制整備、ハラスメントが起こった場合の迅速かつ適切な対応等）が義務付けられています。また、ハラスメント対応の重要性に鑑み、法令上義務付けられる防止措置に留まらず、厚生労働省指針等の内容を踏まえ、各法人の実態に即した具体的防止策を検討、実施することが有益です。

1. NPO 法人にとってのハラスメント対応の重要性

　従業員を雇用する NPO 法人にとっては、ハラスメントに対する事前・事後の対応は避けられない課題です。また、ハラスメントが発生した場合や法人として事後に適切に対応できなかった場合には、法人内部の就業環境悪化、従業員のモチベーションの低下に加え、NPO 法人として掲げる理念や活動に反するものとして、大きなレピュテーショナルダメージ（風評被害）を被る可能性もあります。本項においては、事業主として、ハラスメント予防のために法令上求められる義

務を中心に、ハラスメントやその対策の概要について説明します。

2. セクハラ、マタハラ、パワハラとは？

　前提として、法令上、事業主に防止のための措置等が義務付けられている各ハラスメント（セクハラ、マタハラ、パワハラ）の種類、内容を理解することが必要です。

（1）セクシュアルハラスメント（セクハラ）

　セクハラとは、労働者の意に反する性的な言動に対する労働者の対応により、当該労働者が解雇、降格、減給等の不利益を受けること（対価型セクハラ）、又は、労働者の意に反する性的な言動により当該労働者の就業環境が不快なものとなったため、能力の発揮に重大な悪影響が生じる等当該労働者が就業する上で看過できない程度の支障が生じること（環境型セクハラ）をいいます。なお、セクハラには同性に対するものも含まれ、被害者の性的指向又は性自認にかかわらず、上記のような言動であればセクハラに該当します[1]。具体例としては、事業所内で上司が労働者の腰、胸等に触り、抵抗を受けたため、当該労働者に不利益な配置転換をするような例（対価型セクハラ）、同僚が労働者に関する性的な内容の情報を意図的に社内に流布したため、当該労働者が苦痛に感じて仕事が手につかない例（環境型セクハラ）などが挙げられます。

（2）マタニティハラスメント（マタハラ）

　マタハラとは、職場において行われる上司又は同僚からの言動により、女性労働者が妊娠・出産したことその他の妊娠又は出産に関する言動により就業環境が害されること（状態への嫌がらせ型）、又は、男女労働者の育児休業・介護休業等の制度の利用に関する言動により就業環境が害されること（制度等の利用への嫌がらせ型）をいいます。具体例としては、女性労働者がつわり等の妊娠に起因して生じる症状によって労働能率が低下したとして、上司が当該労働者に対して解雇

1　男女雇用機会均等法第 11 条第 1 項、事業主が職場における性的な言動に起因する問題に関して雇用管理上講ずべき措置等についての指針（平成 18 年厚生労働省告示第 615 号）（以下、「セクハラ指針」）参照

等不利益な取扱いを示唆する例（状態への嫌がらせ型）、労働者が育児休業を利用したことにより、上司や同僚が当該労働者を専ら雑務に従事させたり、繰り返し嫌がらせ的な言動をする例（制度等の利用への嫌がらせ型）などが挙げられます[2]。

（3）パワーハラスメント（パワハラ）

　パワハラとは、職場において行われる①優越的な関係を背景とした言動であって、②業務上必要かつ相当な範囲を超えたものにより、③その雇用する労働者の就業環境が害されるものをいいます（①から③の要件の全てを満たすことが必要）[3]。パワハラには、適法な注意・指導との明確な線引きが難しいという特色がありますが、この点については、厚生労働省の指針[4]等において、各要件の考え方が示されており、それらを参考にしつつ検討することが有益です。

1　優越的な関係を背景とした言動

　「優越的な関係を背景とした」言動とは、事業主の業務を遂行するにあたって、当該言動を受ける労働者が当該言動の行為者に対して抵抗又は拒絶することができない蓋然性が高い関係を背景として行われるものをいいます。職務上の上司・部下の関係にある場合の他、集団によるいじめのような場合や、部下による言動であっても、業務上の知識や経験から、当該部下の協力なしでは業務を円滑に行うことが困難な場合も含まれます。

2　業務上必要かつ相当な範囲を超えた言動

　「業務上必要かつ相当な範囲を超えた」言動とは、社会通念に照らし、当該言動が明らかに事業主の業務上必要性がない、又はその態様が相当でないもの

2　男女雇用機会均等法第 11 条の 3、育児介護休業法第 25 条、「事業主が職場における妊娠、出産等に関する言動に起因する問題に関して雇用管理上講ずべき措置等についての指針」（平成 28 年厚生労働省告示第 312 号）、「子の養育又は家族の介護を行い、又は行うこととなる労働者の職業生活と家庭生活との両立が図られるようにするために事業主が講ずべき措置等に関する指針」（平成 21 年厚生労働省告示第 509 号）（以下、これらの指針を総称して、「マタハラ指針」）参照

3　労働施策総合推進法 30 条の 2 第 1 項

4　「事業主が職場における優越的な関係を背景とした言動に起因する問題に関して雇用管理上講ずべき措置等についての指針」（令和 2 年厚生労働省告示第 5 号）（以下、「パワハラ指針」）

をいいます。この点、労働者の問題行為に対する指導が問題となる場合、当該問題行為の内容・程度との関係で、指導の態様等が相当か否かを判断する必要があり、例えば、当該NPO法人の業務内容や性質等に照らして重大な問題行動をとった労働者に対して、一定程度強く注意をすることはこれに当たらないと考えられます。

3　労働者の就業環境が害されること

「労働者の就業環境が害される」とは、当該言動により労働者が身体的又は精神的に苦痛を与えられ、労働者の就業環境が不快なものとなったため、能力の発揮に重大な悪影響が生じる等当該労働者が就業する上で看過できない程度の支障が生じることをいいます。この判断にあたっては、同様の状況で当該言動を受けた場合に、社会一般の労働者が、就業する上で看過できない程度の支障が生じたと感じるような言動か否かが基準となります。

さらに、パワハラ指針においては、パワハラが問題となる代表的言動として、以下の6類型を挙げ、類型ごとにパワハラに該当する例・しない例を例示しています。

- ●身体的な攻撃（暴行・傷害）
- ●精神的な攻撃（脅迫・名誉毀損・侮辱・ひどい暴言）
- ●人間関係からの切り離し（隔離・仲間外し・無視）
- ●過大な要求（業務上明らかに不要なことや遂行不可能なことの強制・仕事の妨害）
- ●過小な要求（業務上の合理性なく能力や経験とかけ離れた程度の低い仕事を命じることや仕事を与えないこと）
- ●個の侵害（私的なことに過度に立ち入ること）

特に、個の侵害については、労働者を職場外で継続的に監視することや、労働者の性的指向・性自認や病歴、不妊治療等の機微な個人情報について、当該労働者の了解なしに他の労働者に暴露することもパワハラに該当する例とされている点には注意が必要です。

3．事業主がハラスメント防止のために講ずべき措置

　法律上、事業主には、各ハラスメント防止のために必要な体制整備、その他の雇用管理上必要な措置を講じることが義務付けられています[5]。事業主に求められる措置の具体的内容については、厚生労働省のセクハラ指針、マタハラ指針、パワハラ指針においてそれぞれ定められていますが、内容の多くは共通しており、以下のアからエのとおりです。

　加えて、法律上、事業主は、ハラスメントに係る相談を行ったこと又は相談を受けた事業主による事実関係の確認等に協力したことを理由とする解雇その他不利益な取扱いを行うことが禁止されています[6]。

　これらの義務に違反した事業主に対しては、厚生労働大臣が助言、指導又は勧告をすることができ、かつ、勧告に従わなかった場合には、その旨を公表することができるとされています[7]。

ア　事業主の方針等の明確化及びその周知・啓発

　事業主には、（ア）それぞれのハラスメント[8]の内容及びハラスメントを行っ

5　男女雇用機会均等法第 11 条第 1 項、第 11 条の 3 第 1 項、育児介護休業法第 25 条第 1 項、労働施策総合推進法第 30 条の 2 第 1 項。なお、パワハラについての法規制は、労働施策総合推進法の改正により導入されたもので、中小事業主（国、地方公共団体及び行政執行法人以外の事業主であって、その資本金の額又は出資の総額が 3 億円（小売業又はサービス業を主たる事業とする事業主については 5000 万円、卸売業を主たる事業とする事業主については 1 億円）以下であるもの及びその常時使用する労働者の数が 300 人（小売業を主たる事業とする事業主については 50 人、卸売業又はサービス業を主たる事業とする事業主については 100 人）以下であるもの）については、雇用管理上の措置義務は令和 4 年 4 月 1 日から適用され、それまでの間は努力義務とされています。
6　男女雇用機会均等法第 11 条第 2 項、第 11 条の 3 第 2 項、育児介護休業法第 25 条第 2 項、労働施策総合推進法第 30 条の 2 第 2 項
7　男女雇用機会均等法第 30 条、育児介護休業法第 56 条の 2、労働施策総合推進法第 33 条第 2 項
8　本項においては、事業主に求められるハラスメント防止のための措置の説明について、セクハラ、マタハラ、パワハラに共通する内容については、ハラスメントと総称して説明しています。

てはならない旨の方針を明確化し、管理監督者を含む労働者に周知・啓発すること⁹、（イ）ハラスメントに係る言動を行った者については、厳正に対処する旨の方針及び対処の内容を就業規則その他の服務規律等を定めた文書に規定し、管理監督者を含む労働者に周知・啓発することが求められています。NPO 法人においても、自らの就業規則やポリシー等の内部規程・文書、パンフレットやホームページ等の広報・啓発資料、労働者に対する研修、講習等によって、これらの内容を明確化し、周知・啓発をはかることが考えられます。

イ　相談（苦情を含む。以下同じ。）に応じ、適切に対応するために必要な体制の整備

　事業主は、労働者からの相談に対し、その内容や状況に応じ適切かつ柔軟に対応するために必要な体制を整備しなければならず、具体的には、（ア）相談窓口をあらかじめ定め、労働者に周知すること、（イ）相談窓口の担当者が、相談に対し、相談内容や状況に応じ適切に対応できるようにすることが求められています。特にハラスメントに関する相談は、対応によっては相談者が萎縮する懸念もあるため、相談窓口の担当者には、相談者の心身の状況や当該言動が行われた際の受け止め等の認識にも配慮しながら、ハラスメントが現実に生じている場合に限らず、発生するおそれがある場合や、ハラスメントに該当するか否か微妙な場合にも広く相談に対応し、適切な対応を行うようにすることが求められています。NPO 法人においても、相談窓口に対応する者を定め、相談対応の際の留意点をまとめたマニュアルを用意したり、対応方法について研修等をすることが考えられます。また、NPO 法人においては人員等の制約から各ハラスメント共通の相談窓口、対応体制を整備する方法も効果的と考えられます¹⁰。

9　マタハラに関しては、本文中の内容に加えて、妊娠、出産、育児休業等に関する否定的な言動が職場における妊娠、出産、育児休業等に関するハラスメントの発生の原因や背景となり得ること、及び、制度等の利用ができる旨の明確化及び周知・啓発も求められています。

10　厚生労働省の指針においても、各ハラスメントが複合的に生じることも想定されることから、事業主は、各ハラスメントの相談窓口を一体的に設置し、一元的に相談に応じることのできる体制を整備することが望ましいとされています。

ウ　職場におけるハラスメントに係る事後の迅速かつ適切な対応

　事業主は、ハラスメントの相談があった場合に、（ア）事案に係る事実関係を迅速かつ正確に確認し、（イ）ハラスメントに該当する事実が確認できた場合には、被害者に対する配慮のための措置及び行為者に対する措置（事案の状況等に応じ、被害者と行為者との間の関係改善への援助、双方を引き離すための配置転換、行為者の謝罪、就業規則に基づく行為者の懲戒処分等）を適正に行い、（ウ）改めてハラスメントに関する方針を周知・啓発する等の再発防止に向けた措置を講ずることが必要です。なお、確認の結果、ハラスメントが生じた事実が確認できなかった場合においても、同様に上記ハラスメントに関する方針の周知・啓発等が必要とされています。

　加えて、セクハラについては、セクハラの行為者が他の事業主が雇用する労働者又は他の事業主（事業主が法人の場合には、その役員）である場合には、必要に応じて、他の事業主に事実関係の確認への協力を求め、再発防止に向けた措置への協力を求めることも必要とされています。

エ　上記アからウの措置と併せて講ずべき措置

　事業主は上記措置と併せて、（ア）ハラスメントに係る相談者・行為者等の情報は当該相談者・行為者等のプライバシーに属することから、相談対応又はハラスメントの事後対応に際して、相談者・行為者等のプライバシーを保護するために必要な措置を講じ、その旨を労働者にも周知することが求められています。また、（イ）労働者がハラスメントの相談をしたこと（都道府県労働局に対する相談、調停の申請等も含む）や事業主による事実確認等の措置に協力したこと等を理由に解雇その他不利益な取扱いをされない旨を定め、労働者に周知することが求められています。

オ （マタハラについて）ハラスメントの原因や背景となる要因を解消するための措置

マタハラについては、職場における妊娠、出産、育児休業等に関するハラスメントの原因や背景となる要因を解消するため、業務体制の整備など[11]、事業主や妊娠等した労働者その他の労働者の実情に応じ、必要な措置を講じることが義務付けられています。

事業主に法令上求められるハラスメント防止措置の内容は以上のとおりですが、セクハラ指針、マタハラ指針、パワハラ指針には、上記各措置を講じていると認められる例が紹介されており、また、事業主として望ましい取組の内容（例えば、パワハラに関しては、感情をコントロールする手法についての研修、コミュニケーションスキルアップについての研修、マネジメントや指導についての研修等の実施や資料の配布等により、労働者が感情をコントロールする能力やコミュニケーションを円滑に進める能力等の向上を図ること等）も示されています。各法人における具体的な取組を検討する際には、これらの指針や厚生労働省等による公表資料[12,13]も参考にすることが有益と考えられます。

---

11 例えば、妊娠等した労働者の周囲の労働者への業務の偏りを軽減するよう、適切に業務分担の見直しを行うことや、業務の点検を行い、業務の効率化等を行うこと。

12 https://www.mhlw.go.jp/stf/seisakunitsuite/bunya/koyou_roudou/koyoukintou/seisaku06/index.html（「職場におけるハラスメントの防止のために（セクシュアルハラスメント／妊娠・出産・育児休業等に関するハラスメント／パワーハラスメント）」厚生労働省ホームページ、2022 年 1 月 7 日アクセス）

13 ハラスメント対策用のポスターやリーフレット等の資料、ハラスメントに対する各企業の取り組み事例等を紹介するウェブサイトとして、ポータルサイト「あかるい職場応援団」（https://www.no-harassment.mhlw.go.jp/、2022 年 1 月 7 日アクセス）

Chapter 8

事業を展開する

今行っている事業が軌道に乗ってきたら、今度は、広く展開することを考えることも多いと思います。そのためには、どのような方法があるのでしょうか。

Q 私たちの NPO 法人は、他の都道府県で活動している団体にも、私たちが行っている事業を実施してもらうことで、活動を広めたいと考えています。どのような方法が考えられますか。

A 他団体との間で、ライセンス契約又はフランチャイズ契約を締結し、その契約に従って事業を実施してもらう方法が考えられます。また、類似の活動をしている団体に対して助成金やノウハウを提供し支援する方法も考えられます。

1. 他団体に事業実施を委ねることのメリット等

実施している事業を他地域に展開する場合、まず、自ら支店や営業所を立ち上げて、事業の拡大を図る方法が考えられます。特に、行っている事業が、極めて高度な技術や経験に基づいて実施されており第三者に事業実施を委ねることが難しいケースでは、そのような方法を採らざるを得ないこともあります。しかし、自ら支店や営業所を立ち上げて組織の規模を拡大していくには、通常多くの初期投資や事業維持費が必要になります。

これに対し、他団体に事業実施を委ねることの実務上のメリットとしては、一般的に次の各点が挙げられます。

● ノウハウやネットワークの補完……他団体の人材、ノウハウ、ネットワーク等を利用して迅速に事業展開をすることが可能になる。

- 事業拡大のためのコストの削減……事業実施の一部又は全部を他団体に委ねることにより、自ら事業拡大するよりも、少ないコストで事業を拡大することが可能になる。
- フランチャイズ・ライセンスによる収益への期待……他団体との契約上の対価の定め方によって、自ら事業を実施する場合に比べて、安定的な収益を得られる仕組みを作ることができる。

2. 契約締結の必要性

　他団体に事業を実施してもらう場合、これまで事業を行ってきた NPO 法人が蓄積してきたノウハウ、技術、データ等を、他団体に提供することが必要になります。また、その事業に付している名称の使用や、マニュアル、教材等の著作物の使用を許諾する場合もあると思います。そして、このような場合に、契約を締結しないまま他団体に事業を実施させてしまうと、例えば以下の不利益を被る可能性があります。

- ノウハウやデータの流出・流用……これまで当該事業を実施して蓄積してきたノウハウやデータを、何の制限もなく他団体に提供してしまうと、当該ノウハウやデータが第三者に流出したり、別の目的で流用されたりしてしまうことがあり得ます。
- ブランド価値の毀損……他団体が、マニュアル等を無視して当該事業を実施し、プログラムの質を低下させるなど、事業の質や信頼性を低下させるような行為に及んだ場合、当該事業に対する一般的な評価が低下してしまう可能性があります。
- 新たな著作物をめぐる争い……他団体が、マニュアル等を勝手に改訂していった場合、新しく出来上がったマニュアルの著作権の一部が他団体にあると主張されてしまう可能性があります。マニュアルの改訂等は一律に行い、

その権利は全て当初作成した NPO 法人等に帰属する等の合意をしておかないと、不必要な争いを生んでしまうことも考えられます。

このような不利益を避けるためにも、他団体に事業を実施してもらう際には、契約書を作成して、具体的にどのような形で事業を実施するのか、詳細に合意をしておく必要があるのです。

NPO 法人の非営利事業に関するノウハウやデータについては、その事業の公益性ゆえに、契約による権利保護の必要性が見落とされがちです。もちろん、ノウハウやデータの内容によっては、無制限に公開することが好ましい場合もありますが、前述の通り、ノウハウやデータの流用や、事業に対する社会的な評価の低下により、事業の継続自体が困難になってしまうリスクもあります。

したがって、このようなリスクを十分に認識したうえで、方針を決定する必要があります。

3. 契約の種類

本件で、他団体との間で契約を締結する場合、その形態としては、ライセンス契約又はフランチャイズ契約が考えられます。一般的なライセンス契約の活用事例としては、企業がその保有する特許技術を他社に使用させて製品化したり、キャラクターのデザイナーからデザインの使用許諾を受けてキャラクター・グッズを製造・販売したりする場合などがあります。また、フランチャイズ契約は、コンビニエンスストアや飲食チェーン店などで活用されています。NPO 法人でもこれらの事例と同様の手法を活用して事業を展開することが考えられます。

(1) ライセンス契約

ライセンス契約とは、商標権、著作権、特許権等の知的財産権の権利者が他者に対してそれらの使用を許諾する契約をいいます。

NPO 法人が制作・開発した著作物、技術、ノウハウ等は、その NPO 法人の知的財産として法的保護の対象となりますが、適切な契約を締結しなければ、NPO 法人の当該知的財産に係る権利（知的財産権といいます）を他者に主張できなくなってしまいます。そこで、具体的に、特定の知的財産の使用を一定の範囲で許諾する旨の契約を締結することにより、許諾の範囲を明確にし、NPO 法人の知的財産権を守りつつ、他団体に事業を委ねることが可能になります。

　本件の場合、他団体に、一定の条件の下でその商標、著作物等の使用を許諾し、その対価としてライセンス料を受領する、という契約形態が考えられます。

（2）フランチャイズ契約

　フランチャイズとは、定義によってその範囲は異なりますが、一般的には、「特定の商標、商号又はそれらの一部、サービス・マーク等を使用させ、加盟者の物品販売、サービス提供その他の事業・経営について、統一的な方法で統制、指導、援助を行う事業形態」であるとされています[1]。

　商標等を使用する権利を与えたり、本部からノウハウの伝授を受けたりするといった点で、ライセンス契約と共通する部分がありますが、フランチャイズ契約では、「事業・経営について統一的な方法で統制、指導、援助を行う」という点に特色があります。

　本件では、他団体を加盟者として、一定の条件の下でその商標、著作物等の使用を許諾するとともに、事業や経営について統制、指導、援助を行うことを内容とする契約形態とすることが考えられます。

---

1. 公正取引委員会平成 14 年 4 月 24 日付「フランチャイズ・システムに関する独占禁止法上の考え方について」（平成 23 年 6 月 23 日改正）参照

典型的なライセンス契約とフランチャイズ契約の比較

	ライセンス契約	フランチャイズ契約
契約の性質	知的財産権の権利者が他者に対してそれらの使用を許諾する合意	知的財産権の権利者が他者に対してそれらの使用を許諾する合意 ＋ 事業・経営について統一的な方法で統制、指導、援助を行う合意
ライセンサー／フランチャイザーによる統制	知的財産権の利用に関して統制が及ぶ	知的財産権の利用だけでなく、ビジネスの基盤に関係する事項についても統制が及ぶ
会計管理	ライセンシーが独自に行い、ライセンサーが関与しない形態が一般的	フランチャイザーが、フランチャイジーの会計管理に関与する（指導、援助等を行う）形態が一般的
契約に基づきライセンサー／フランチャイザーから提供される情報	対象となる知的財産権に関する情報のみ提供されることが一般的	対象となる知的財産権だけでなく、運営ノウハウ等のビジネスに関する情報が提供されることが一般的
ライセンシー／フランチャイジーの自由度	比較的自由度が高い	比較的自由度が低い
ロイヤルティの額	比較的低額 （ただし、対象となる知的財産権の価値や契約条件〔サブライセンスの可否等〕により大きく異なる）	比較的高額

4. 契約の相手方に関する調査の必要性

　フランチャイズ契約とライセンス契約は、ノウハウ、技術、データ等の無体物を対象とする契約である点や、そもそも異なる経緯で設立された法人間の継続的な契約である点で、不安定要素が多い契約です。また、契約の相手方が事業を実施することになるため、ひとたび問題が起きれば、当該事業に対する信頼を失い、事業の継続自体が困難になるリスクもあります。

　そのため、契約締結にあたっては、契約の相手方に関する事前調査を十分に行うことが必要です。具体的には、財産状態、コンプライアンス体制、実績の調査、代表者や当該事業の担当者のヒアリング等により、当該団体に事業の一部を委ねることができるか慎重に判断します。場合によっては、専門家（弁護士、会計士等）に事前調査を依頼することも有用でしょう。

5. 助成金による支援等

　さらに、非営利分野における特有の方法として、類似の活動をしている団体に対して助成金を提供する等の方法があります。フランチャイズ契約やライセンス契約は、契約相手から対価を得ることを前提としていますが、この形態では逆に金銭を提供することとなります。

　この場合に、助成金のみならず一緒に無償でノウハウも提供することがありますが、その場合の具体的な内容については、3（1）をご参照ください。また、この場合の相手方の調査（審査）の必要性は4.と同様です。

Q 当団体の事業を他の団体に実施させるにあたり、ライセンス契約とフランチャイズ契約のどちらを選択すればよいですか。それぞれの特徴と注意点は何ですか。契約にあたって気をつけるべき点はありますか。

A ライセンス契約は知的財産の実施・使用を許可するものであるのに対し、フランチャイズ契約は知的財産の実施・使用のみならず、営業方針・体制の利用も許可するものです。そのため、一般的にフランチャイズ契約の方がライセンス契約よりも事業基盤を一気に整えるのに有効です。しかし、その分、フランチャイズ契約の方が拘束性も高く、ロイヤルティも高額となる傾向があります。ライセンス契約とフランチャイズ契約のいずれを選択すべきかは、これらの点に留意して決定すべきでしょう。

フランチャイズ契約などで、NPO法人が、自身が加盟者に対し供給する商品・サービスにつき、加盟者の販売価格を拘束することは、原則としてできません。また、特に、加盟希望者に対する十分な情報開示を行う必要がある点に注意しましょう。

ライセンス契約及びフランチャイズ契約のそれぞれの特徴と注意点は、次のとおりです。

1. ライセンス契約

（1）特徴

　ライセンス契約とは、ライセンサー（許諾する側）が、ライセンシー（許諾を受ける側）に対し、特許、実用新案、商標、著作権、ノウハウ等の知的財産の実施・使用を許諾する契約です。

（2）注意点

契約相手

　ライセンス契約は、無体物を対象とした継続的な契約関係であるので、契約の相手方に関する十分な事前調査が不可欠です。特に、ライセンサーは、ライセンシーの財政力や技術力に限らず、契約遵守に対する姿勢（例、商標の不正使用をしないか等）についても調査するのが好ましいでしょう。

対象

　ライセンス契約は、無体物を対象としているため、使用許諾の対象が何かを明確に特定すべきです。例えば、商標のライセンスの場合には、いずれの商品・役務について使用を許諾するのかを取り決める必要があります。

利用の形態

　例えば、特許のライセンスの場合、使用のみが許諾されているのか、製造・販売も許諾されているのかを明確にします。著作権の場合には、複製、改変、出版、公衆送信などどの範囲での利用が許諾されるのかを明確にします。

独占性

　ライセンス契約締結後もライセンサー自身が当該知的財産を使用できるのか
否か、またライセンサーが複数の者に対しライセンスをすることができるのか
否かを明確にする必要があります。この点、商標や特許について「専用実施（使
用）権」が設定されると、ライセンサー自身も自身の権利の使用ができなくな
ります（ただし、特許庁への登録が必要です）。これに対し、商標や特許について「通
常実施（使用）権」が設定された場合には、ライセンサーはライセンシー以外
の者にも自由にライセンスをすることができます。「独占的通常実施（使用）権」
が付与された場合には、ライセンサーは一般的にライセンシー以外の者にはラ
イセンスをできませんが、自身の使用権は留保していることになります。

	専用実施（使用）権	通常実施（使用）権	独占的通常実施（使用）権
ライセンシー以外の者に対する許諾の可否（複数の者に対するライセンスの可否）	できない	できる	できない
ライセンサー自身による実施（使用）の可否	できない	できる	できる（契約で禁止することもできる）
権利設定のために必要な手続	当事者間の合意に加えて特許庁への登録手続が必要	当事者間の合意により効力が生じる	当事者間の合意により効力が生じる

サブライセンス・譲渡

　ライセンシーがサブライセンス（再許諾）・譲渡をすることができるか否か
を定める必要があります。

期間・解約

　ライセンシーにあっては、ライセンスは業務継続に重要であるので、自動更新の設定等によりなるべく長い期間を設定したいものです。他方、ライセンサーにあっては、ライセンシーが当該知的財産の有効性を争った場合やライセンシーの支配権がライセンサーにとり好ましくない第三者に移った場合等には、解約しやすくしたいものです。

秘密保持

　秘密保持義務は、通常、契約終了後も存続します。また、ライセンス内容について秘密保持の必要性が高い場合には、ライセンス契約の交渉開始前にも秘密保持契約の締結をすることを考慮するべきでしょう。

再販売価格の拘束

　ライセンサーは、ライセンシーに対し、ライセンス技術を用いた製品の価格を定めて維持させるなどして、ライセンシーの販売価格の自由な決定を拘束してはいけません。ライセンサーは、ライセンシーに対し、単なる参考程度に希望価格を提示することはできますが、その価格を守らせるなどして価格に拘束性をもたせてはいけません。

改良技術

　ライセンサーが、ライセンシーに対し、ライセンシーが開発した改良技術についての権利をライセンサーに対し帰属させる又は独占的にライセンスさせることは、原則として禁止されていますので、そのような内容の条項を契約に入れないよう注意しましょう。

ロイヤルティ及び競業避止については、それぞれ Q51、Q52 を参照ください。

2. フランチャイズ契約

(1) 特徴

フランチャイズ契約は、フランチャイザー（本部）からフランチャイジー（加盟者）に対し、商標等を使用する権利を与えたり、ノウハウの伝授を行ったりするといった点で、ライセンス契約と共通する部分がありますが、ライセンス契約と異なり、「事業・経営について統一的な方法で統制、指導、援助を行う」という点に特色があります（Q49 参照）。

ビジネスの基盤に関わる点について、本部となる事業者の統制等が及びますので、加盟者としては、本部のノウハウやブランド力をより多く取り入れることが可能になります。その一方、フランチャイザーとしては、事業を進める上での自由が契約上制限され、また、比較的高額な対価を設定されることがありますので、独占禁止法に関連する問題が生じることが少なくありません。当事者は、以下のような点を考慮して、契約交渉をより慎重に進める必要があります。

(2) 注意点 [1]

加盟者への説明

フランチャイザー（本部）は、加盟希望者に対し、以下の情報を十分に開示する必要があり、加盟希望者はこれらの情報を慎重に検討する必要があります。

①加盟後の商品等の供給条件に関する事項（仕入先の推奨制度等）
②加盟者に対する事業活動上の指導の内容、方法、回数、費用負担に関する事項

　　1. 公正取引委員会「フランチャイズ・システムに関する独占禁止法上の考え方について」参照

③加盟に際して徴収する金銭の性質、金額、その返還の有無及び返還の条件

④加盟後、本部の商標、商号等の使用、経営指導等の対価として加盟者が本部に定期的に支払う金銭（ロイヤルティ）の額、算定方法、徴収の時期、徴収の方法

⑤本部と加盟者の間の決済方法の仕組み・条件、本部による加盟者への融資の利率等に関する事項

⑥事業活動上の損失に対する補償の有無及びその内容並びに経営不振となった場合の本部による経営支援の有無及びその内容

⑦契約の期間並びに契約の更新、解除及び中途解約の条件・手続に関する事項（中途解約の際の違約金を含む）

⑧加盟後、加盟者の店舗の周辺の地域に、同一又はそれに類似した業種を営む店舗を本部が自ら営業すること又は他の加盟者に営業させることができるか否かに関する契約上の条項の有無及びその内容並びにこのような営業が実施される計画の有無及びその内容

　本部が、上記のような事項について加盟希望者に対し十分な開示をしなかったり、虚偽又は誇大な内容の開示をしたりして、実際のフランチャイズ・システムよりも著しく優良又は有利であると誤認させた場合には、ぎまん的な顧客誘引として独占禁止法上問題となり得るので注意が必要です。特に、予想売上又は予想収益額を提示する場合には、合理的な算定根拠・方法に基づいた達成可能な範囲の額を提示する必要があります。

優越的地位の濫用

　本部は、しばしば加盟者に対し取引上優越した地位を有することがあります。本部が加盟者に対し取引上優越した地位を有する場合とは、加盟者にとり本部

との取引の継続が困難になることが事業経営上大きな支障を来すため、本部の要請が自己にとり著しく不利益なものであっても、これを受け入れざるを得ないような場合をいいます。

　このような場合に、本部が、正常な商慣習に照らして不当に加盟者に不利益となるように取引条件を設定することや、取引の条件又は実施について加盟者に不利益を与えることは、独禁法上「優越的地位の濫用」として問題となり得ます。特に、取引先、取扱商品、及び販売方法等を制限する場合には、それが営業秘密を守るため又は第三者に対する統一したイメージを確保するため等に必要な範囲内であるか確認しましょう。また、仕入数量、目標売上高、及び解約違約金の設定にあたっては、それが必要な範囲を超えて過大なものとなっていないかをチェックしましょう。

抱き合わせ販売・拘束条件付取引

　本部が、営業のノウハウの供与に併せて、自身又は自身の指定する事業者から商品・原材料等の供給を受けさせるようにする場合、抱き合わせ販売等又は拘束条件付取引として独禁法上問題となり得ます。そのため、このような場合には、当該商品・原材料の特殊性がノウハウを構成する、他の事業者は供給できない等の合理的な理由と必要性があるかを確認しましょう。

販売価格の制限

　本部が加盟者に対し商品を供給している場合に、加盟者の販売価格（再販売価格）を拘束することは、原則として再販売価格の拘束として独禁法違反となります。そのため、本部が、加盟者の販売価格を決定することはできません。統一的営業確保等のために、参考程度に希望価格を提示することは許されますが、希望価格を守らせるなどして、実質的に販売価格を拘束してはいけません。

また、本部が加盟者に対し商品を供給していない場合であっても、本部が加盟者の商品・サービスの価格を不当に拘束する場合は、拘束条件付取引として独禁法上問題となり得ます。そのため、合理性・必要性がある場合を除き、なるべく価格を拘束することは避け、希望価格の提示にとどめるべきでしょう。

Q ライセンス契約やフランチャイズ契約における実施料・ロイヤルティ等の対価の定め方にはどのような方法がありますか。

 一般的に用いられる方法は、以下の3つの方式に分類できます。

・ランニング・ロイヤルティ方式

・定額実施料方式

・頭金（イニシャル・ペイメント）とランニング・ロイヤルティの組合せ

1．実施料・ロイヤルティ設定の重要性

ライセンス契約やフランチャイズ契約において、対価として支払われる実施料・ロイヤルティはとても重要なポイントです。

この点が契約上明確に定まっていないと、ライセンサーやフランチャイザー（権利や商標、ノウハウ等を提供する側）が期待していた実施料収入を得られなかったり、ライセンシーやフランチャイジー（権利や商標、ノウハウ等の提供を受ける側）が想定外に高額な実施料の負担を強いられたりする事態に陥り、法的紛争に発展してしまう可能性があります。

このような事態を避けるために、ライセンス契約やフランチャイズ契約では、実施料・ロイヤルティに関して詳細な規定を設けることが一般的です。その規定の内容は千差万別ですが、大まかに、①ランニング・ロイヤルティ方式、②定額

実施料方式、③頭金とランニング・ロイヤルティ方式の併用の3種に分類することができます。

対価の定め方のバリエーション

これらの方式を適宜組み合わせて対価を定める方法もある。
例）頭金（定額実施料）＋販売額基準のランニング・ロイヤルティ

2. ランニング・ロイヤルティ方式

　ランニング・ロイヤルティ方式とは、対象となる権利等の一定期間内における実施状況（販売額や販売数量）に応じて実施料を算出する方式です。ライセンシー（フランチャイジー）がライセンサー（フランチャイザー）に対して一定期間ごとに実施状況を報告し、これに基づいて実施料の算出が行われることになるので、期間ごとに実施料の金額が変動することになります。

（1）販売額基準

　ランニング・ロイヤルティ方式の契約で、最も一般的に用いられる形態が、ライセンス契約やフランチャイズ契約に基づいて販売した対象製品・サービスの販売額を基準に実施料を算定する方法です。例えば、「1ヶ月間の販売額の10％」といった定め方が考えられます。

販売額を基準とする場合には、基準となる販売額の算定方法の明確化が必要です。特に、販売額から控除する項目／控除しない項目を明確に合意する必要があります。例えば、販売の際に課せられる公租公課（消費税等）、輸送費用等の負担や、キャンセルの場合の返金の取扱い等について合意ができていないと、基準となる販売額を算定する段階で争いが生じてしまうので、注意が必要です。

（2）販売数量基準

　製品やサービスの販売数量に実施料率を乗じて算出する方法です。例えば、「製品1個あたり2,000円」や「サービスへの新規契約者1人あたり5,000円」といった定め方が考えられます。

　特に価格の変動が想定される製品やサービスの場合、ライセンサー（フランチャイザー）にとっては、価格の変動の影響を受けずに販売数量に基づいて一定の実施料を得られる点がメリットといえます。

（3）ミニマム・ロイヤルティ（最低実施料）

　ランニング・ロイヤルティ方式では、ライセンシー（フランチャイジー）の販売実績等を基準に実施料が算定されるため、販売実績がライセンサー（フランチャイザー）の当初想定していた実績に満たない場合には、ライセンサー（フランチャイザー）としては想定していた実施料収入を得ることができなくなります。独占的ライセンス契約のように1つのライセンシーのみに権利等の実施を許諾しているケースでは、特に実績の低迷によるライセンサーのリスクは大きくなります。

　このようなリスクを低減するために、販売実績が一定の基準を下回った場合、実施料の金額については、一定額を下限と定めて、最低限の実施料収入を確保するような規定を置くことがあります。この実施料の下限金額を、ミニマム・ロイヤルティ（最低実施料）と呼びます。

　ミニマム・ロイヤルティを定めることにより、ライセンサー（フランチャイザー）

は一定額の実施料を確保することができますが、他方、ライセンシー（フランチャイジー）にとっては、販売実績が不調だった場合の負担が大きくなります。

ライセンシー（フランチャイジー）としては、ミニマム・ロイヤルティを定めない方が有利ではありますが、仮に定めることとなった場合には、ミニマム・ロイヤルティの金額が適正であるか（過度に高額な設定となっていないか）慎重に検討する必要があります。また、市場全体の衰退やライセンスを受けた権利・ノウハウの陳腐化等、ライセンシー（フランチャイジー）がコントロールできないような事情によって販売が低迷した場合にミニマム・ロイヤルティの金額が減額される余地があるか、という点の確認も重要です。

3. 定額実施料方式

販売実績等に関係なく、定額の実施料を支払う旨を定める方式です。例えば、「契約締結時に 100 万円」や「1 ヶ月あたり 10 万円」といった定め方が考えられます。

この方式を採った場合、実施料の金額は変動しないため、ライセンサー（フランチャイザー）とライセンシー（フランチャイジー）双方にとって、実施料収入・支出の金額をあらかじめ予測できる点にメリットがあります。その反面、ライセンシー（フランチャイジー）にとっては事業がうまくいかず実施料支出により赤字になるおそれがあり、他方、ライセンサー（フランチャイザー）にとっては、どれだけ事業がうまくいったとしても一定額の実施料しか入ってこないというデメリットがあります。

実施料の支払時期については、契約締結時に契約期間中の実施料全額を支払う方式や、契約期間中に毎月一定額に分割して支払う方式が考えられます。

4. 頭金とランニング・ロイヤルティの組合せ

前述の 2 つの方式の複合的な形態として、契約締結時に頭金を受領し、その後、実績に応じたランニング・ロイヤルティの支払いを受けるという方法もあり得ま

す。例えば、「契約締結時に50万円、毎月販売額の10%」といった定め方がこれに該当します。

　なお、この方式に類似するものとして、契約締結時にランニング・ロイヤルティの先払いとして一定金額を受領し、契約期間中に発生するランニング・ロイヤルティに充当する（先払い分を超えた段階で、追加のランニング・ロイヤルティの支払義務が発生する）方式があります。いずれの方式であるかを明記しないと、中途解約の場合に頭金が返還されるかなど、解釈に争いが生じるおそれがあります。

5.　その他の注意すべき事項

　ライセンシー（フランチャイジー）の実績を実施料の計算の基礎とする方式を採る場合（前述の方式うち、「ランニング・ロイヤルティ方式」と「頭金とランニング・ロイヤルティの組合せ」がこれにあたります）、特にライセンサー（フランチャイザー）の立場からは、契約書において、①実施料算出の基準となる対象製品・サービスの特定と、②報告書の提出及びロイヤルティ監査に関する事項に注意が必要です。

（1）実施料算出の基準となる対象製品・サービスの特定

　ライセンシー（フランチャイジー）の販売する製品やサービスのうち、実施料算定の基準となる範囲を契約で特定します。この点が具体的に特定されていないと、ライセンサー（フランチャイザー）とライセンシー（フランチャイジー）が各々想定する実施料額に大きな差が生じ、実施料請求時に法的紛争が生じる原因となるので、契約上十分に特定されているか慎重に確認しましょう。

（2）報告書の提出及びロイヤルティ監査

　ライセンス契約やフランチャイズ契約における実施料の計算は、ライセンシー（フランチャイジー）の作成する報告書に記載された実績を基準とすることが一般的です。

そのため、かかる報告書には、ライセンサー（フランチャイザー）が実施状況を正確に把握できる情報が記載されている必要があります。そのため、ライセンス契約書やフランチャイズ契約書では、報告書に最低限記載すべき事項を列挙したり、報告書の雛形を別紙として添付したりする方法をとることがあります。

　また、ライセンサー（フランチャイザー）としては、ライセンシー（フランチャイジー）が報告書に事実に反する内容を記載して実績を過少報告していると、適正な実施料を確保することができなくなってしまいます。そのため、報告書の内容の正確性を監査する仕組みを契約上準備することが重要です。さらに、監査の結果、報告書の内容に虚偽があった場合のペナルティについて定めることも効果的です（「過少報告分（不足分）の1.5倍相当額の違約金を支払う義務を負う」等）。

　ロイヤルティ監査は、報告書の内容の真偽を確かめるだけでなく、聞き取り調査や立ち入り検査の実施等により、ライセンシー（フランチャイジー）による記録保管の状況や契約の履行状況（知的財産権に対する侵害の可能性の有無等）の確認を行うことができるといった効果も期待できます。

Q フランチャイズ契約やライセンス契約を締結して私たちのノウハウ等を開示した場合、契約の終了後に、そのノウハウ等を流用されてしまう可能性はないのでしょうか。また、相手方がロイヤルティを支払ってこない場合や、契約を終了する場合の注意すべき点はありますか。

A フランチャイズ契約やライセンス契約（以下「フランチャイズ契約等」といいます）の内容として、契約終了後における競業避止義務を定めておくことで、営業秘密やノウハウの流用を防ぐことが可能です。

フランチャイジー又はライセンシー（以下「フランチャイジー等」といいます）がロイヤルティ又はライセンス料（以下「ロイヤルティ等」といいます）を支払わない場合、1回では直ちに契約を解約することは難しい場合があります。この場合、相当期間を定めて事前に催告をしたうえで、相当期間経過後もなお支払いがなされなかった場合にのみ解除することが可能です。ロイヤルティ等の支払いを担保するために、フランチャイズ契約等の締結時に保証金の支払いを求めましょう。

フランチャイズ契約等を終了させる場合は、終了年月日を明確にし、①未払いロイヤルティ等の精算、②個人情報及び営業秘密等の回収等、③競業避止義務の徹底を行うようにしましょう。

1．契約終了後の競業避止義務

（1）競業避止条項の必要性

　フランチャイザー及びライセンサー（以下「フランチャイザー等」といいます）は、フランチャイズ契約又はライセンス契約等に基づき、契約期間中、それぞれフランチャイジー等に対して営業秘密やノウハウ（以下「ノウハウ等」といいます）を提供することとなります。ところが、フランチャイジー等が、フランチャイズ契約等の終了後も、契約期間中に取得したノウハウ等を使用し、フランチャイザー等と同様のビジネスを行った場合、フランチャイザー等は不測の損害を被るおそれがあります。そこで、フランチャイズ契約等の終了後に、フランチャイジー等におけるノウハウ等の流用を防ぐために、あらかじめ、フランチャイズ契約等の内容に、契約終了後における競業避止義務を定めておくことが考えられます。

（2）競業避止条項の有効性

　もっとも、フランチャイジー等には、営業の自由が認められているため、フランチャイザー等は、合理的必要性が認められない限り、フランチャイジー等の営業の自由を制約することはできません[1]。また、独占禁止法により優越的地位の濫用が禁止されていることから、フランチャイザー等は、フランチャイジー等に対し、正常な商慣習に照らして不当に不利益を与えることは認められません[2]。

　そこで、裁判実務では、フランチャイズ契約等における契約期間終了後の競業避止条項は、競業を制限する期間、地域及び内容が、ノウハウ等の保護等に必要な範囲を超える場合には、無効となるとされています。

（3）具体例

　実際の裁判例では、競業を禁止する期間、地域及び内容に加えて、フランチャイズの目的となった事業の内容等も加味し、個別具体的に競業避止条項の有効性が判断されています。例としては、弁当等飲食物の加工販売に関するいわゆる

---

1. 憲法第 22 条
2. 独占禁止法第 2 条第 9 項第 5 号、公正取引委員会「フランチャイズ・システムに関する独占禁止法上の考え方」3（1）（http://www.jftc.go.jp/dk/guideline/unyoukijun/franchise.html、2022年 1 月 7 日アクセス）

チェーン店契約において、競業を禁止する場所を従前の営業場所1ヶ所に限定し、かつ競業を禁止する営業の種類も従前の営業に限定する競業禁止特約について、当該禁止特約は営業の自由を不当に制限するものではないと判断したものがあります[3]。また、造花の賃貸のフランチャイズ契約において、競業を禁止する期間を契約の終了後2年間、地域を同一都道府県及び隣接都道府県、内容を直接的、間接的を問わずフランチャイズの対象となった事業に類似する業種又は競合する業種とした競業禁止特約について有効と判断したものもあります[4]。したがって、競業を禁止する期間、地域及び内容に相当の制限がある場合には、ノウハウ等の保護等に必要かつ合理的な制限として有効と認められやすいといえるでしょう。

(4) 競業避止義務違反の効果

　フランチャイズ契約等に競業避止条項が定められている場合、フランチャイジー等は、競合する営業をしないという不作為義務を負う結果、フランチャイジー等が同義務に違反した場合には、フランチャイザー等は債務不履行又は不法行為を理由として損害賠償を請求することができます[5]。なお、フランチャイズ契約等にあらかじめ違約金（損害賠償の予定）を定めておくことも可能ですが、適正な賠償額を超える部分については公序良俗に反するものとして無効とされます[6]。具体的には、裁判例は、損害賠償額をロイヤルティの120ヶ月分相当額と定めていた例や、60ヶ月分相当額と定めていた例について、いずれも実損額や解約原因及び態様等の種々の事情を考慮し、高額に過ぎると判断し、それぞれ30ヶ月相当額を超える部分については無効としたものがあります[7]。

---

3. 神戸地判平成4年7月20日判タ805号124頁
4. 東京地八王子支部判昭和63年1月26日判時1285号75頁
5. 民法第415条、第709条
6. 同法90条
7. 東京地判平成6年1月12日判時1524号56頁、前掲神戸地判平成4年7月20日判タ805号124頁

2. ロイヤルティ等の不払いと即時解約

(1) 概要

　契約の解除権には、債務不履行解除のような法定解除権[8] と、契約上特に定められた約定解除権があり、フランチャイズ契約等においても、法定解除権の適用はありますし、また約定解除権を定めることは可能です。もっとも、フランチャイズ契約等は、継続的契約関係（義務の履行や権利の行使が契約の存続する間継続するもの）であることから、同じく継続的契約関係を基礎とする賃貸借契約と同様、フランチャイザー等が契約期間中にフランチャイズ契約等を解除する場合、信頼関係破壊の理論の適用があるとされています[9]。すなわち、フランチャイジー等が、契約期間中に契約上の義務の履行を怠ったとしても、それがフランチャイザー等との間の信頼関係を破壊するに至る程度の不誠意でない限り、フランチャイザー等は、信義則上、解除権を行使することはできません。

　したがって、仮に、フランチャイズ契約等において、約定解除権として、ロイヤルティ等の不払いを原因とする無催告解除特約が定められていた場合であっても、それが金額及び態様等に照らして、フランチャイザー等との間の信頼関係を破壊するに至っていると認められない限り、契約の規定どおりに即時に解除することはできません。

(2) ロイヤルティ等の不払いを理由とした解除

　フランチャイジー等において、ロイヤルティ等の支払を怠った場合、それが1回分のみであり少額である場合や後日直ちに支払う旨の申し出があらかじめなされた等の事情がある場合には、未だ信頼関係が破壊されるに至っておらず、即時の解約は認められない可能性が高いといえます。他方で、相当期間を定めて事前に催告をしたにもかかわらず、相当期間経過後もなお支払いがなされなかった場合や、フランチャイジー等において複数回にわたって支払を怠った場合には解除が認められやすいと考えられます。

---

8. 民法第 541 条乃至第 543 条
9. 西口元、吉野正三郎ほか『フランチャイズ契約の実務』284 頁以下（新日本法規出版、2000）、西口元、木村久也ほか『フランチャイズ契約の法律相談〔改訂版〕新・青林法律相談⑪』220 頁以下（青林書院、2009）等

（3）ロイヤルティ等の不払いに関する対策

　フランチャイザー等は、フランチャイジー等に対するロイヤルティ等の債権を担保するために、フランチャイズ契約等の締結時に、一時金として保証金の差入れを求めることが考えられます。フランチャイザー等は、フランチャイジー等がロイヤルティ等の支払いを怠った場合、差し入れられた保証金から未払分相当額を回収することができます。実務では、フランチャイズ契約において保証金の差入れをさせることが少なくありません。

3．契約終了時の留意点

　フランチャイズ契約等を終了するにあたっては、契約終了日を明らかにし、①未払いのロイヤルティ等の精算、②契約期間中に提供した個人情報及び営業秘密等の回収等、及び③競業避止義務の徹底を図りましょう。

（1）未払いのロイヤルティ等の精算

　フランチャイズ契約等を終了する場合、フランチャイジー等に対し、当該終了日までの期間分のロイヤルティ等の支払いに加え、未払いのロイヤルティ等の全額を精算する必要があります。フランチャイズ契約等においては、すでに述べたとおり、多くの場合契約締結時に保証金等が差し入れられていますので、金銭債務の未払分は保証金から回収することが可能です。

（2）個人情報及び営業秘密の返還及び破棄等

　フランチャイズ契約等が終了する場合、フランチャイジー等は、契約に基づきフランチャイザー等から提供を受け又は使用する権利を与えられたフランチャイザーの知的財産権、顧客情報等の個人情報及び一切の営業秘密を使用する権利を失います。そこで、フランチャイザー等の商標、サービス・マーク等の知的財産

フランチャイザー　　　　フランチャイジー

ノウハウが流出
したら困るなあ

競業避止義務を
定めよう

契約終了後は
経営マニュアルも
回収しよう

営業秘密・
ノウハウの提供

ロイヤルティの
支払い

契約は終了
したけど、
ノウハウを
他で活用
したいなあ…

権が用いられている看板及び販促品等の返還又は破棄等を求める必要があります。同様に、経営マニュアルや顧客情報等の個人情報についても返還又は破棄をさせる必要があります。また、フランチャイザー等は、フランチャイジー等に対し、契約終了後も継続して負う義務として、契約期間中に提供したノウハウ等の営業秘密について秘密保持義務を課することが考えられます。なお、フランチャイズ契約等に基づき営業秘密の開示を受けた者が、不正の利益を得る目的又は当該営業秘密の保有者に損害を加える目的で、営業秘密を使用等することは、不正競争防止法にも違反します[10]。そこで、フランチャイジー等がフランチャイズ契約等に定められた秘密保持義務に違反した場合、フランチャイザー等は、債務不履行、不法行為及び不正競争防止法違反を理由に損害賠償を請求することができるほか、営業秘密の不正利用等の差止めを請求することができます[11]。

（3）競業避止義務の徹底

　契約終了後の競業避止義務については前述 1 をご参照ください。

10. 不正競争防止法第 2 条第 1 項第 7 号
11. 同法第 3 条

Q 海外の NPO が海外で実施している事業を、日本で展開したいと思います。どのような点に留意すべきですか。

A 以下の 2 つの点に留意しましょう。
1. そもそも日本で法律上認められている事業か
2. どのような方法で事業を展開するか

1. そもそも日本で法律上認められている事業か

まず、展開しようとしている海外の事業が、日本で法律上認められている事業かどうか、日本で展開するにあたって許認可等を取得する必要はないか、という点を検討することが必要です。

日本で既に広く行われている事業であれば、その事業に必要な許認可等の調査は比較的容易であることが多いですが、日本で普及していない新たな事業をスタートする場合には、慎重な事前調査を要します。

例えば、医療関係の事業の場合には医師法や医薬品医療機器等法 [1]（旧薬事法）で、子どもの福祉に関する事業では児童福祉法で、一定の事業の実施が制限されている場合があります。規制大国と呼ばれることの多い日本だからこそチャンスがあるのかもしれませんが、海外で規制の対象となっていない事業が日本では規制の対象となっている、ということは少なくありません。

なお、調査を実施するに際しては、関連する省庁（上記の例ですと、厚生労働省等）への問い合わせ、弁護士等の専門家への相談、日本国内で類似の事業を行ってい

　　1. 正式名称は、「医薬品、医療機器等の品質、有効性及び安全性の確保等に関する法律」です。

る事業者へのヒアリングといった方法が有用でしょう。

2. どのような方法で事業を展開するか

　海外の NPO が実施している事業を日本で展開する場合、主に、(1) 海外の NPO と何らかの形で提携する方法と、(2) 海外の NPO と特に提携をせずに独自に行う方法の 2 つを考えることができます。

(1) 海外の NPO と提携して事業を始める方法

　海外の NPO との具体的な提携方法としては、海外の NPO のビジネススキームを詳細に教えてもらう、マニュアルや教材の提供を受ける、サービスの名称をそのまま使わせてもらう、といった形で海外の NPO の協力のもとでサービスを始める方法が考えられます。

　具体的に、次のような場合には、海外の NPO と提携して事業を始めるメリットが大きいと考えられます。

- 海外で広く認知されているサービスなので、当該サービスの名称を日本でも使いたい
- 海外の NPO が事業に用いている教材が非常に効果的なので、これを日本語に翻訳して日本で普及させたい
- 事業を実施するためのボランティアスタッフ向けのマニュアルが非常に優れているので、日本でもこれを使ってボランティアスタッフのトレーニングをしたい
- 海外の NPO が開発したソフトウェアがとても使いやすいので、これを日本国内で広める活動をしたい
- いずれ日本での事業を海外展開する際に海外のネットワークも利用したい

上記のような場合に海外の NPO と提携をする具体的な方法は多様ですが、提携の内容や条件について、後日相手との認識の齟齬が生じないように、提携の内容・方法・条件を契約として合意しておくことが有用です。

　海外の NPO との提携においてよく用いられる契約の形態としては、以下の 2 つを挙げることができます。

ライセンス契約

　ライセンス契約とは、商標権、著作権、特許権等の知的財産権の権利者が他者に対してそれらの使用を許諾する契約をいいます。

　海外の NPO が制作・開発した著作物、技術、ノウハウ等は、通常、その NPO の知的財産として法的に保護されています。そのため、これを無断で使用すると、当該海外 NPO の知的財産権を侵害してしまう可能性があります。そこで、海外の NPO との間でライセンス契約を締結して、知的財産の利用を

海外の NPO の事業を日本で展開する方法の例

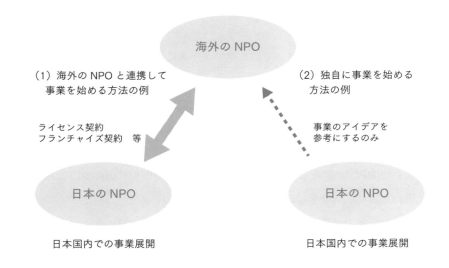

認めてもらうのです。

　日本で事業を展開しようとするNPO法人が、権利者である海外のNPOから、一定の条件の下でその商標や著作物等の使用の許諾を受け、対価としてライセンス料を支払う、という契約形態になります。なお、海外のNPOへのライセンス料の支払いについては、売上の一定割合といった計算方法を用いている例もあるようですが、定額の年会費の支払いのみとする例も多く見受けられます。

フランチャイズ契約

　フランチャイズ契約は、一般的には、事業者（本部）が他の事業者（加盟者）に対して、特定の商標・商号等を使用する権利を与えるとともに、加盟者の物品販売、サービス提供その他の事業・経営について統一的な方法で統制、指導、援助を行い、これらの対価として加盟者が本部に金銭を支払う契約を意味します。

　商標等を使用する権利を与えたり、本部からノウハウの伝授を受けたりする、といった点で、ライセンス契約と共通する部分がありますが、フランチャイズ契約では、「事業・経営について統一的な方法で統制、指導、援助を行う」という点に特色があります。

　ビジネスの基盤に関わる点について、本部となる事業者の統制等が及びますので、加盟者としては、本部のノウハウやブランド力をより多く取り入れることが可能になります。その一方、事業を進めるうえでの自由が契約上制限され、また、比較的高額な対価を設定されることがありますので、契約交渉をより慎重に進める必要があります。

　なお、実務上はライセンス契約と呼ばれていても実質的には上記のフランチャイズ契約のような内容であるものも多く、厳密には両契約形態が区別されていないことも多くあります。いずれの契約形態を採る場合であっても、契約の相手方

は海外の NPO であり、国際的な要素がある契約になりますので、契約の準拠法や裁判管轄といった国際契約特有の点には留意する必要があります。

　また、どのような場合に契約を終了するのか、その後の取扱いをどのようにするのかについては、どちらの契約形態を選択しても慎重な検討が必要です。日本で事業を拡大した後に海外の NPO から契約の終了を通告され、その後は海外の NPO に日本の事業を持って行かれてしまうという事態は、NPO 法人に限らずどの業界にもよく見られます。そのようなことが起こらないように、また、事業の受益者に不利益が及ぶようなことの無いように、あらかじめ様々な事態を想定した形で契約を締結しておくことが必要となります。

（2）独自に事業を始める方法

　日本の NPO 法人が、海外で成功している NPO の事業のアイデアを参考にして、日本国内で独自に事業展開するということも一般的に行われています。

　このように、海外の NPO が実施している事業の枠組みやアイデアを参考に日本で事業を進める際には、参考にした NPO の商標権、著作権、特許権等の知的財産権を侵害していないか、慎重にチェックする必要があります。

　例えば、海外の NPO が作成したマニュアルの一部をコピーして利用したり、よく似たサービス名を付けて事業を展開したりしますと、知的財産権侵害の問題が生じる可能性があります。そのような場合には、あらかじめ前述のようにライセンス契約等を締結してから事業をスタートする形態が適切と考えられます。

　また、海外の NPO から開示を受けた営業上の秘密やノウハウを利用する場合も、無断で利用すれば損害賠償請求等の法的紛争が生じると考えられますので、事前に海外の NPO に連絡をして許諾を得ることが必要でしょう。

3. まとめ

　「海外で広く普及しているのに、日本では知られていない事業」を日本の NPO

法人が日本国内で実施することには社会的に大きな意義がある場合が多いと思います。ただ、事業をスタートしてから、その事業が日本の法律に抵触していることが判明したり、他者の知的財産を侵害するものであったりすると、そのNPO法人の活動の存続にも影響するような致命的な問題に発展してしまいます。

　日本で問題なく事業を進めるためには、事前に、日本でその事業を実施することが法律上可能かどうかを詳細に検討したうえで、海外で事業を実施しているNPO等と適切な条件で契約を締結する（あるいは独自に事業を開始する）ことが必要です（なお、事業の内容や日本での展開の方法によって留意点が異なることも注意が必要です）。

Q 他の NPO 法人から事業を承継してほしいと頼まれました。事業承継の方法として、どのような方法がありますか。

A NPO 法人が他の NPO 法人の事業を承継する方法としては、（1）合併、（2）事業譲渡、（3）社員・理事の交替の３つがありますが、それぞれ、効果や必要となる手続が異なるため、個別の事情やニーズを踏まえて、適切な手法を選択する必要があります。

1. 事業承継のパターン

　NPO 法人が、その行っている事業を他の NPO 法人に引き継いでもらいたいという場合、その理由は様々だと思いますが、例えば、以下のような場合が考えられます。

　①法人の解散……事業を運営するためのリソース（資金や人員など）が足りなくなってしまったので法人自体は解散させたいが事業は引き継いでもらいたい。

　②世代交代による事業承継……それまで中心的に運営に携わっていた社員や役員が引退することになったが、内部には後継者がいないので、第三者に承継してもらいたい。

　③事業の選択と集中……複数の事業を行っているがある特定の事業に特

化したいので他の事業を手放したい。

④事業統合……自らその事業を運営するよりも第三者に運営を任せるあ
るいは他の法人の事業と統合させる方が当該事業の成長が見込める。

　後述のとおり、事業承継の手法はいくつかありますが、それぞれ、効果や必要
となる手続が異なるため、上述のような事業承継の理由や経緯など個別の事情や
ニーズを踏まえて、適切な手法を選択する必要があります。

2. 事業承継の手法

　NPO法人が他のNPO法人の事業を承継する方法としては、（1）合併、（2）事
業譲渡、（3）社員・理事の交替、の3つの方法があります。

（1）合併

　合併とは、2つ以上のNPO法人が1つのNPO法人に統合することをいいます。
合併には、2つのNPO法人が合併して消滅し、新たなNPO法人が設立される
新設合併と、1つのNPO法人が他のNPO法人を吸収して存続し他のNPO法人
が消滅する吸収合併があります。合併によって消滅するNPO法人の一切の権利
義務は、合併により新設されるNPO法人又は合併後に存続するNPO法人が承
継します[1]。

　合併を行うためには、社員総会の議決[2]、所轄庁の認証[3]、債権者保護手続[4]、
登記[5]が必要となります。また、認定NPO法人が合併の当事者となり、合併後
のNPO法人が認定の地位を承継するためには、これらの手続に加えて、所轄庁
から合併の認定を受ける必要があります（特例認定NPO法人も同様です）[6]。この
認定を受けるには、あらかじめ、認証の申請[7]と併せて認定の申請を行う必要が

1.　NPO法第38条
2.　同法第34条第1項
3.　同条第3項
4.　同法第35条・第36条
5.　同法第39条、組合等登記令第8条
6.　同法第63条
7.　同法第34条第3項

あり、合併の効力が発生する日までに認定がされない場合には、その間、合併後に存続する NPO 法人が合併によって消滅する認定 NPO 法人（又は特例認定 NPO 法人）としての NPO 法上の地位を承継しているものとみなされます[8]。

新設合併

吸収合併

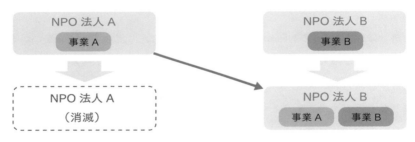

事業譲渡

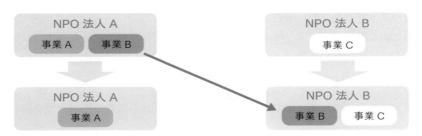

（2）事業譲渡

　事業譲渡とは、NPO法人が運営する事業の全部又は一部を他のNPO法人に譲渡することをいいます。合併と異なり、当事者となるNPO法人が当然に消滅するということはありません（事業譲渡に伴って譲渡側のNPO法人が解散するという場合もありますが、その場合には別に解散の手続が必要になります）。事業譲渡は、その事業を構成する財産（資産・負債）、契約、従業員を承継するための手続が個別に必要となります。従って、事業に関する財産等の一部のみを承継させることも可能である一方、債務の承継や契約上の地位の移転に債権者や契約の相手方の個別の同意が必要となります。

　定款の定めにもよりますが、事業を譲渡する側のNPO法人においては社員総会の決議[9]が必要になることが多く、また、事業を譲り受ける側のNPO法人においても同様に社員総会の決議が必要となる場合があると思います。また、事業譲渡に伴って、譲渡する側及び譲り受ける側の双方において、定款に定める目的の変更が必要となる場合もあり、また、その行う特定非営利活動の種類や当該特定非営利活動に係る事業の種類、その行うその他の事業の種類などに変更（追加）が生じる場合には、定款の変更が必要となり、そのための社員総会の議決[10]や所轄庁の認証[11]も必要となります。また、目的又は業務（事業の種類）の追加や資産の総額の変更がある場合には、それらの変更の登記も必要になります[12]。

（3）社員・理事の交替

　社員・理事の交替は、NPO法人が行う事業を他のNPO法人に移転するのではなく、当該事業を行っているNPO法人の社員や理事を入れ替えることにより、当該NPO法人そのものを承継しようとするものです。

　NPO法人の業務は、定款で理事その他の役員に委任されたものを除き、すべて社員総会の決議によって行うこととされており[13]、また、定款で別段の定めが

---

9. NPO法第14条の5
10. 同法第25条第1項
11. 同条第3項
12. 組合等登記令第3条
13. NPO法第14条の5

ない限り、各社員は平等にそれぞれ1個ずつの表決権を持つものとされています[14]。そして、社員総会の決議は、定款に定める方法（定足数・議決要件）で行われますが、例えば、定足数として社員の2分の1以上の出席が必要とされ、議決要件として出席した社員の過半数が必要とされている場合には、過半数の表決権を確保すれば、社員総会における意思決定（決議）を支配することができることになります。また、例えば、定款の定めにより、一定の業務が理事会に委任されている場合で、理事会の議事は理事総数の過半数で決することとされている場合には、理事総数の過半数を確保することにより、理事会での意思決定（決議）を支配することが可能となります。このように、NPO法人の業務に関する意思決定を行う機関（社員総会や理事会）の構成員の一定数（理事会がない場合には理事の過半数）を自己又は自己の関係者に入れ替えて、NPO法人の業務に関する意思決定を支配することで、当該NPO法人の事業を実質的に承継することが可能となります。

　社員や理事を交替させるためには、既存の社員や理事に脱退又は辞任してもらう（あるいは強制的に解任する）ことが必要となり、また、新しい社員の入会や理事の選任が必要となります。それに伴って、社員総会又は理事会の議決や、代表権を有する者の変更の登記や社員名簿・役員名簿の変更と所轄庁への提出が必要となります。

社員・理事の交替

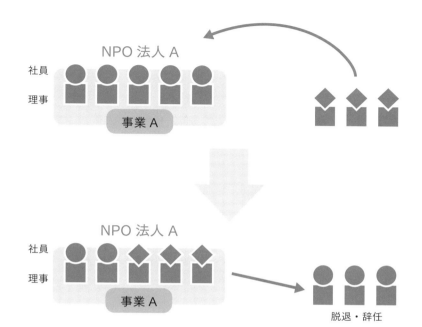

Q 事業承継のそれぞれの方法の違いや特徴は何でしょうか。

A NPO法人が他のNPO法人の事業を承継する方法としては、(1) 合併、(2) 事業譲渡、(3) 社員・理事の交替の3つがありますが（Q54参照）、それぞれ、①譲渡側の法人が譲渡後も存続するかどうか、②承継対象となる財産を取捨選択できるかどうか、③どのように権利義務を移転するか、④許認可を承継できるかどうか、⑤NPO法上どのような手続が必要かなどで異なる特徴があるため、それぞれのメリット・デメリットを踏まえて、適切な手法を選択する必要があります。

NPO法人が他のNPO法人の事業を承継する方法としては、(1) 合併、(2) 事業譲渡、(3) 社員・理事の交替の3つがありますが（Q54参照）、それぞれ、主に以下の点で大きな違いがあります。なお、本問において、合併は、1つのNPO法人が他のNPO法人を吸収して存続し他のNPO法人が消滅する「吸収合併」を前提とします。

1．譲渡側の法人の存続

合併の場合、合併後に存続するNPO法人に事業を承継させたNPO法人は消滅することになります。

これに対して、事業譲渡では、譲渡側のNPO法人は事業を承継させたこと

により当然に消滅することはありません。従って、事業譲渡の場合には、例えば、一部の事業のみを他のNPO法人に承継させて、残りの事業を継続するためにNPO法人を存続させることもできますし、事業の全部を承継させてNPO法人自体を解散させるということも考えられます。

社員・理事の交替の場合には、法人自体は消滅せず、あくまでも社員や理事だけが交替することになります。

2. 承継する財産の取捨選択

合併は、その効果として、合併後に存続するNPO法人が合併により消滅するNPO法人の「一切の」権利義務を承継することになります[1]。事業を承継する側としては、事業の一部に限って承継したり、承継対象となる財産や権利義務、従業員を取捨選択したりすることができず、また、消滅するNPO法人に簿外債務や偶発債務があった場合には、それらも承継してしまうことになります。従って、合併に伴ってどのようなものを承継するのか、その内容を事前にしっかり調査し認識することが重要となります。

事業譲渡の場合には、承継対象となる事業や、そこに含まれる財産や権利義務の取捨選択が可能であり、当事者間で合意したものだけを承継することになります。従って、当事者間の合意（通常は、当事者間で事業譲渡契約を締結します）で明確にすることにより、簿外債務や偶発債務を承継しないようにすることもできます。

社員・理事の交替の場合には、NPO法人の財産や権利義務の移動が生じないため、簿外債務や偶発債務を含め、その時点で存在する財産や権利義務をすべて承継することになります。

3. 権利義務の移転の手続

合併は、法律上定められた要件を満たせば、その効力として、合併後も存続す

1. NPO法第38条

るNPO法人が合併により消滅するNPO法人の権利義務を承継することが明文上規定されており[2]、いわゆる組織法上の行為といわれています。合併では、消滅する法人の権利義務は、存続する法人に「包括的に」移転することになります。すなわち、合併に伴う個々の債務の移転や契約上の地位の移転に、債権者や相手方の個別の同意は必要とされません。そのかわり、債権者保護手続が法定されており、債権者に対して公告と通知をし、最低2ヶ月間は、貸借対照表と財産目録を事務所に備え置き、債権者の異議を受け付けなければなりません[3]。また、従業員との雇用関係も合併に伴って自動的に承継されることになります。

　事業譲渡は、合併のようにその効力が明文で規定されているわけではなく、当事者間の契約によって権利義務が移転されることとなる取引行為といわれています。従って、事業譲渡では、債務の承継や契約上の地位の移転に債権者や契約の相手方の個別の同意が必要となり、同意が得られない場合にはそれらを移転することができません。従業員についても、事業譲渡に伴って自動的に転籍することにはならず、従業員の個別の同意がなければ転籍させることはできません。

　社員・理事の交替の場合には、NPO法人間で権利義務の移動はありませんので、権利義務の移転のための手続は必要となりません。

　以上から、承継対象となる債務や契約、従業員が多数に上る場合には、事業譲渡の方法ですと、個別の同意の取得に時間を要したり、個別の同意が得られず移転できなかったりする可能性があります。他方で、それらが少ない場合には、合併の債権者保護手続に要する期間（最低2ヶ月）よりも短い期間で個別の同意が取得できる場合があり、迅速な承継を実現できる可能性もあります。

4. 許認可の承継の可否

　合併の場合、消滅するNPO法人がその行う事業に関して有していた行政庁の許認可についても、原則として、存続するNPO法人が承継することになります[4]。ただし、許認可の根拠法令によっては、合併による承継を認めないものや一定の

---

2. NPO法第38条
3. 同法第35条
4. 同法第38条

手続を要請するもの（通常よりも簡易な手続〔届出等〕によって承継を認めるものもあります）があるため、個別の確認が必要となります。

　事業譲渡の場合は、譲渡側の NPO 法人が有していた許認可は、譲受側の NPO 法人には承継されず、譲受側において新たに許認可を取得することになります。

　社員・理事の交替の場合には、許認可を保有する主体に変更はありませんので、許認可の承継の必要はありません。

　従って、承継対象となる事業について多数の許認可を保有している場合やそれらの許認可の新規の取得が容易でない場合には、事業譲渡よりも、合併や社員・理事の交替による方が、事業のスムーズな承継が可能となることが少なくありません。

5．NPO 法上必要となる手続

　合併を行うためには、社員総会の議決、所轄庁の認証、債権者保護手続、登記が必要となります。また、認定 NPO 法人が合併の当事者となり、合併後の NPO 法人が認定の地位を承継するためには、所轄庁による合併の認定も必要となります。

　事業譲渡の場合には、定款の定めにもよりますが、事業を譲渡する側の NPO 法人においては社員総会の決議が必要になることが多く、また、事業を譲り受ける側の NPO 法人においても同様に社員総会の決議が必要となる場合があると思います。また、事業譲渡に伴って法人の目的や事業の種類に変更が生じる場合には、定款の変更が必要となり、そのための社員総会の議決、所轄庁の認証、登記が必要となる場合があります。

　社員・理事の交替の場合には、定款の定めによっては、新たに就任する理事の選任のために社員総会又は理事会の議決が必要になる場合があり、代表者を変更する場合には登記も必要となります。

　従って、それぞれに必要な手続とそれに要する時間・費用を吟味した上で、方

法を選択することが重要となります（各手法において必要となる手続については、Q54 を参照してください）。

	吸収合併		事業譲渡		社員・理事の交替
	消滅法人	存続法人	譲渡側	譲受側	
法人格	消滅	存続	存続	存続	存続
財産の取捨選択	不可		可能		不可
債務・契約の移転	包括的に移転（債権者保護手続が必要）		個別の承諾が必要		移転しない
許認可	原則として承継		新たに取得必要		変更なし
社員総会の議決	必要	必要	定款の定めにより必要となり得る	同左	定款の定めにより必要となり得る
所轄庁の認証	必要	必要	定款変更の場合に必要	同左	不要
登記	必要	必要	目的・業務等に変更がある場合に必要	同左	代表者の変更がある場合に必要

Q NPO 法人の一部門を別の NPO 法人として独立させたいと考えています。どのような方法をとればよいでしょうか。

A NPO 法人がその事業を独立させて別の NPO 法人にするには、①事業の受皿となる別の NPO 法人を設立し（受皿法人の設立）、②受皿法人に事業を譲渡する（事業譲渡）、という方法によることになります。

1. 事業の法人化

　1 つの NPO 法人が 2 つ以上の種類の事業を行っている場合（例えば、地域密着型の教育系 NPO 法人において、フリー・スクールなどの社会教育事業とスポーツ・クラブなどのスポーツ事業を行っている場合、人権擁護活動を国内と国外の事業部門に分けて展開している場合など）に、そのうち 1 つの事業を切り離して別の法人として独立させたいということがあります（便宜上、「事業の法人化」ということにします）。本問では、事業の法人化のニーズやメリット、その方法について解説します。

2. 事業の法人化のニーズとメリット

　事業の法人化を行いたいという前向きな理由として、例えば、以下のようなことが考えられます。

● もともと性質の異なる事業を、立ち上げ当初は資金的にも人員的にもリソー

スが手薄だったので同じ法人内で並行して運営していたが、各事業を運営するのに必要なリソースが十分に備わったのでそれぞれを分離独立して運営させたい。

● 組織内ベンチャーとして始まった事業が十分独り立ちできる規模になったので独立させたい。

● ある特定の事業に特化して資金を提供したいという方が現れたので当該事業を別法人化したい。

このほかにも、以下のような、どちらかというと後ろ向きの要請に基づき事業の法人化を行う場合もあると思います。

● 事業を運営する経営陣の間で仲違いが生じ事業を分割せざるを得なくなった。

● 採算事業と不採算事業が生まれ後者が前者の足を引っ張るようになってしまったので不採算事業を分離させる必要がある。

いずれの場合でも、2つの事業が異なる法人に分割されることによって、①これまで同じであった価格設定などの取引条件や職員の雇用条件などを事業ごと（法人ごと）に決めやすくなる、②他の事業による財務的な影響を遮断することが可能となる、③事業ごとの意思決定がより迅速かつ適切に行えるようになる、④資金提供者など外部から事業や活動の内容が分かりやすくなる、⑤各事業への関与意識が高まり職員の士気が向上する、など、様々なメリットが生まれることがあります。

3．事業の法人化の方法

株式会社には、当該会社が運営する事業の一部を分離して別会社化する方法と

して「会社分割」という会社法上の制度がありますが、NPO法にはそのような制度が存在しません。従って、NPO法人がその事業を独立させて法人化するには、①事業の受皿となる別のNPO法人を設立し（受皿法人の設立）、②受皿法人に事業を譲渡する（事業譲渡）、という方法によることになります。

4. 受皿法人を設立する際の留意点

 （1）NPO法人を設立するためには、所轄庁に設立認証の申請書を提出し、設立の認証を受けることが必要となります。所轄庁の認証は必要書類の縦覧期間（2週間）も合わせると、原則として、申請受理から認証まで最長で2ヶ月と2週間を要することになります。事業譲渡を行う（あるいは事業譲渡契約を締結する）ためには、それまでに受皿法人が設立されていることが必要となりますので、事業譲渡に先立ち余裕をもって受皿法人の設立認証申請を行っておくことが必要となります。

 （2）NPO法人の認定申請は、認定申請書を提出した日を含む事業年度の初日において、その設立から1年を超える期間が経過していることが必要です。つまり、理論上は、最短でも設立から1年と1日が経過してからでないと認証申請ができません（また、過去の2事業年度について事業報告書等を提出している必要があります）。従って、認定NPO法人がその事業の一部を法人化させるにあたり、いきなり認定NPO法人として法人化するということは不可能であり、新たに設立した受皿法人において事業を譲り受けた後、必要な期間を経過した後に認定申請の準備をすることになります。

 （3）複数のNPO法人の理事を兼任することは法律上禁止されていません。従って、事業譲渡を行うNPO法人の理事が受皿法人の理事を兼任することもでき、実際にも兼任させることが少なくありませ

ん。ただし、事業譲渡を行う側の NPO 法人が認定 NPO 法人である
場合には、当該法人の理事が受皿法人の理事を兼任することによっ
て、認定基準である「特定の法人の役員又は使用人（中略）等の合計
数が、役員総数の 3 分の 1 以下であること」に抵触しないよう注意
する必要があります。また、事業譲渡を行う NPO 法人の理事が受皿
法人の理事を兼任する場合、事業譲渡に際して理事の利益相反にも
注意することが必要となります。

（4）NPO 法人の社員が別の NPO 法人の社員又は役員になることも可能
です。従って、受皿法人を設立する際に、広く社員を募集せず、取
り急ぎ、譲渡側の NPO 法人の社員や役員に社員になってもらうこ
とも少なくありません。また、NPO 法では、社員を自然人に限定し
ていないので、受皿法人の定款の定め方にもよりますが、譲渡側の
NPO 法人自体が受皿法人の社員になるということも可能です。

5. 受皿法人に事業を譲渡する際の留意点

（1）一般的に、事業譲渡を行うためには事業譲渡契約を締結します。事
業譲渡契約では、譲渡する財産（資産・負債）や契約の範囲、承継す
る従業員の範囲、譲渡金額、譲渡のタイミングや必要な手続などを
定めます。

　譲り受ける側としては、譲り受ける事業を運営するのに必要な財産、
契約、従業員が漏れなく移転されるように規定する必要があります。
他方で、承継したくない財産や契約等がある場合には、それらを承
継しない旨を明記する必要があります。

　また、譲り渡す側は、承継しようとする財産や契約、従業員が確実
に移転されるように事業譲渡契約に規定する必要があります。事業
譲渡は、債務の承継や契約上の地位の移転に債権者や契約の相手方

の個別の同意が必要となり、同意が得られない場合にはそれらを移転することができず、また、従業員についても、従業員の個別の同意がなければ、事業譲渡に伴って転籍させることはできません（Q54、Q55 参照）。これらの同意が得られない場合に、事業譲渡を中止又は中断したり、譲渡金額を減額調整したりするような仕組みを事業譲渡契約に定めることを検討する必要があります。

（2）事業譲渡の場合は、譲渡側が有していた許認可は、譲受側には承継されず、譲受側において新たに許認可を取得することになります（Q55 参照）。従って、受皿法人としては、譲り受ける事業に必要な許認可がある場合には、事業を譲り受けるのに先立って取得しておく必要があり、そのための事前準備が必要となります。

（3）事業譲渡を行う場合には、定款の定めにもよりますが、社員総会の決議が必要になることがあり、また、事業譲渡に伴って法人の目

① 受皿法人の設立

② 事業譲渡

的や事業の種類に変更が生じる場合には、定款の変更が必要となり、そのための社員総会の議決、所轄庁の認証、登記が必要となる場合があります（Q54、Q55参照）。これらの必要な手続を踏まえたスケジュールを策定する必要があります。

(4) 事業譲渡は、一般的には価値のある事業を譲渡することになるので、有償で行う（譲渡対価を支払う）ことが多いと思いますが、低額又は無償で行う場合には、譲渡側の法人では時価相当額を益金に算入し、寄附金（時価と対価との差額）については原則として損金算入が認められないため、課税が生じることになり、一方、譲受側も時価と対価の差額について受贈益課税を受けることになるため、税制の確認が必要となります。

Q 現在、日本国内にて NPO 法人を設立し、管理運営していますが、近い将来、海外にも進出し活動したいと考えています。一般に海外進出にはどのような形態が考えられるのでしょうか。また進出形態ごとの違いも教えてください。

A 海外進出の形態としては、①現地法人の設立、②日本法人の支店を設立、③日本法人の駐在員事務所を設立するという方法が考えられます。

このうち現地法人は進出先の内国法人ですので、日本法人とは別の法人格となりますが、支店及び駐在員事務所はあくまで日本法人と同一の法人格であることに違いがあります。また税務上もその取扱いに差があります。

1．海外進出にあたり選択できる形態

一般的に日本の NPO 法人（以下「NPO 日本法人」といいます）が、海外に進出するにあたって選択される進出形態には、① NPO 日本法人とは別の法人格を持つ現地法人を設立する、② NPO 日本法人と独立した法人格を持たない支店（支部）を設置する、③ NPO 日本法人の駐在員事務所を設置する、という三つの方法が考えられます。どの形態をとるべきかは、以下に記載する進出形態ごとの留意点を踏まえつつ、進出先の国・地域ごとの法制度を十分に調査のうえ選択する必要があります。また、国によっては、国際的な活動を現地で行うためには政府に団

体の登録を行うことや政府の承認を取り付けることが必須である場合もあり、そのための事務的負担や所要期間も考慮する必要があります。

（1）現地法人

ア　進出先の国内法に基づいて内国法人（現地法人）を設立し進出する方法です。

　進出先の内国法人になりますので、NPO 日本法人とは法人格は別になります。そのため NPO 日本法人の責任は出資の限度にて限定されることになり、現地法人の業務に対して法的責任を負うことは原則としてありません。すなわち NPO 日本法人は、現地で発生した訴訟の名宛人になることはなく、責任を遮断することができます。

イ　また税務上、現地法人は進出先にて進出先の内国法人として法人税等の課税対象となります。

ウ　現地法人の設立を行う場合には、進出先国において設立しうる法形式のうち、進出目的に沿う形式を選択する必要があります。進出先国における上場の可能性、現地法人の規模、設立の容易さ、費用（最低資本金額を含む）、外部から得られる信用性などを総合的に考慮して決めることが一般的ですが、NPO 法人の場合には、非営利性（法人の活動によって得られた利益を構成員に分配しないこと）が徹底されているため、現地法人設立にあたっても非営利法人としての性質を維持できる法形式が選択されることが通常です。進出先国の法律に従い、Limited Company（有限責任会社）、Trust（信託）、Association（組合）といった法形式を選択することができる場合もあります。

（2）支店

　　ア　NPO日本法人が、海外支店を設立し、進出する方法です。あくま
　　　　でNPO日本法人の支店として設立されますので、進出先の国・地域
　　　　では外国法人として認識されます。

　　　　　そのため、海外支店は、NPO日本法人（本店）と同一の法人格とな
　　　　りますので、NPO日本法人（本店）は、海外支店が債権者に対して負っ
　　　　た債務について直接責任を負うことになり、海外支店の業務に対し
　　　　て法的責任を負うことになります。すなわち現地で発生した訴訟の
　　　　名宛人になるのはNPO日本法人（本店）であり、責任を遮断するこ
　　　　とはできません。

　　イ　また日本の法人税法上、日本法人が獲得した全ての所得に対して課
　　　　税を行う方式がとられているため（全世界所得課税）、NPO日本法人（本
　　　　店）は、海外支店の所得についても日本の税務当局に申告する責任が
　　　　あります。

　　　　　またNPO日本法人と海外支店は同一法人ですので、海外支店で発
　　　　生した損失をNPO日本法人（本店）の利益と相殺することができます。

　　ウ　NPO法上は、NPO法人は、主たる事務所以外の「その他の事務所[1]」（以
　　　　下「従たる事務所」といいます）を設置することができるところ、従た
　　　　る事務所を設けた場合には、定款変更の手続[2]に従って定款を変更す
　　　　るとともに、その旨の登記をしなければなりません[3]。従たる事務所
　　　　は海外に設置することもできますので、NPO日本法人が従たる事務
　　　　所を海外に設立することで、支店の設立を行ったのと同視できます。
　　　　もっともこれは日本の法制度から見たNPO法人の海外支店に関する
　　　　位置づけになりますので、進出先の国・地域においてどういった法

1．NPO法第11条第1項第4号、同法第49条第2項第3号
2．同法第25条
3．同法第7条、組合等登記令第11条

形式で支店を設立するかは別途検討する必要があります。

（3）駐在員事務所

　ア　市場調査、広告宣伝、商品・サービスの宣伝などのために設立される拠点を言い、海外進出の準備段階において暫定的に置かれる組織を指します。事業活動ができないため、本格的な進出の事前準備に用いられることが多く、進出先の国・地域の法制度によりますが、登記やライセンス等が必要ない場合も多いため、現地法人や支店と比較して設立が容易です。

　イ　また税務上は、駐在員事務所は事業活動を行わないことが原則であるため、法人税の課税対象にはなりません。ただし、恒久的施設（PE）として認識される場合には、支店として法人税の課税対象となります。

　ウ　駐在員事務所についても、前述したとおり、NPO日本法人の従たる事務所として設立することができます。またNPO法において、「事務所」とは事業活動の中心である一定の場所であって、法人の代表権を有する者、少なくともある範囲の独立の決定権を有する責任者の所在する場所であり、かつ、その場所で継続的に業務が行われていることが必要とされます。したがって、単なる連絡場所に過ぎず、責任者も常駐していない場所であれば、NPO法上、従たる事務所にもあたらないことになります。駐在員事務所にどの程度の機能を持たせたいかによりますが、情報収集にあたって必要になる連絡場所程度の機能しかもたせないのであれば、従たる事務所の設置に必要な手続をとる必要もありません。

2. 進出形態ごとの違い

	現地法人	支店	駐在員事務所
事業活動の可否	可能	可能	不可
法人格	有り	無し	無し
登記の有無、ライセンス等の要否	進出先の法制度によるが、一般的に必要	進出先の法制度によるが、一般的に必要	進出先の法制度によるが、一般的に不要
資本金	必要	不要な場合が多い	不要な場合が多い
税務申告先	進出先	進出先。ただし支店分のみであって、本店分は日本で申告。	申告自体不要。
課税範囲	日本：原則課税されない。現地：進出先の内国法人として、現地税法に従い課税。課税方法としては、現地税法の規定に従い、全世界所得控除制度又は領土内所得課税制度を取られる。	日本：課税される。現地：進出先の外国法人として、当該支店の国内源泉所得について課税することが通常。	事業活動をしないため、課税対象にならない。
損益通算の可否	不可	可能	可能
メリット	・NPO日本法人としては現地法人の業務にかかる法的責任を負わない。 ・一般的には現地で必要とされる許認可等の取得が容易であり、現地パートナーや当局からの信用を得やすい。	・NPO日本法人（本店）の信用を直接利用可能。 ・現地の会社法制に従った各種手続（株主総会・取締役会の開催等）が不要。 ・損益通算可能。	・比較的容易に設立可能。 ・現地の会社法制に従った各種手続（株主総会・取締役会の開催等）が不要。

| デメリット | ・事業リスクを現地法人の責任でとる必要がある。
・現地の会社法制に従い各種手続（株主総会・取締役会の開催等）が必要。
・損益通算不可。 | ・NPO日本法人（本店）としては海外支店の業務にかかる法的責任を負うため責任の遮断ができない。
・一般的には現地で必要とされる許認可等の取得が難しい場合があり、現地パートナーや当局からの信用を得にくい側面がある。 | ・事業活動不可 |

い駐在員事務所は選択肢から排除されるでしょう。また海外支店の開設による進出については、責任の遮断ができませんし、NPO法の適用が前提となるため柔軟な事業活動ができないおそれもあります。さらに進出先の国・地域に広汎な外資規制がある場合、海外支店による進出になれば100％外国資本による投資となるため、現地法人による進出と比較しても、当該外資規制に抵触する恐れが高いと言えます。加えて、進出先の国・地域の実務によるとはいえ、一般的に、支店による海外進出は、現地法人による進出に比較して事例が少なく、進出スキームとして十分な法的安定性が担保されているのか不安な側面があるのは事実です。

　その他税務上の観点からの検討も欠かせませんが、特段の事情がない限り、現地法人による進出が望ましいと考えます。

Chapter 9

NPO法人を
解散する

NPO法人を設立し、事業を展開したとしても、何らかの理由で撤退する決断も必要です。NPO法人はどのように解散するのでしょうか。

Q NPO法人を解散・清算するためにはどのような手続が必要ですか。費用はどのくらいかかりますか。

A NPO法人を解散・清算するためには、社員総会での解散決議、解散及び清算人就任の登記・届出、清算業務、清算結了の登記・届出といった手続が必要です。手続は約3〜4ヶ月程度、費用は約3万円が必要です。

1. 解散・清算手続の流れ

　当初想定していた事業ができなくなってしまった、中核的なメンバーが脱退し運営を続けることが難しくなってしまった等、様々な理由で休眠状態になったNPO法人が存在します。しかし、休眠状態のまま事業報告書の提出もしないでいると、認証を取消され、認証取消時の役員が他のNPO法人の役員になることができない等のペナルティが課されるおそれもあります（詳細はQ62参照）。

　そこで、活動を停止したNPO法人は、解散して法人格を消滅させることを検討しなければなりません。解散の流れは図の通りです（社員総会で解散を決議した場合）。

①社員総会で解散を決議
②解散及び清算人就任の登記
③解散及び清算人就任の届出
④清算業務

ばならず10万円程度の費用がかかりましたが、現在は1回の公告に簡素化されたため、少なくとも費用の観点からは解散が容易になったといえます。

> **官報公告の例**
>
> 当法人は、平成〇年〇月〇日開催の社員総会の決議により解散したので、当法人に債権を有する者は、本公告掲載の翌日から二箇月以内にお申し出下さい。右期間内にお申し出がないときは清算から除斥します。
> 平成〇年〇月〇日
> 東京都〇〇区〇〇町〇丁目〇番〇号〇〇ビル
> 特定非営利活動法人□□□□□
> 清算人　△△△△

　また、公告とともに、既に知っている債権者に対しては個別に債権の申し出をするよう催告します[17]。

　上記の公告と催告により判明した債務があれば弁済をします。清算中にNPO法人が債務超過であることが判明した場合には、清算人は直ちに破産手続の申立てを行い、その旨を官報で公告しなければなりません[18]。

　債権申出の公告や、破産手続の申立て及びその公告をしなかった場合には、清算人が過料の制裁を受ける可能性がありますので注意してください[19]。

（4）残余財産がある場合、財産の引渡し

　全ての債務を弁済した後に残余財産がある場合、清算人は残余財産を、定款で定められた残余財産の帰属すべき者に引き渡します[20]。詳細はQ61を参照してください。

---

17. NPO法第31条の10第3項
18. 同法第31条の12第1項
19. 同法第80条第7号
20. 同法第32条第1項

5. 清算結了の登記・届出

　清算人と監事が捺印した清算事務報告書に財産目録及び貸借対照表を添付して法務局に提出し、清算結了の登記を行います。貸借対照表の記載が債務超過となっている場合には、破産申立てをしなければならないため、清算結了登記ができません。

　清算結了登記の完了後、所轄庁に清算結了の届出をします。これをもって清算業務は完了となります。

　　登記のための必要書類
　　● 清算結了登記申請書
　　● 清算事務報告署

　　所轄庁への届出のための必要書類
　　● 清算結了届出書
　　● 登記事項証明書

Q NPO 法人を解散したいのですが、連絡がとれない理事や社員がいるため総会の開催が困難です。どうしたらよいでしょうか。

A 連絡がとれないのが理事か社員かで対処が異なりますが、いくつかの方法が考えられます。

1. 社員の協力が得られず総会を開催できない場合

NPO 法人が解散するにあたり、総会で解散の決議をして解散する場合が多いようです。ところが、長らく休眠状態になっている NPO 法人では、そもそも総会を開催するための定足数を満たす社員の出席を見込むことができず、社員と連絡がとれなくなり書面決議も困難な場合があります。このような場合、NPO 法人を解散したい理事は、どのようにして解散手続を行えばよいでしょう。

（1）事業の成功の不能を理由に解散

「目的とする特定非営利活動に係る事業の成功の不能[1]」を理由に、所轄庁に解散を認定してもらう方法をとることが考えられます。

具体的には、理事が「解散認定申請書」に事業の成功の不能となるに至った理由及び経緯と残余財産の処分方法を記載し、「事業の成功の不能の事由を証する書面」を添付して所轄庁に提出します。

この「事業の成功の不能の事由を証する書面」の内容について、成功の不能を確認した理事会の議事録等でよいとする自治体と、当該事業の成功の見込みが

---

1. NPO 法第 31 条第 1 項第 3 号、第 2 項

まったくなくなっていることが客観的に判断できる書面が必要としている自治体があるようです。どのような書面の提出が必要か所轄庁となる自治体にあらかじめ確認した方がよいかもしれません。

(2) 社員の欠乏を理由に解散

総会の開催は困難であるが、退会届を集めることは可能な場合、理事が全社員から退会届を集めて、社員の欠乏を理由として解散をすることができます[2]。このとき、社員の欠乏を証明する書類（全社員の退会届等）が必要になるとされています。

2. 理事の協力が得られず総会を開催できない場合

では、理事に連絡をとることができない場合、NPO法人の社員はNPO法人を解散させることができるのでしょうか。

代表理事をはじめとする理事に連絡がとれず協力が得られない場合、社員には総会の招集権がなく、社員が法人を代表して所轄庁に解散事由の認定をしてもらうこともできないため、社員だけでは総会を招集したり所轄庁の認定を受けたりして解散をすることはできません。このようなケースでは、以下の対処方法をとることが考えられます。

(1) 監事が総会を招集する

モデル定款では、社員が臨時総会招集権を行使したとしても、代表理事が臨時総会を招集しなければ最終的に総会を開催することは困難です。

一方、監事は独自の総会招集権を有します[3]。そのため、社員からの臨時総会の招集請求にもかかわらず代表理事が総会を招集しない場合には、代表理事が総会を招集しないという定款違反行為の報告を目的として、監事が総会を招集し、その場で正会員から解散決議と清算人選任又は理事の選解任の動議を提出しても

---

2. NPO法第31条第1項第4号
3. 同法第18条第4号

岡田一輝（担当：Q7, 14, 39）
所属：株式会社ユーザベース
2019 年 弁護士登録
2019 年 西村あさひ法律事務所 入所
2021 年 株式会社ユーザベース 入社

鬼澤秀昌（担当：Q13-20, 41）
所属：おにざわ法律事務所
2012 年 NPO 法人（現：認定 NPO 法人）Teach For Japan 入社
2014 年 弁護士登録
2015 年 TMI 総合法律事務所 入所
2017 年 おにざわ法律事務所 開設
SVP 東京で初代学生インターン（2009 年）、BLP-Network の代表（2012 年〜 2013 年、2019 年〜）、新公益連盟の監事を務める。

勝伸幸（担当：Q48）
所属：長島・大野・常松法律事務所
2015 年 弁護士登録
2015 年 長島・大野・常松法律事務所 入所

木下万暁（担当：Q20-25, コラム「ソーシャルファイナンス最新事情」「ESG 投資・SDGs への対応と留意点」）
所属：サウスゲイト法律事務所・外国法共同事業
2001 年 弁護士登録
2016 複数の米系大手法律事務所のパートナーを経てサウスゲイト法律事務所・外国法共同事業を設立
BLP-Network の副代表（2013 年〜 2015 年）、NPO 法人クロスフィールズ監事（2012 年〜）を務める。

黒川健（担当：Q1, 2, 34, 45, 56）
所属：弁護士法人淀屋橋・山上合同
2020 年 弁護士登録
2021 年 弁護士法人淀屋橋・山上合同 入所
NPO 法人まちの塾フリービーで講師を務める。

菰田奈菜子（担当：Q24, 26）
所属：経営コンサルティング会社
2020 年 弁護士登録

齋藤宏一（担当：Q7）
所属：アンダーソン・毛利・友常法律事務所
2001 年 弁護士登録
2008 年 ハーバード・ロースクール修士課程修了（LL.M.）
2010 年 アンダーソン・毛利・友常法律事務所 入所
2013 年 同事務所パートナー就任
BLP-Network 副代表（2014 年〜 2015 年）、認定 NPO 法人 Teach For Japan 監事（2013 年〜）
を務める。

笹山脩平（担当：Q35, 36, 38）
所属：西村あさひ法律事務所
2019 年 弁護士登録
2019 年 西村あさひ法律事務所 入所

大毅（担当：Q6, 8, 9, 11, 12）
所属：大総合法律事務所
2000 年 弁護士登録
2000 年 森綜合法律事務所（現：森・濱田松本法律事務所）入所
2003 年 阿部井窪片山法律事務所 入所
2005 年 大毅法律事務所（現：大総合法律事務所）設立
BLP-Network 副代表（2013 年〜 2015 年）を務める。

髙島万梨子（担当：Q32）
所属：外資系不動産会社
2012 年 弁護士登録
2013 年 アンダーソン・毛利・友常法律事務所 入所
2014 年 野村綜合法律事務所 入所
2020 年 外資系不動産会社 入社

瀧口徹（担当：Q28, 29, 33, 46, 48, 50）
所属：牛込橋法律事務所
2009 年 弁護士登録
2010 年 小島国際法律事務所 入所
2012 年 銀座法律会計事務所（現：銀座木挽町法律事務所）入所
2018 年 牛込橋法律事務所 設立
BLP-Network 代表（2015 年〜 2018 年）、NPO 法人 Accountability for Change 監事、公益社団
法人ハタチ基金監事、NPO 法人 deleteC 監事、認定 NPO 法人フローレンスの法律顧問、認定
NPO 法人カタリバの法律顧問等を務める。

田代夕貴（担当：Q5, 9, 10）
所属：西村あさひ法律事務所
2017 年 西村あさひ法律事務所 入所
BLP-Network の会計（2020 年〜）を務める。

辻川昌徳（担当：Q33, 43, 44）
所属：潮見坂綜合法律事務所
2006 年 弁護士登録
2013 年 潮見坂綜合法律事務所 入所
NPO 法人 AVPN Japan の監事を務める。

角田龍哉（担当：コラム「社会貢献活動とルールメイキング」）
所属：西村あさひ法律事務所
2014 年 弁護士登録
2014 年 西村あさひ法律事務所 入所
東京大学法科大学院未修者指導講師（2014 年〜）を務める。

土門駿介（担当：Q20-25, 36, 38, 45 〜 47, コラム「ソーシャルファイナンス最新事情」）
所属：アンダーソン・毛利・友常法律事務所
2011 年 弁護士登録
2012 年 アンダーソン・毛利・友常法律事務所 入所
2016 年 ニューヨーク大学ロースクールに留学

中島惠（担当：Q19, 52）
所属：TMI 総合法律事務所
2012 年 弁護士登録
2013 年 TMI 総合法律事務所 入所
NPO 法人ミャンマーファミリー・クリニックと菜園の会監事（2015 年〜 2016 年）を務める。

仲谷栄一郎（担当：監修）
所属：アンダーソン・毛利・友常法律事務所
1984 年 弁護士登録
2002 年 アンダーソン・毛利・友常法律事務所 入所
　　　　同事務所パートナー就任
公益財団法人イサムノグチ日本財団の法律顧問等を務める。

根本剛史（担当：Q28）
所属：西村あさひ法律事務所
2005 年 弁護士登録
2005 年 西村ときわ法律事務所（現：西村あさひ法律事務所）入所
BLP-Network 副代表（2018 年〜）、一般財団法人パスウェイズ・ジャパン監事（2021 年〜）を務める。

福田みなみ（担当：Q13-19）
所属：株式会社リクルートアドミニストレーション
2010 年 弁護士登録
2011 年 富士法律事務所 入所
2014 年 株式会社リクルートアドミニストレーション 入社
（現在は弁護士登録を抹消中）

福原あゆみ（担当：Q12, 15, 19, 60）
所属：長島・大野・常松法律事務所
2007 年〜 2013 年 検事
2013 年 都内法律事務所 入所
2016 年 長島・大野・常松法律事務所 入所

丸山翔太郎（担当：Q6, 8, 57, 58）
所属：モリソン・フォースター法律事務所
2015 年 弁護士登録
2016 年 ディーエルエイ・パイパー東京パートナーシップ外国法共同事業法律事務所 入所
2019 年 モリソン・フォースター法律事務所 入所
BLP-Network 副代表（2021 年〜）を務める。

武藤まい（担当：Q47）
所属：Norton Rose Fulbright 法律事務所ブリュッセルオフィス
2008 年 弁護士登録
2008 年 隼あすか法律事務所 入所
2010 年 欧州大学院大学（College of Europe）修士課程修了（LL.M.）
2010 年 McDermott Will & Emery Belgium LLP 入所
2020 年 Norton Rose Fulbright 法律事務所ブリュッセルオフィス 入所
2021 年 同事務所カウンセル就任

山﨑創生（担当：Q55, 56）
所属：狛・小野グローカル法律事務所
2009 年 弁護士登録
2019 年 狛・小野グローカル法律事務所 入所
2020 年 同事務所パートナー就任

油井緑（担当：Q4, 13, 31）
所属：西村あさひ法律事務所
2018 年 西村あさひ法律事務所 入所

吉村祐一（担当：Q6, 8, 9, 11, 12, 39）
所属：大総合法律事務所
2012 年 弁護士登録
2013 年 大毅法律事務所（現：大総合法律事務所）入所
BLP-Network 副代表（2015 年〜）を務める。

渡邊賢（担当：Q19, 20, 42, コラム「プライバシーポリシーってなんだろう？」）
所属：株式会社名村造船所
2010 年 法務省 入省
2016 年 弁護士登録
株式会社名村造船所 入社
認定 NPO 法人難民支援協会（JAR）の監事（2019 年〜）、BLP-Network 副代表（2021 年〜）
を務める。

渡辺伸行（担当：Q19, 42, 44, 52, 54, 55, 56）
所属：TMI 総合法律事務所
1999 年 弁護士登録
1999 年 TMI 総合法律事務所 入所
2007 年 同事務所パートナー就任
2007 年 米国ニューヨーク州弁護士登録
BLP-Network 代表（2013 年〜 2015 年）、NPO 法人 TABLE FOR TWO International 監事（2007
年〜）、公益財団法人日本ラグビーフットボール協会規律委員会委員（2010 年〜）、横浜国立大
学大学院国際社会科学研究科非常勤講師（担当科目：M&A）（2010 年〜）等を務める。

※なお、本書の記載内容は、各弁護士の個人の見解であり、各弁護士が所属する組織／企業の見
解ではございません。

BLP-Network
BLP-Network とは、2012 年 8 月末に設立された、企業法務を専門とし、そのスキルや知識を生
かして、NPO 法人等の社会課題の解決を目指す方々の支援を積極的に行っている弁護士のネッ
トワークです。

● 英治出版からのお知らせ

本書に関するご意見・ご感想を E-mail（editor@eijipress.co.jp）で受け付けています。
また、英治出版ではメールマガジン、Web メディア、SNS で新刊情報や書籍に関する
記事、イベント情報などを配信しております。ぜひ一度、アクセスしてみてください。

- メールマガジン：会員登録はホームページにて
- Web メディア「英治出版オンライン」：eijionline.com
- ツイッター：@eijipress
- フェイスブック：www.facebook.com/eijipress

NPOの法律相談［改訂新版］
知っておきたい基礎知識 62

発行日	2022 年 2 月 5 日　第 1 版　第 1 刷
著者	BLP-Network
発行人	原田英治
発行	英治出版株式会社
	〒 150-0022 東京都渋谷区恵比寿南 1-9-12 ピトレスクビル 4F
	電話　03-5773-0193　　FAX　03-5773-0194
	http://www.eijipress.co.jp/
プロデューサー	高野達成
スタッフ	藤竹賢一郎　山下智也　鈴木美穂　下田理　田中三枝
	安村侑希子　平野貴裕　上村悠也　桑江リリー　石﨑優木
	渡邉吏佐子　中西さおり　関紀子　片山実咲　下村美来
印刷・製本	中央精版印刷株式会社
校正	株式会社ヴェリタ
装丁	英治出版デザイン室
